POLARIS

W0181347

Susanne Mierau

FÜREINANDER SORGEN

Warum unsere
Gesellschaft ein
neues Miteinander
braucht

Rowohlt Polaris

Wenn in diesem Buch über Frauen und Männer gesprochen wird, sind damit jene Personen gemeint, die sich als weiblich oder männlich identifizieren oder so von anderen gelesen werden. Durch die Verwendung des Gendersterns versuche ich an möglichst vielen Stellen, allen Menschen Raum zu geben, die sich innerhalb des Care-Bereichs bewegen. In angeführten Studien wird manchmal noch nicht der Diversität unseres tatsächlichen Lebens der Raum gegeben, den sie eigentlich einnimmt, weshalb hier oft binäre Zuschreibungen zu finden sind.

Originalausgabe
Veröffentlicht im Rowohlt Taschenbuch Verlag, Hamburg, Juni 2023
Copyright © 2023 by Rowohlt Verlag GmbH, Hamburg
Lektorat Judith Schneiberg
Covergestaltung HAUPTMANN & KOMPANIE Werbeagentur, Zürich
Satz aus der Chronicle bei Dörlemann Satz, Lemförde
Druck und Bindung CPI books GmbH, Leck
ISBN 978-3-499-01059-0

INHALT

«Es sind lose wackelnde Strickleitern, die man uns zuge-
worfen, die wir glücklicherweise aufgefangen und benutzt
haben. Aber was wäre das für ein gigantisches, stabiles
Klettergerüst, wenn alle Strickleitern oben und unten
zusammengebunden wären, wenn alle Beteiligten weitere
Strickleitern stricken und weiter verbinden würden, nach
links, nach rechts, dann wäre es nicht mehr dem Zufall
überlassen, wen du triffst und wer sich kümmert, dann
würden alle hochklettern und die Hände nach unten und
seitwärts reichen, und die Strickleitern würden zu Stein
werden, sie würden sich selbst zementieren und weniger
wackeln und endlich die Zeiten für die überdauern, die
noch gar nicht geboren sind.»

SHIDA BAZYAR[1]

Einleitung

«Wenn du gewusst hättest, wie anstrengend es ist, hättest du dann Kinder bekommen?» Es ist eine Frage, die wohl so einigen Eltern nach der Pandemie gestellt wurde. Vielleicht aber auch schon früher. Jedenfalls eher als die Frage: «Wenn du gewusst hättest, wie schön es ist, hättest du dann früher Kinder bekommen?» Mir persönlich wurde nie eine Frage der letzteren Art gestellt – in allen 14 Jahren Elternschaft mit drei Kindern nicht. Kinder sind eben anstrengend, das wissen wir doch alle: Man schläft wenig, muss Wutanfälle begleiten, Kinder werden krank, sind zappelig in Restaurants und ungehalten in Einkaufsmärkten. Wir können nicht mehr spontan ausgehen, die Nächte durchmachen und am nächsten Tag ausruhen, und manche Hotels nehmen Gäst*innen mit Kindern gar nicht erst auf. Natürlich gibt es auch die schönen Seiten des Elternseins. Aber ganz ehrlich: Was fällt uns zuerst ein, wenn wir darüber nachdenken, was es bedeutet, Eltern zu sein? Wahrscheinlich etwas in Richtung Fürsorgepflicht und Überforderung. Und wenn wir an die Versorgung von alten Menschen denken, sieht es ganz ähnlich aus. Wir fragen uns vielleicht manchmal: Muss das eigentlich so sein? Ist das «normal», dass Fürsorge so anstrengend ist? Nein, ist es nicht. Aber wir haben verinnerlicht, dass es so in Ordnung wäre und genau so der Norm entspräche. «Eltern sind eben immer müde, besonders Mütter.»

Fürsorge kann aber auch ganz anders sein und sich ganz anders anfühlen. Wir haben die Sache nur leider über Generationen hinweg total in den Sand gesetzt und nehmen jetzt als normal an, was gar nicht der Norm entsprechen sollte und uns dauerhaft schadet.

Spätestens seit «Regretting Motherhood»[2] beschäftigen wir uns (endlich!) öffentlich mit der Ambivalenz von Mutterschaft: dem Gefühl, es sich anders vorgestellt zu haben. Dem Bedauern des Elternseins. Dem Gefühl, keine gute Mutter zu sein aufgrund der allgegenwärtigen, überhöhten Mutterideale. Dem Gefühl, überfordert zu sein. Und auch mit dem Gefühl der Hilflosigkeit angesichts der gesellschaftlichen Rahmenbedingungen: sich verlassen zu fühlen durch zu wenig Unterstützung, Fehlen gerechter Aufgabenverteilungen zwischen Eltern, zu wenige öffentliche, niedrigschwellige Hilfs- und Begleitungsangebote, angefangen beim Hebammen- über den Kitaplatzmangel bis hin zum Mangel von Lehrenden an Schulen, zu wenig Therapieplätze für Kinder und Jugendliche, zu wenig Kurangebote für Eltern, familienunfreundliche Infrastruktur, finanzielle Benachteiligung von Familien mit der Folge von (Kinder-)Armut etc. Die strukturellen Bedingungen der Fürsorge sehen wirklich schlecht aus.

Gerade in der Pandemie traten die Schieflage des Elternseins und seine gesellschaftliche Vernachlässigung besonders hervor. Kinder wurden benachteiligt, und Eltern (insbesondere Mütter) haben versucht, dies auszugleichen, indem sie selbst Benachteiligung, Überlastung und Verringerung des Wohlbefindens auf sich genommen haben. Wer denn, wenn nicht wir? Es hat etwas mit uns gemacht, dass wir übersehen, vergessen und in die Erschöpfung getrieben wurden, sowohl strukturell, beispielsweise in Hinblick auf Erwerbstätigkeit und Altersvorsorge, aber auch mit unserem Gefühl und unserer Einstellung, mit Erziehungsverhalten und unseren Werten, die wir weitergeben.

«Care-Arbeit» ist in den vergangenen Jahren ein bedeutsamer Begriff des feministischen und pädagogischen Diskurses geworden, weil sie allgegenwärtig und bedeutsam ist und dennoch lange Zeit beschwiegen wurde. Es ist richtig, dass die fehlende Wertschätzung, die Kümmerfalle und Unsichtbarkeit der Mehrfachbelastung von Frauen zur Sprache kommen, dass wir unsere salzigen, weiblichen Finger in die Wunde der Gerechtigkeit legen. Es ist wichtig, dass wir den Diskurs eröffnen und auf die Ungerechtigkeiten hinweisen. Es muss benannt werden, dass Familien strukturell benachteiligt werden und es auf vielen Ebenen unattraktiv ist, Kinder im Wachsen zu begleiten. Viele Probleme sind im gesellschaftlichen Diskurs bereits identifiziert worden, und es gibt durchaus gute Lösungsansätze. Um aber langfristig etwas zu ändern und vor allem darauf hinzuwirken, dass diese Lösungsansätze von jenen umgesetzt werden, die (aktuell) von den Fürsorgeproblemen nicht betroffen sind, müssen wir noch viel weiter und tiefer in die Aufarbeitung des Problems gehen.

Fürsorge ist mehr als «nur» Arbeit. Sie ist ein Wert unserer Gemeinschaft und hält sie am Laufen. Nicht nur aus der Sicht des Humankapitals, nicht nur als wirtschaftlicher Faktor, sondern auch als emotionaler, psychischer Bestandteil von Gesellschaft, als ihr Entwicklungsmotor auf menschlicher Ebene. Und genau darüber sprechen wir zu wenig neben all den politischen Problemen: über die psychischen, emotionalen, hormonellen, erzieherischen und evolutionsbiologischen Anteile von Care. Diese Aspekte hinter der Fürsorge sind wichtig, wenn es darum geht, die Notwendigkeit zur Veränderung zu verstehen. «Care» sollte nicht rein rational betrachtet werden – bzw. sollte die rationale Betrachtung die emotionalen Aspekte in ihrer Bedeutsamkeit einbeziehen. Wir sind Menschen. Wir erleben jeden Tag eine breite Palette an Gefühlen und dürfen uns davon nicht entkoppeln lassen. Menschen sind bedürftig – von der Wiege bis zur Bahre. Als Kinder genauso wie als Erwachsene, und viele der menschlichen Bedürfnisse stehen mit Fürsorge in Verbindung. Wenn aber Bedürfniserfüllung und Selbstfürsorge schon aberzogen wurden und wir verinnerlicht haben, einfach, anpassungsfähig und möglichst unkompliziert sein zu müssen, dann wird es schwer, Fürsorge als Wert neu zu begreifen und Bedürftigkeit anderer (neben der eigenen) anzuerkennen.

Zu einer Aufwertung von Fürsorge als Wert gelangen wir zudem nicht, wenn Fürsorge als weibliche Eigenschaft begriffen wird, männlich gelesene Menschen davon entfremdet werden und gleichzeitig die Position der Frau in der Gesellschaft weiterhin nur untergeordnet, bestenfalls mitgemeint, aber an vielen Stellen abgewertet bleibt. Denn Fürsorge wird als weiblich zugeordnete Eigenschaft, in einer Gesellschaft, in der Frauen keinen Wert haben, nicht die Anerkennung bekommen, die wir für eine Veränderung brauchen. Fürsorge hängt zusammen mit Gerechtigkeit und Gleichberechtigung – und ganz besonders mit der Erziehung, mit der wir den Vorstellungen über Rollenbilder den Weg ebnen. Solange wir weiterhin den vorgegebenen gesellschaftlichen Rollenbildern anhängen, sie an die nächste Generation weitergeben und sie nicht per se infrage stellen, werden wir an der Ungerechtigkeit nichts verändern. Wir müssen unsere Kategorien dekonstruieren und ganz neue Bilder erschaffen, anstatt uns nur an den vorgefertigten Definitionen abzuarbeiten.

Wir denken oft, wir wären nur am Anfang und Ende unseres Lebens in besonderer Weise auf Fürsorge angewiesen, aber das stimmt so nicht: Die Art der Fürsorge verändert sich im Leben nur, und wir erleben sie unterschiedlich – auch bestimmt dadurch, wie sie uns präsentiert wird, ob als Dienstleistung, die wir einkaufen können, oder als persönliche Zuwendung. Geben wir, oder sind wir angewiesen? Sie ist verwoben mit Selbstbestimmung und unseren persönlichen Möglichkeiten, mit Privilegien. Und auch wenn wir uns ihrer Präsenz nicht an allen Punkten bewusst sind, zieht sie sich wie ein roter Faden durch: Fürsorge ist das Garn, das die bunte Patchworkdecke unseres

Lebens zusammenhält. Die Beschaffenheit dieses Garns wird in der frühen Kindheit bestimmt. Sie nimmt Einfluss auf unsere psychische und physische Entwicklung, unser Sozialverhalten, unsere Erwerbsarbeit, Partnerschaft, Hobbys. Sie bildet die Basis für uns als individuelle Menschen, aber auch die Basis unseres Zusammenlebens. «Wir werden geboren, um zu lernen, uns miteinander in Verbindung zu setzen und zu spielen», erklärt der Historiker Rutger Bregman in seinem internationalen Bestseller «Im Grunde gut».[3] «Lange haben wir angenommen, dass der Mensch ein Egoist sei, ein Tier oder Schlimmeres. Lange haben wir geglaubt, dass es sich bei der Zivilisation nur um eine dünne Schicht handele, die beim geringsten Anlass reißen würde. Dieses Menschenbild und dieser Blick auf unsere Geschichte haben sich als völlig unrealistisch erwiesen.»[4] Wir sind gut, wir sind sozial, wir brauchen einander, wir brauchen Fürsorge.

Wir müssen unseren Blick auf Fürsorge verändern, aber auch unseren Blick auf die Menschheitsgeschichte. Fürsorge ist in uns allen tief verankert. Sie ist ein Bedürfnis, das Menschen über Zeit und Raum verbindet. Weil sie aber nur von Menschen gegeben werden kann, die sie vorher empfangen haben, bleibt sie ein ewiger Balanceakt. Wenn wir allerdings wirklich verinnerlichen, dass uns damals wie heute das Gute trägt, dass wir uns nicht durch Konkurrenz und Kampf entwickelt haben, sondern durch Kooperation und Unterstützung, dann kann sich in unserer Gesellschaft wirklich etwas verändern und die gut erdachten Lösungsansätze für unsere Probleme können greifen.

Gerade heute brauchen wir Fürsorge auf allen gesellschaftlichen Ebenen ganz besonders: in Hinblick auf die Versorgung von Kindern, in Hinblick auf unsere alternde Gesellschaft, in Hinblick auf die Versorgung von (chronisch) Erkrankten, Menschen mit Behinderung, aber auch in Anbetracht der Klimakrise und weltweiten Migration. Ein Ende der Fürsorge bedeutet nicht nur das Ende eines Menschen – wie wir schon aus dem erschütternden Baby-Experiment Friedrichs II. von Hohenstaufen auf der Suche nach der «Ursprache» wissen –,[5] sondern das Ende gesellschaftlicher Fürsorge würde das Ende der Menschheit bedeuten. Die Abkehr vom emotionalen Anteil der Fürsorge, die Operationalisierung und Verwirtschaftlichung hat einige der Krisen, mit denen wir jetzt umgehen müssen, erst hervorgebracht: Wir haben durch die Entemotionalisierung den Blick für das große Ganze und Wesentliche verloren und unterhöhlen das, worauf alles aufbaut, strukturell und emotional.

Kehren wir nun zurück zum eingangs beschriebenen Gefühl, dass Fürsorge für Kinder (und andere) vor allem eine Last sei. Dieses Gefühl, dass sich auch durch die Überlastung und die zu geringe gesellschaftliche Unterstützung in den letzten Jahren auf uns gelegt hat. Eines, das wir nicht nur individuell in uns tragen, sondern das uns beständig von allen Seiten anspringt: Nicht nur die Bad News der Menschheit sind in unserem Fokus, sondern auch die Bad News der Fürsorge. So wie unsere Nachrichten voll von Schreckensmeldungen sind, drehen sich Unmengen von Serien und Filmen darum zu zeigen, wie belastend Fürsorge ist. Benachteiligung, Anstrengung, Hilflosigkeit wird uns immerzu vor Augen geführt. Manchmal sind diese Geschichten lustig, manchmal führen sie die Absurdität des heutigen Elternseins oder anderer Care-Tätigkeiten vor Augen. Sie sind aber vor allem eins: auf Probleme fokussiert. Probleme, die wir durchaus haben und die gerade in der Pandemie zum Vorschein kamen. Wir *sind* erschöpft. Wir *müssen* über Erschöpfung reden. Aber der kollektive Fokus auf die Nachteile der Care-Arbeit durch die Pandemie, das Erschöpfende des Elternseins lässt uns aus dem Blick verlieren, dass Care auch andere Seiten hat. Die Reporterin Ronja von Wurmb-Seibel hat in ihrem Buch «Wie wir die Welt sehen» über den Einfluss negativer Nachrichten auf unsere psychische

Gesundheit und unser Erleben geschrieben. Sie zitiert den Traumaforscher Dr. Philip Zimbardo, der den Begriff der «prätraumatischen Belastungsstörung» geprägt hat und erklärt: «Je mehr Warnungen wir über eine Bedrohung hören, desto mehr Angst haben wir, dass wir selbst davon betroffen sein könnten. Das, was uns eigentlich schützen soll – Informationen, Warnungen, Sicherheitshinweise –, macht uns kaputt, wenn wir es zu oft hören.»[6] Die Geschichten, die wir beständig lesen und hören, formen Glaubenssätze. Sind es schlechte Geschichten, prägen sie unser Leben entsprechend.

Und da stehen wir jetzt. Neben unseren persönlichen Belastungsgeschichten, oft hervorgerufen durch strukturelle Fürsorgeprobleme, hören und lesen wir zusätzlich dauernd: Arbeit im Care-Sektor ist schlecht bezahlt, macht dich kaputt. Wer will dort schon arbeiten? Fürsorgearbeit für Angehörige ist gar nicht bezahlt, verringert dein Wohlbefinden, erschöpft dich bis zum Burnout. Kinderhaben ist keine vorwiegend schön erzählte Geschichte mehr – lassen wir einmal einige idealisierende Zeitschriftenartikel in Elternzeitschriften außen vor –, sondern besonders vom offenen Diskurs über die Belastung gekennzeichnet. Wahlweise auch von der Behauptung, dass wir Eltern heute ohnehin falsch erziehen: «Kinder bekommen heute ein zu großes Maß an Aufmerksamkeit» oder «So macht zwanghafte Erziehung Kinder zu Weicheiern» – diese provokanten und pädagogisch wie psychologisch oft überholten Meinungen erhalten in den Medien einen Raum, der ihnen nicht zustehen sollte, und sie verfestigen ein falsches Bild von Elternschaft und Erziehung. Bei all den negativen Informationen überlegen wir uns genau, ob wir überhaupt Kinder haben wollen, und, wenn ja, wie viele. Wir fühlen uns zunehmend ausgeliefert und hoffnungslos gegenüber der großen privaten und gesellschaftlichen Herausforderung, die das bedeutet.

Einleitung

Gerade in Bezug auf Fürsorge stehen wir hier vor einem gefährlichen Zirkelschluss: Unser Blick auf das Negative der Fürsorge, auf die Anstrengung, die Überlastung entfremdet uns von all dem Schönen, den kleinen, warmen Händen in unseren eigenen, den mühsam ausgesprochenen ersten Worten, den tapsigen ersten Schritten, den Gesprächen mit Teenager*innen über die Weltlage. Ja, auch mit Teenager*innen kann man reden und wunderbare Zeit verbringen. Sie sind keineswegs die «PuberTIERE», vor denen Eltern Angst bekommen müssen. Mit dieser Entfremdung, dieser Distanz zum positiven emotionalen Anteil von Fürsorge verlieren wir das Gefühl für sie, das wir aber dringend brauchen, um Fürsorge aufzuwerten – emotional und darüber hinaus als respektables Gut, als wertgeschätzte und als entsprechend zu honorierende Tätigkeit.

Wir brauchen beides: die Anerkennung der Lasten und gesellschaftliche und politische Veränderungen, um die Last zu verringern durch finanzielle und menschliche Unterstützung *und* die emotionale Aufwertung des Begriffs der Fürsorge. Wir müssen lernen, sie als etwas zu verstehen, was man nicht nur muss, was nicht immer nur anstrengend und furchtbar ist, was uns Augenringe macht und niemals durchschlafen lässt, sondern was auch ganz wunderbar sein und sich gut und warm anfühlen kann. Natürlich müssen die Geschichten der Überlastung ihren Raum haben, die gesellschaftlichen Verhältnisse angeprangert werden – etwas, das auch in diesem Buch nicht zu kurz kommen wird. Wir brauchen aber auch die Geschichten darüber, wie schön es ist, Kinder großzuziehen, welche schönen Seiten Erwerbstätigkeit im Care-Arbeitssektor hat und, ja, auch wie gut es sein kann, einen alten Menschen zu pflegen und beim Sterben zu begleiten. Wir sollten uns auch die schönen Geschichten erzählen, die positiven Beispiele, die Lösungsansätze. Vor allem aber brauchen wir eine Perspektive darauf, wie es mit unserem höchsten Gut des

Menschseins weitergehen kann, wenn wir nicht daran kaputtgehen wollen, dass Fürsorge totgeschwiegen, ungerecht verteilt und missachtet wird.

Die gute Nachricht ist: Es ist nicht zu spät. Wir können es aufhalten. Und zwar nicht «nur» durch politische Veränderungen. Nicht nur durch «die da oben, die was ändern müssen». (Wie wir sehen werden, ist dieses Denken nämlich schon ein Teil des Problems.) Sondern durch unsere eigene Sichtweise, ein Umdenken über individuelle Werte, durch eine Öffnung unserer Herzen, die uns alltägliche Handlungen verändern lässt – und vor allem durch Gemeinschaft. Mit einem neuen Blickwinkel verändern wir uns, und wir verändern die Menschen in unserer Umgebung. Wir verändern Familie, Freund*innenschaft und Erziehung, wir verändern die Menschheit. Wir tragen den Wandel hin zur Gemeinschaft gemeinsam. Lasst uns die schönen Seiten der Fürsorge, der Bedürfnisorientierung und -befriedigung erkunden und sehen, wie wir Fürsorge neu denken und damit die Welt umgestalten können.

«Enge Bindungen an andere Menschen sind das Zentrum, um das herum sich das Leben eines Menschen dreht, nicht nur als Säugling, Kleinkind oder Schulkind, sondern auch während der Adoleszenz und der Erwachsenenzeit bis hinein ins hohe Alter. Aus diesen engen Bindungen zieht ein Mensch Kraft und Lebensfreude, und durch das, was er beiträgt, gibt er anderen Kraft und Lebensfreude. In dieser Frage sind sich die moderne Wissenschaft und die traditionellen Weisheitslehren einig.»

JOHN BOWLBY[1]

TEIL 1

Der Wert des Sorgens

Es gibt eine Anekdote über die berühmte amerikanische Ethnologin Margaret Mead: In einem Seminar soll sie von einer Studentin gefragt worden sein, was ihrer Meinung nach das erste Zeichen der Zivilisation gewesen sei. Die Studentin erwartete, dass Mead Tontöpfe oder Schleifsteine oder Ähnliches nennen würde. Doch Mead erklärte, dass das erste Zeichen der Zivilisation der Fund eines Oberschenkelknochens sei, der gebrochen gewesen und geheilt war. In der Natur würden wir sterben, wenn ein Oberschenkel gebrochen wäre, man nicht vor Feinden weglaufen und sich keine Nahrung besorgen könnte. Ein Oberschenkelknochen, der ausheilen konnte, zeigt, dass es einen Menschen gegeben haben musste, der sich um die verletzte Person gekümmert, sie gestützt und gepflegt hatte. Einer anderen Person durch eine missliche Lage zu helfen, sei der Beginn der Zivilisation. Die Studentin war erstaunt.[2]

Ich versuche, mir die Szene vor meinem inneren Auge vorzustellen: Die Person mit dem Oberschenkelbruch, wie mag sie ausgesehen haben? Wie war es zu dem Bruch gekommen? Vielleicht bei der Nahrungsmittelbeschaffung? Ein Unfall beim Erkunden der Umgebung? Und die pflegende Person, die Nahrung bereitete, beim Laufen stützte, so gut es ging, wer ist sie wohl gewesen? Welches Geschlecht hatten die Person mit dem Bruch und die pflegende Person? Und obwohl wir nichts über die Geschlechter dieser beiden Menschen wissen und nichts an der Anekdote eine Zuweisung zulässt, haben wir uns wahrscheinlich alle die kümmernde Person als Frau gedacht – vielleicht als Partnerin oder Mutter. Die Person mit dem gebrochenen Bein können wir uns möglicherweise ebenso als Frau vorstellen, aber wahrscheinlicher ist es, dass wir sie uns als Mann denken. Der Grund dafür ist, dass wir dieses Bild alle verinnerlicht haben: Männer gehen auf die Jagd, gehen Gefahren ein, beschaffen Nahrung, sind den größeren körperlichen Risiken ausgesetzt (von der Geburt der Nachkommen einmal abgesehen)[3], während Frauen sich kümmern. Gerade aus den Bildern in Museen, aber auch den Bildern der Bücher unserer Kinder springt uns diese Rollenaufteilung an, obwohl längst belegt ist, dass diese Darstellung so nicht stimmt.[4]

Gehen wir noch einen Schritt weiter und überlegen uns: Welchen Wert messen wir der Tätigkeit dieser kümmernden Person bei, die laut Mead damit den Beginn der Zivilisation abbildet, und welchen Wert messen wir der Tätigkeit der Person mit dem gebrochenen Oberschenkel bei? Wie verteilen wir Anerkennung und Macht in diesem Beispiel, und was hat das mit ihren Tätigkeiten zu tun?

Die Einordnung, die wir hier vornehmen, wird wahrscheinlich unserer Vorstellung von Arbeit und Fürsorge entsprechen, wie sie sich uns eingeprägt hat: Punkt für Punkt ergibt sich im Laufe unseres Lebens ein impressionistisches Bild davon, wie «echte Arbeit» für uns aussieht. Was wir selbst in unserer Ursprungsfamilie vorgelebt bekommen haben, was uns in Kindergarten und Schule erzählt wurde, was Medien wie Bücher, Serien, Filme vermitteln, welche Strukturen wir im Erwachsenenleben erfahren: Jeder kleine Punkt, der durch die Erlebnisse unseres Lebens entsteht, bildet gemeinsam mit anderen unser inneres Bild. Was wir als Arbeit definieren, ist geprägt durch unsere Kultur und unsere Erfahrungen in ihr. Würden sich andere Punkte in anderen Erfahrungsfarben zusammenfügen, ergäbe sich ein ganz anderes Bild. Wie so vieles ist auch unsere Definition von Arbeit nicht absolut. Sie besteht nur, weil sie sich genau so in uns eingeprägt hat und wir sie genau so weitergeben. Wir haben gelernt, dass mit dem Wort «Arbeit» Erwerbsarbeit in einer bestimmten Form gemeint ist, nicht aber all jene Tätigkeiten rund um das Pflegen und Umsorgen anderer Menschen. Das Wort «Arbeit» verbinden wir mit finanzieller Entlohnung. Was nicht finanziell entlohnt wird, gilt im Umkehrschluss in unseren Gedanken meist nicht als Arbeit.

Auch wenn wir nach einem Tag des Umsorgens eines kleinen Kindes müde und erschöpft auf dem Sofa zusammensinken und unser «Netflix and chill» schnell in ein leise schnarchendes «nur chill» übergeht, bezeichnen viele von uns die anstrengenden Handgriffe und Gefühlsbegleitungen des Tages nicht als Arbeit. Denn das Umsorgen von Menschen, das hierzulande größtenteils weiblich gelesene Personen übernehmen, hat keinen vergleichbaren Wert wie Erwerbsarbeit – weil es «nur» Kümmern ist. Dabei ist dieses Kümmern unersetzbar, etwas, von dem wir alle abhängen und das geleistet werden muss. Kümmern ist alternativlos und unverhandelbar. Wer sich nicht um andere Menschen kümmert, die sonst nicht versorgt wären, riskiert, dass diese sterben: verhungern, erfrieren, an den Folgen von Einsamkeit erkranken.

Selbst wenn wir damit unseren finanziellen Verdienst bestreiten, weil wir für eine sorgende Erwerbsarbeit entlohnt werden, ist die Anerkennung von Fürsorgetätigkeiten als Erwerbsarbeit noch immer gering. Eine Freundin, seit Jahrzehnten als Erzieherin in verschiedenen Kitas tätig, berichtete mir von folgender Situation: Beim morgendlichen Verabschieden der Eltern, wie sie es als Erzieherin im Kinderladen immer gemeinsam mit den Kindern machte, wünschte sie einem der Väter auf seine Verabschie-

23

dung hin ebenso einen schönen Tag. Daraufhin ging dieser mit den Worten: «Na ja, *ich* muss ja heute arbeiten.» – Diese kleine Alltagsanekdote, die so oder so ähnlich viele Beschäftigte im Care-Arbeitssektor erzählen könnten, legt bereits einige wunde Punkte des Care-Themas offen: die fehlende Anerkennung des Sorgens als Arbeit; die Auslagerung von Fürsorge als Dienstleistung; damit einhergehend die Entfremdung vom tatsächlichen Arbeitsaufwand und der Bedeutung fürsorgender Tätigkeiten, verbunden mit dem Verlust der generellen Wertschätzung von Fürsorge; außerdem die Geschlechterverteilung in der Erwerbsarbeit.

Worüber sprechen wir eigentlich?

Bevor wir uns der Frage nach dem Wert des Sorgens genauer widmen, müssen wir uns zunächst ein wenig der Begrifflichkeit nähern, mit der wir umgehen. So banal es klingen mag, können wir nämlich Dinge und Sachverhalte, für die wir keine passende Bezeichnung haben, nur schwer be-greifen und dementsprechend schwer damit umgehen. «Sprache verändert unsere Wahrnehmung. Weil ich das Wort kenne, nehme ich wahr, was es benennt», erklärt die Bestsellerautorin Kübra Gümüşay in ihrem Buch «Sprache und Sein»,[5] und fährt später fort: «Wenn Sprache unsere Betrachtung der Welt so fundamental lenkt – und damit auch beeinträchtigt –, dann ist sie keine Banalität, kein Nebenschauplatz politischer Auseinandersetzungen.»[6]

Stellen wir uns beispielsweise vor, wir würden einer anderen Person sagen, sie solle uns bitte einen Apfel aus dem Obstkorb holen, aber es gäbe den Begriff «Apfel» noch nicht: Wir würden wahrscheinlich beschreiben, wie ein Apfel aussieht. Vielleicht würden wir dabei Merkmale nicht erwähnen, die für die andere

Person ganz entschieden einen Apfel ausmachen. Vielleicht käme es deswegen zu Missverständnissen und die andere Person gäbe uns eine Nektarine statt eines Apfels. Wir wären darüber enttäuscht, dass wir das falsche Obst gereicht bekommen und auch, dass dieser andere Mensch nicht versteht, was wir ausdrücken wollten. Dabei haben wir es in diesem Beispiel mit einem Ding, einem Objekt zu tun. Noch schwieriger wird es, wenn es darum geht, beispielsweise Gefühle oder Sachverhalte zu beschreiben, solange wir keine Worte dafür haben. Wie würden wir Trauer beschreiben, wenn wir kein Wort dafür hätten? Oder Erschöpfung? Und wie kannst du sicher sein, dass dein Gegenüber das, was du mit «Erschöpfung» meinst, nicht als Trauer versteht? Wir brauchen Worte, die unser Erleben und Empfinden in Sprache umsetzen, um uns mitzuteilen, um verbindliche Übereinstimmungen mit anderen festzulegen und auf Dinge hinzuweisen. Wenn uns passende Worte fehlen, kann das dazu führen, dass wir nicht leben können, wie wir es brauchen. Uns fehlt schlichtweg das sprachliche Werkzeug, um uns mit anderen zu verständigen und zu einigen.

Auf der anderen Seite heißt das, dass Worte, die wir nutzen, eine enorme Wirkmacht haben: Wenn Kinder immer als «Bälger» oder gar «Terrorzwerge» bezeichnet werden, macht das etwas mit unserer Vorstellung von Kindern, mit unserer Erwartungshaltung ihnen gegenüber. Genauso, wenn wir immer über «die Muddis» sprechen oder unsere eigenen Eltern mit «der Alte» oder «die Alte» betiteln oder eine Person auf der Straße mit «die Behinderte da». – In diesen Fällen diskriminieren wir explizit, wir benutzen geringschätzige oder zumindest geringschätzig gemeinte Worte. Aber allein durch die Tatsache, dass wir aus Einzelnen einen Teil einer Gruppe machen, ihnen ihre Individualität rauben, Menschen und auch Sachverhalte also reduzieren, dehumanisieren wir sie.

Gerade im Bereich des Sorgens um andere bilden wir schnell Gruppen, denken wir an «die Kinder», «die Alten», «die Eltern». So als wären sie alle gleich, entwickelten sich gleich, hätten gleiche Bedürfnisse. Wenn wir Kinder haben, merken wir jedoch bald, wie verschieden sie alle sind und dass allgemeine Lösungen kaum helfen. Nicht anders ist es bei allen anderen Menschen jenseits des Kindesalters. Die Dehumanisierung durch diese Art der externen Gruppenbildung und Normierung zieht oft weitere physische oder psychische Gewalt nach sich,[7] auch auf struktureller Ebene. Durch die versuchte Einpassung in vorgegebene Rahmenbedingungen für eben diese Gruppe, der ein Mensch zugewiesen wird, wird seine Individualität ausgeblendet – sei es in Seniorenheimen oder Kindertageseinrichtungen. Wir richten uns nach einer Norm, schaffen dafür Strukturen, aber all jene, die rechts oder links von diesem Mittel liegen, brauchen vielleicht andere Bedingungen, damit es ihnen wirklich gut geht. Weil wir aber über «die Kinder», «die Alten», «die Behinderten» reden und diese Art der Benennung unsere Vorstellungen prägt, beachten wir diese individuellen Bedürfnisse nicht und fügen der oder dem Einzelnen mittels dieser Gruppenzusammenfassung Gewalt zu.

Oft dehumanisieren wir, ohne es zu merken, und spüren die Folgen unserer Sprache auf andere nicht. Die Beschränktheit des Sprachgebrauchs wirkt sich auf unser Gegenüber aus, dessen Selbstwahrnehmung und Wohlempfinden, aber es macht auch etwas mit unserem eigenen Denken und Handeln. Die Sprache, die wir nutzen, ist gerade in Bezug auf alle zwischenmenschlichen Aspekte und unseren Umgang miteinander entscheidend. Ich möchte an dieser Stelle nicht tiefer auf das etwas abgegriffene (und durchaus umstrittene) Beispiel eingehen, dass es in der Sprache der Inuit Hunderte Worte für Schnee gibt. Der Sprachwissenschaftler Prof. Dr. Anatol Stefanowitsch benennt in Bezug darauf jedoch einen Aspekt, der auch für unser Thema wichtig ist: «Eingefleischte Skifahrer (...) kennen sie [Worte für Schnee] fast alle – und zwar nicht, weil sie in einer anderen Umwelt leben, sondern, weil sie mehr Anlässe und eine größere Notwendigkeit haben, differenziert über Schnee zu sprechen.»[8] – Haben wir zu wenig Notwendigkeit und Anlass, uns über das Sorgen und Miteinander differenziert zu unterhalten, und auch deswegen ein Wortfindungsproblem? Reden wir zu wenig über das Umsorgen, sodass wir zu wenige Worte dafür haben?

Die Begrenztheit unserer Worte für das Umsorgen

Blicken wir auf andere Sprachen, finden wir darin teilweise Worte für Sachverhalte und Empfindungen, die es in unserer Sprache auf diese Weise nicht gibt und die nicht direkt zu übersetzen sind. So gibt es konkrete Begrifflichkeiten rund um das Umsorgen und Miteinander: Bei den Bantu gibt es den Begriff «Ubuntu» für das Gefühl des Einklangs zwischen allen Menschen, im Arabischen das Wort «Asabīya», das die emotionale Verbindung einer Gemeinschaft beschreibt, und in der Sprache der Aborigines findet sich «Kanyininpa» für ein inniges Halten und Gehaltenwerden zwischen zwei Menschen, während es beispielsweise im Walisischen das Wort «Cwtch» gibt für eine besondere Art der Umarmung, die einen sicheren Raum bietet.[9] Selbst wenn wir diese Worte in unsere Sprache übersetzen, in dem wir sie umschreiben, ahnen wir, dass es oft nicht das eigentliche Gefühl wiedergibt, das hinter ihnen zu stehen scheint, weil diese Worte mit einer bestimmten (Verhaltens-)Kultur verbunden sind, die wir nicht erlernt und verinnerlicht haben.

Manchmal bekommen wir einen Einblick in die Unzulänglichkeit unserer Sprache, wenn Kinder mit ganz neuen Wortkreationen zu uns kommen, um etwas Bestimmtes auszudrücken. Schon 1907 veröffentlichten die Eheleute Clara und William Stern eine

Abhandlung über die Kindersprache und gingen dabei auch auf die «Urschöpfungen» von Kindern ein: Worte, die Kinder in der frühen Kindheit selbst bilden.[10] Manchmal werden solche Neologismen dann zu einem Teil der Familiensprache und bezeichnen Rituale und Umgangsformen, die in dieser Familie vorherrschen und einen Teil des Umgangs miteinander ausmachen. Worte wie «knuscheln» als Mischung aus knuddeln und kuscheln oder «Mampa» als Bezeichnung des Kindes, wenn es «Mama» und «Papa», die beide anwesend sind und gleichwertig für die Bedürfniserfüllung, gleichermaßen anspricht. Worte können aus Anlässen und Notwendigkeiten entstehen, wenn ein Kind hierfür bislang keinen passenden Ausdruck hat.

Die Bestsellerautorin und Podcasterin Luvvie Ajayi Jones beschreibt die Tradition des Oríkì ihres Stammes, der Yorùbá, in der es darum geht, sich als Teil der Gemeinschaft zu sehen und mit ihr verbunden zu sein: Oríkì ist ein persönliches Mantra, das gesungen oder gesprochen wird an Geburtstagen, bei Feierlichkeiten und zum Abschied beim Tod. Es rühmt sowohl die Verwandtschaft, als es auch das eigene Schicksal bejaht. Es kann sowohl die Geburtsorte der Eltern beinhalten als auch die Besonderheit des eigenen Namens erklären, die mit dir verbundenen Menschen preisen und einen Blick darauf schenken, wer du bist und sein wirst mit all deinen besonderen Eigenschaften. Jones erklärt, dass es uns allen guttäte, ein ganz persönliches Oríkì zu haben und es uns immer wieder gerade dann aufzusagen, wenn wir uns nicht gut fühlen, wenn wir innere Stärke brauchen oder Widrigkeiten entgegenblicken. Als ich ihr Buch gelesen habe, habe ich auf ihre Anregung mein Oríkì erstellt: Susanne Mierau aus dem Hause Ihlow, Erste ihres Namens, Schwester von Dreien, Mutter von Dreien, Freundin und Partnerin, Trägerin von Geborgenheit im Herzen, Begleiterin ins Leben und in den Tod, Kämpferin der Worte. – Das klingt sehr pathetisch und auch ein wenig unbescheiden, was Jones durchaus genau so anregt, aber in diesen wenigen Worten ist viel enthalten von meinem Leben, den Menschen, mit denen ich verbunden bin, und meinem Wirken. Was macht es mit mir, wenn ich mir selbst diese Worte immer wieder vorsage, wenn sie an Feierlichkeiten vorgetragen werden und ich damit immer wieder eingebettet werde in mein eigenes Sein und meine Verbindungen? Oft wird die Arbeit mit positiven Affirmationen empfohlen, um das eigene Selbstbild zu stärken: Wir werden dazu aufgefordert, unserem Spiegelbild morgens Sätze entgegenzubringen wie «Ich bin stark», «Ich bin liebenswert», «Ich bin richtig!». Die Wirkungsweise dieser Affirmationen ist ohnehin umstritten:[11] Bei Menschen, die ein negatives Selbstbild haben, können solche für sie selbst nicht glaubhaften Sätze zu einer kognitiven Dissonanz führen, die das Problem noch verschärft. Aber wenn wir uns bei Gelegenheit an unsere tatsächlich positiven und bestehenden Verbindungen erinnern, ändert sich vielleicht auch unser Blick auf unsere Verbundenheit und das Gefühl dafür? Und vielleicht entwickeln wir auf dieser Basis neue Worte für das, was wir da an Verbindung fühlen?

Passende Worte machen das scheinbar Unsagbare sagbar, geben die tiefe Bedeutung wieder, die in dem steckt, was wir ausdrücken wollen. Wir müssen also offensichtlich eine Sprache finden für das, über das wir reden wollen, um es zu formen und zu verändern. Wenn wir es nicht tun, haben wir vielleicht verlernt, uns als selbst schöpfend und selbstwirksam zu erleben.

Fürsorge

Aber blicken wir zunächst auf die Worte, die wir tatsächlich nutzen. Wenn wir über das Sorgen und Kümmern um andere sprechen, fällt uns wahrscheinlich zunächst das Wort «Fürsorge» ein. Tatsächlich wird es oft im Kontext des Sorgens um Kinder und Alte genutzt. Ein Wort, das eigentlich so schön klingt, weil es sagt: «Ich sorge für dich!» Zu wissen, dass es Menschen gibt, die sich um uns sorgen, gibt uns ein Gefühl der Sicherheit und Verbundenheit. Was «Fürsorge» für uns persönlich bedeutet, kommt wahrscheinlich dem recht nahe, wie es im Duden definiert wird: «aktives Bemühen um jemanden, der dessen bedarf» und «öffentliche, organisierte Hilfstätigkeit zur Unterstützung in Notsituationen oder besonderen Lebenslagen».[12] Das ist bereits eine ehrenwerte und gesellschaftlich bedeutsame Haltung: Wir unterstützen jene, die Unterstützung benötigen. Unser Blick ist auf das hilfsbedürftige Individuum gerichtet, auf einen konkreten Bedarf – allerdings nicht so sehr auf eine gegenseitige, alltägliche Unterstützung oder gar auf die Vorbeugung von Überlastung. «Fürsorge» schafft eine Hierarchie zwischen dem Sorgenden und der Person, die Sorge empfängt. In diesem Sinne bewertet sie und lässt eine Asymmetrie entstehen. Ein gutes Beispiel dafür ist, wie wir die Interaktion zwischen Erwachsenem und Kind in der Regel verstehen: Als Elternteil sind wir fürsorgend, weil wir die Sorge um das Wohl des Kindes tragen und das Kind als sichere Bezugsperson ins Leben begleiten. Unser Blick richtet sich dadurch besonders auf das Kümmern der erwachsenen Person und verortet Fürsorge gar nicht bei dem Kind, um das es sich zu kümmern gilt. So gerät aus dem Sichtfeld, dass Beziehungen, auch wenn sie asymmetrisch sind, nicht einseitig sind. Natürlich sollten die erwachsenen Bezugspersonen «größer, stärker, weise und gütig»[13] sein, aber auch wenn das Kind in der Kindheit keine pflegenden und versorgenden Tätigkeiten in Bezug auf die Bindungsperson(en) übernimmt – und dies auch nicht muss –, sind Kind und Elternteil immer in einer Interaktion: Fürsorge zwischen Elternteil und Kind ist keine reine Tätigkeit, sondern bedeutet immer auch Bindungsbeziehung. Fürsorge ist nichts, was Eltern «nur» geben können im Sinne einer abzuarbeitenden

Tätigkeit – auch wenn es sich manchmal so anfühlen mag im stressigen Alltag Tausender Handgriffe. Das Sorgen um einen anderen Menschen resoniert mit der anderen Person und ihren Bedürfnissen, und sie gibt so auch etwas in die Beziehung zurück. Nicht in dem satirischen Sinne, wie wir ihn aus dem gängigen Meme «Sie geben uns ja so viel zurück» zum Beispiel auf Twitter kennen: «Das Kind hat heute Morgen ins Bett gekotzt. Sie geben einem so viel zurück!» Wir lesen es und schmunzeln – wir kennen alle diese anstrengenden Situationen. Und doch nimmt uns diese Betrachtung etwas von dem Umstand, dass wir tatsächlich in Beziehung sind und auch das Kind auf uns einwirkt.

Weder die überzogene Romantisierung des Verhältnisses von Eltern und Kindern ist hilfreich noch die beständige satirische Überspitzung. Die Ausrichtung darauf, was wir durch unsere Kinder alles NICHT zurückbekommen oder als Erschwernisse empfinden, lässt uns vergessen, dass wir durchaus miteinander in Beziehung sind, dass Bindung ein dyadisches System ist und wir miteinander in Wechselwirkung stehen. Elternsein ist keine Einbahnstraße. Dass wir es so denken, auch aufgrund unserer Wortwahl, ist bereits ein Schritt in die Überlastung, die so viele von uns wahrnehmen. Wir denken das Umsorgen als Tun in Bezug auf eine andere Person, aber nicht als System, als Miteinander. Doch so, wie wir nicht *nicht* kommunizieren können, wie es der Psychoanalytiker Paul Watzlawick erklärt hat, können wir nicht gänzlich beziehungslos kümmernd interagieren.

Aber kehren wir zurück zu unserer Definition von Fürsorge, die sich darauf bezieht, dass jemand einer Hilfe bedarf. Berechtigterweise können wir die Frage stellen: Wie können wir erkennen, wo wir uns aktiv bemühen sollen, da wir doch in einer Gesellschaft leben, in der Schwäche abgewertet und folglich nur selten und ungern zugegeben wird, wenn Hilfe benötigt wird? Und wo fängt Bedarf im Alltag eigentlich an, wo doch das, was als Belastung wahrgenommen wird, aufgrund der individuellen Lebensgeschichten so unterschiedlich sein kann: Was ich tragen kann, kann in einzelnen Bereichen ganz anders sein als das, was du tragen kannst. Selbst wenn wir vorhaben, uns um andere zu bemühen, könnten wir den aktuellen Bedarf anderer übersehen oder ihn falsch einschätzen. Wir sprechen von einer kognitiven Verzerrung, wenn wir aufgrund bestimmter, oft uns selbst unbewusster Vorurteile bei der Wahrnehmung und Beurteilung systematische Fehler machen. Einzelne Eigenschaften einer Person erzeugen bei uns einen bestimmten Eindruck über diesen Menschen, der eine unvoreingenommene Betrachtung anderer Aspekte der Person erschwert: Wir schließen von bekannten Eigenschaften auf unbekannte. Wenn wir eine Person beispielsweise als organisiert und selbstsicher im Job wahrnehmen, nehmen wir an, sie würde die Elternschaft «schon wuppen», und kommen daher vielleicht weniger auf die Idee, sie aktiv zu unterstützen. Man nennt das den HALO-Effekt, der hier in Bezug auf Fürsorgebedürftigkeit zum Tragen kommt.

Auch Wikipedia erklärt Fürsorge als «die Sorge, auf die Menschen unter bestimmten Umständen ein Recht haben».[14] Blicken wir aber einmal auf das eingangs genannte Beispiel der ewig müden und erschöpften Eltern. Natürlich ist es wichtig, Eltern dann zu helfen, wenn sie erschöpft sind. Beratung anzubieten, wenn Konfliktsituationen in Familien auftreten, Kurmöglichkeiten zur Verfügung zu stellen. Noch besser aber wäre es, wenn Fürsorge bedeuten würde, dass diese Situationen gar nicht erst entstehen – jedenfalls nicht in dem Maße, in dem wir heute eine Überlastung all jener Personen wahrnehmen, die mit Fürsorge zu tun haben: vom privaten Bereich in Familien und der Fürsorge von jung bis alt sowie im gesamten beruflichen Care-Arbeitssektor von Erzieher*innen bis hin zu Pflegekräften in Kliniken und Seniorenwohnheimen. Wer mit Fürsorge in der ein oder anderen

Weise zu tun hat, läuft oft Gefahr, es auch mit Erschöpfung oder sogar Burnout zu tun zu bekommen. Aber muss das Kind erst in den Brunnen gefallen sein, damit wir ihm dann helfen?

Unsere Sorgeaufspaltung

Wir nutzen «Für-Sorge», um zu beschreiben, dass wir für andere sorgen. Wir nutzen «Vor-Sorge», um zu erklären, dass wir vorbeugend handeln. Wir nutzen «Sorge» allgemein als Begriff der Verantwortungsbeziehung und grenzen dagegen auch «Selbst-Fürsorge» ab als das Kümmern um uns selbst, und wir sagen «Seel-Sorge» für die Begleitung durch Lebenskrisen. Wir haben das Sorgen sprachlich aufgefächert, alles akribisch voneinander getrennt. Und wenn man mit Wilhelm von Humboldt annimmt, dass in jeder Sprache ihre «eigenthümliche Weltansicht» liegt, dann haben wir eine wahrhaftig eigentümliche Sicht auf das Sorgen ausgebildet, und der sprachliche Umgang damit ist bereits ein Hinweis darauf, wie wir gesellschaftlich mit ihr umgehen. Wir haben ein Problem mit dem Gesamtaspekt von Bindung und Miteinander, das sich in unserer Sprache abbildet, und möglicherweise fällt es uns deswegen so schwer, ein Sorgen, das damit in Verbindung steht, wieder in unseren Alltag einzubetten. Uns fehlt der ganzheitliche Zugang zum Kümmern. Zwar ziert unsere Internet-Memes der Spruch «You can't pour from an empty cup», aber so richtig fühlen wir offenbar doch nicht, dass alles Sorgen sich gegenseitig bedingt und miteinander in Verbindung steht. Gerade die sogenannte Selbst-Fürsorge bedeutet ja oft, dass wir eben nicht für uns selbst sorgen, sondern Sorge von einer anderen Person genießen: Wir erklären es zur Selbst-Fürsorge, dass wir zur Frisörin gehen, uns Essen bestellen oder heute ganz allein einen Film sehen. Wir sorgen damit für uns, während jemand anderes uns die Haare oder das Essen macht oder eben das Kind betreut, damit wir allein sind. Wir nehmen in den Blick, dass wir jetzt gerade etwas für uns tun, aber blicken nicht so sehr darauf, dass dieses «für mich» eigentlich nicht durch uns selbst für uns geleistet wird, sondern das «für mich» erst durch einen anderen Menschen ermöglicht wird – oft scheinbar unsichtbar, wie dieses Sorgen eben meistens ausgeblendet wird, obwohl es hinter allem steht. Wir haben das Herzstück, nämlich das Gefühl, den Bindungsaspekt dieser Facetten des Sorgens, dadurch, dass wir es zerteilt und aufgegliedert haben, teilweise auf der Strecke gelassen. Dabei war dieser Aspekt in unserer Betrachtung von Fürsorge durchaus einmal mehr enthalten. Im «Deutschen Wörterbuch» von Jakob und Wilhelm Grimm finden wir Beschreibungen, die Fürsorge in den Kontext des Gemeinwohls und der Vorbeugung setzen, indem sie Zukunftsperspektiven einschließen, wie wir sie auch in unserer heutigen Auffassung mitdenken sollten: «eine etwas zukünftigem vorausgehende unruhe und bekümmernis; die, im gedanken und hinblick auf zukünftiges, beängstigende unruhe im innern» sowie «vorbeugende sorge, vorbeugungsmittel» oder «sorge zu gunsten, sorge zum vortheil jemandes oder einer sache».[15] Der frühen Definition von Jakob und Wilhelm Grimm kommt nahe, was die Professorin für Politikwissenschaft Joan Tronto und die Bürgerrechtlerin und Gewerkschaftsorganisatorin Bernice Fisher für den umfassenden Begriff von «Care» festgelegt haben: «Die Aktivität unserer Spezies, die alles umfasst, was wir tun, um die Welt zu erhalten, fortzuführen und wiederherzustellen, damit wir in ihr so gut wie möglich leben können».[16] – Was für eine schöne und umfassende Definition für ein Handeln, das auf Verbindung, Miteinander und Respekt beruht.

Care und Care-Arbeit

Möglicherweise ist «Fürsorge» aber einfach das falsche Wort, da es zu sehr auf die Tätigkeit im Falle eines Bedürfnisses bezogen ist.

Aus dem englischen Sprachgebrauch haben wir schon eine Weile das Wort «Care» übernommen. Wir sprechen von «Care-Arbeit», um bezahlte und unbezahlte Arbeit zu bezeichnen, die mit der Pflege anderer Menschen in Verbindung steht. Das englischsprachige Wort «Care» bedeutet dabei mehr als das Bemühen um Hilfsbedürftige, es bezieht sich auf Versorgung ebenso wie auf Mitmenschlichkeit und Verantwortung und hat damit eine größere Qualität an Anteilnahme als unser Wort «Fürsorge». Wir kennen Redewendungen wie «take care», die den emotionalen Anteil des Umsorgens und der achtsamen Behandlung meinen. «Care ist eine Praxis der Achtsamkeit und Bezogenheit, die Selbstsorge und kleine Gesten der Aufmerksamkeit ebenso umfasst wie pflegende und versorgende menschliche Interaktionen sowie kollektive Aktivitäten», erklärt die Professorin für Philosophie und Gesellschaftstheorie Dr. Elisabeth Conradi in ihrer Dissertation über Grundlagen einer Ethik der Achtsamkeit.[17] Darin zeigt sie, dass, obwohl sich sowohl Gebiete der Pflege als auch Elemente von «Hausarbeit» mit dem Begriff «Care» bezeichnen lassen, die Praxis von Care dadurch nicht hinreichend beschrieben wird. Auch von christlichen Konzepten der caritas und gebräuchlichen philosophischen Begriffen wie Wohlwollen, Sympathie, Mitleid und Wohltätigkeit oder Solidarität und Altruismus sei Care zu unterscheiden. «Der deutschen Sprache fehlt ein Wort, das den Gesichtspunkt der Zuwendung mit interaktiven Aspekten vereint und einer gemeinsamen Gestaltung der Praxis durch die daran beteiligten Menschen Ausdruck verleiht.»[18]

Auch wenn der Begriff «Achtsamkeit» im Zeitalter von Social

Media und Instagram-Coachings abgegriffen ist und wohl die meisten ein wenig genervt auf weitere Achtsamkeitstipps reagieren, hat der Begriff im philosophischen Diskurs um die Ethik des Sorgens einen festen Platz, da er den Fokus auf «Achtung» und den Umstand legt, dass Menschen füreinander von großer Bedeutung sind und in Abhängigkeit zueinander stehen. «Care» ist nicht nur Tun, sondern auch Fühlen. Und dieses Fühlen ist eingebettet in eine ethische Haltung, in Moral. Im Gegensatz zur Fürsorge geht es nicht um Aufopferung, sondern darum, die Sorge um andere in ein ausgewogenes Verhältnis zur Sorge für sich selbst zu bringen. Conradi hat 9 Thesen zu Care entwickelt, die den Umstand der Zuwendung beschreiben sollen und folgendermaßen zusammengefasst werden können:

Care umfasst menschliche Interaktionen, die von mindestens zwei Personen gestaltet werden, die oft miteinander bekannt sind und in vielen Fällen durch die gemeinsame Interaktion eine Beziehung miteinander aufbauen. Dabei ist sowohl das Annehmen als auch die Zuwendung von Care Teil der Interaktion. Eine Ausnahme ist dabei die Selbstsorge, die von einer Person allein ausgehen kann. Die zwischenmenschliche Sorge ist gegenseitig, auch wenn die beteiligten Personen unterschiedlich autonom sind. Oft beinhaltet Care körperliche Berührungen. Fühlen, Denken und Handeln sind miteinander verwoben in der Praxis des Care.[19]

Der Begriff «care work», den wir später als «Care-Arbeit» übernommen haben, hat sich in den 90er-Jahren ausgebildet, um Reproduktionsarbeit und Haus- und Familienarbeit als Tätigkeiten sichtbar zu machen und auf ihren Stellenwert im gesellschaftlichen System hinzuweisen. Und, keine Frage, so wichtig die Betrachtung des Sorgens als Arbeit und ihr Stellenwert in unserer Gesellschaft auch ist, verlassen wir mit der Fokussierung auf «Arbeit» einen Teil des emotionalen Raumes, der für das Miteinander- und Füreinandersorgen so bedeutsam ist. Es regt sich ein wenig Widerstand in uns dagegen, die Sorge um die geliebten Menschen im Umfeld als Arbeit zu betrachten. «Menschen gründen schließlich nicht Familien, weil sie eine Lohnarbeit suchen oder ihre bisherige Arbeitszeit ausdehnen möchten, sondern weil sie einen Sinn darin erkennen, mit Kindern zu leben», erklärt die Publizistin Teresa Bücker.[20] Es erscheint uns unpassend, diese emotional so aufgeladene und scheinbar freiwillige Tätigkeit mit Erwerbsarbeit zu vergleichen. Als würde man etwas wegnehmen von der Emotionalität und der Liebe, die unserem Handeln innewohnt und – bei aller Belastung – ja auch durch ihre Existenz dafür sorgt, dass wir weitermachen trotz Erschöpfung, trotz Überlastung. Dass wir nicht hinschmeißen und kündigen nach der fünften durchwachten Nacht mit krankem Kind, dem Aufwischen von Erbrochenem, den immer und immer wieder unordentlichen Kinderzimmern, der kindlichen Wut. Dass wir trotzdem ins Krankenhaus fahren zu unserem langsam sterbenden Elternteil, obwohl es uns mitnimmt und wir jedes Mal mit tränenverschmierten Augen nach Hause zurückkommen. Wir quittieren nicht – aus Liebe. Aber wie kann es dann als Arbeit gelten? Gleichzeitig suggeriert der Begriff «Care-Arbeit» auch, dass Care ähnlich strukturiert wäre wie Erwerbsarbeit: Dabei haben wir nicht in gleicher Weise wie bei Erwerbsarbeit Urlaub, Pausenzeiten und Arbeitsschutzbedingungen. Care ist Care und findet unter anderen Bedingungen statt als Erwerbsarbeit.

>>Instagram-Nachricht:
«Ich glaube, dass dieses grundlegende Arbeitsframing nichts an Emotionalität gegenüber Familienmitgliedern nimmt. Aber es erhöht die Hürde, anderen um uns herum, den Nachbarn, Freund*innen, Bekannten zu helfen. Denn Fürsorge findet ja nicht nur innerfamiliär statt, sondern im Grunde in allen zwischenmenschlichen Beziehungen. Und

von dem, was ich beobachte, hab ich ein bisschen Sorge, dass unser Streben um Anerkennung von Fürsorge als Arbeit am Ende doch der Individualisierung Vorschub leistet und wir immer weiter vereinzeln, weil füreinander sorgen am Ende doch immer als lästig und mühevoll gelabelt wird. Weil wir es nicht mehr für selbstverständlich halten, dass man einander aushilft, sondern wir dem Narrativ entsprechend, dass Arbeit immer gegen Gegenleistung erfolgt, am Ende nur noch ‹Bedingungsbeziehungen› führen.»

Wir müssen neue Worte finden

Ich selbst habe keine Antwort auf die Frage nach dem passenden Wort. Für dieses Buch haben wir den Titel «Füreinander sorgen» gewählt, um den verbindenden Charakter, das Miteinander, die gegenseitige Resonanz hervorzuheben. Wir sprechen mittlerweile von Emotionsarbeit, Mental Load, von Care-Arbeit, Sorgearbeit. All diese Worte sind durch den Diskurs entstanden, weil wir nach Worten suchten, um über unser Leben zu sprechen. Wir brauchten ein Wort wie «Care-Arbeit», um überhaupt erst einmal sichtbar zu machen, dass das Umsorgen in unserer Gesellschaft stattfindet, dass es Energie benötigt, die wir nicht gleichzeitig in andere Tätigkeiten stecken können, und dass dieses Sorgen bedeutsam dafür ist, dass unsere Gesellschaft funktioniert. Aber damit sind wir noch nicht am Ende der Betrachtung angelangt. Wir haben es mit einem enorm komplexen Sachverhalt zu tun und stehen noch am Anfang des Umgangs damit. Der breite gesellschaftliche Diskurs über die Bedeutung des Miteinanders hat gerade erst begonnen, und wir werden in den nächsten Jahren noch mehr Worte und Definitionen finden, wenn wir im Gespräch darüber bleiben.

Auch wenn der bekannte Kinderbuch-Teddybär Winnie the Pooh auf die Frage seines Freundes Ferkel, wie man Liebe buchstabiert, antwortet: «Man buchstabiert sie nicht ... Man fühlt sie», brauchen wir dennoch Worte für das, was wir fühlen, was wir tun. Gerade dann, wenn wir über einen Umstand sprechen wollen, der uns bedrückt, mit dem wir uns auf die ein oder andere Weise unwohl fühlen und von dem wir ahnen, dass er irgendwie in eine Schieflage geraten ist, ohne genau benennen zu können, woran es hängt und wie es zustande gekommen ist. Wir müssen Worte finden für das große «und», das uns alle verbindet und das wir alle brauchen.

Was also meinen wir, wenn wir über das «Füreinander-Sorgen» sprechen? Je nach unserer eigenen Lebensrealität werden wir leicht voneinander abweichende Definitionen davon haben, worum es hierbei geht. Wahrscheinlich aber finden wir einen gemeinsamen Nenner darin, dass wir beim Umsorgen anderer sowohl an Handlungen denken, also einen tatsächlich sich kümmernden Verhaltensaspekt, als auch an emotionales Sorgen als Ausdruck einer dahinterstehenden Einstellung oder emotionalen Verbindung. Ich kann für einen anderen Menschen sorgen, indem ich dann, wenn er krank ist, eine warme Suppe vorbeibringe. Gleichzeitig sorge ich mich vielleicht emotional um das Wohlergehen dieses Menschen, und meine Handlung, eine Suppe zu kochen und vorbeizubringen, ist nicht nur eine Tat, sondern steht auch im Kontext unserer gegenseitigen Freundschaft, ist ein Zeichen dafür, dass mir dieser andere Mensch wichtig ist und ich für unsere Beziehung sorge, indem ich mich dann kümmere, wenn diese Person es braucht.

Im «Füreinander-Sorgen» ist eine ganze Bandbreite von Handlungen, emotionaler Verbindung und auch menschlicher und zeitlicher Komplexität enthalten: Kümmern als gesellschaftlicher Wert, als emotionales Gut, das sowohl in Handlungen als

39

auch in Emotionen einen Ausdruck findet. Das wiederum bezieht sich auf den Einzelnen, das Selbst, wie auch die Gemeinschaft und spannt damit einen Bogen vom Jetzt bis in die Zukunft, wenn das Kümmern um andere auch bedeutet, deren Entwicklung im Blick zu haben und die Möglichkeiten des zukünftigen Lebens. Wenn ich emotional mit einem Menschen verbunden bin, habe ich sein Wohl nicht nur heute im Blick, sondern wünsche mir für diesen Menschen ein gutes weiteres Leben. Gerade in der Elternschaft kommt dieser Aspekt des Umsorgens zum Tragen. Wir wünschen uns, dass es unseren Kindern auch dann gut geht, wenn wir sie nicht mehr durchs Leben begleiten, und richten unser heutiges Handeln darauf aus, dass für ein glückliches Leben ohne uns eine Chance besteht. Hierfür werden wir wahrscheinlich nicht nur ganz persönliche Entscheidungen treffen in Bezug auf unsere Familie und familiäre Absicherung, sondern darauf vielleicht auch Wahlentscheidungen ausrichten oder unseren Lebensstil so anpassen, dass für unser Kind eine lebenswerte Zukunft, beispielsweise in Hinblick auf den Klimawandel, möglich ist. Individuelles Sorgen hängt dann mit gesellschaftlichem Sorgen zusammen, weil beides miteinander verwoben ist. Wenn wir daran denken, wie es ohne uns als fürsorgende Person weitergehen soll, wünschen wir uns wahrscheinlich, dass das eigene Kind auch ohne uns Bestandteil eines kümmernden, stützenden Netzes ist, dem «Dorf», wie es umgangssprachlich in der Eltern-Community so oft ausgedrückt wird, bzw. ein Bindeglied fester, verbundener Strickleitern, wie Shida Bazyar es formuliert.[21] Wir wünschen uns für uns selbst, aber auch die uns nahestehenden Menschen aufgefangen und angenommen zu sein, so wie wir sind, und willkommen zu sein in einer Gemeinschaft. Dass wir mit unserer Individualität in eine Gruppe gehören und sie bereichern durch das, was wir beitragen. Dieses Gefühl, das wir bestenfalls aus der eigenen Kindheit kennen: umsorgt zu werden, in den eigenen

Bedürfnissen gesehen zu werden, Sicherheit zu haben, dass sich Menschen um einen kümmern und man zu einer Gemeinschaft gehört. Verbundenheit, Geborgenheit, Achtsamkeit, Wertschätzung, Nähe in einem gemeinsamen, auf Handlung bezogenen Ausdruck: «füreinander sorgen». Wir meinen mit diesem einen Ausdruck so viel und auch ganz Verschiedenes. Und genau darüber müssen wir reden: Was wir individuell meinen und in welchen Unterpunkten wir uns unterscheiden – und zwar mit Wertschätzung und Anerkennung in Hinblick auf unsere Unterschiedlichkeit.

Wir sind immer ein «Und»

Wann sind wir auf einen anderen Menschen angewiesen? Wenn wir darüber nachdenken, fällt uns vielleicht eine Situation wie die oben genannte Pflegesituation ein. Wenn wir krank sind, brauchen wir Hilfe. Kleine Kinder benötigen, dass wir sie umsorgen, weil sie sich *noch nicht* selbst versorgen können. Und alte Menschen können sich *nicht mehr* allein versorgen. Die Zeit zwischen Kindheit und Alter nehmen wir für gewöhnlich nicht in den Blick als Lebensphasen, in denen wir auf andere angewiesen sind. Und dennoch sind wir es: Wenn wir Liebeskummer haben, brauchen wir andere, die uns im Schmerz halten. Wenn wir Angst haben um unseren Job, ein Neuanfang oder Ende bevorsteht, brauchen wir Beistand. Wenn Menschen um uns sterben oder schwer erkranken, wünschen wir uns, uns an jemanden anlehnen zu können. In Krisenzeiten, wie wir sie gerade erleben, brauchen wir Stützen. Zur Geburt brauchen wir Menschen, die uns Kraft geben und helfen, ebenso wie in der Zeit des Elternseins. Wenn wir nach einem anstrengenden Tag nach Hause zurückkommen, wünschen wir uns offene Arme oder zumindest eine Person am

Telefon, die an unserem Alltag teilhat. Wir wollen Freude teilen, Aufregung, Glück. Selbst an den Tagen, an denen scheinbar alles ganz wunderbar verläuft, freuen wir uns, dieses Gefühl eines guten Tages mitteilen zu können: Wenn wir eine freudige Überraschung erleben, greifen wir zum Telefon, um der besten Freundin davon zu berichten. Denn es ist so: Wir brauchen das Umsorgtwerden und die Verbundenheit und sorgen selbst für andere. Jeden Tag. Wir haben nur ein wenig den Blick dafür verloren, dass das Füreinandersorgen tatsächlich ein relevanter Bestandteil unseres gesamten Lebens ist und das Miteinander uns durch das Leben trägt. Füreinander zu sorgen bedeutet nicht nur, dass wir im Krankheitsfall oder im Alltag bestimmte Handgriffe verrichten. Es bedeutet auch, den emotionalen Kern unseres Daseins zu nähren: das Bindungssystem. In guten wie in schlechten Zeiten, in Freude, Trauer und Wut. Vom Anfang des Lebens bis an das Ende. Wir sind immer ein «Und».

>>Instagram-Nachricht:
«Ich mag es sehr, in Kontakt mit Mitmenschen zu treten; insbesondere im Umfeld (Nachbarschaft) und mit Menschen, denen man häufiger begegnet. Ich denke, je mehr man sich kennenlernt, desto eher fühlt man sich für sein Gegenüber mitverantwortlich. Das ist mir vor allem für die Kinder wichtig.»

Wir sind Menschen. Als Säugetiere sind wir darauf angewiesen, umsorgt zu werden während des Aufwachsens und mit anderen in Verbindung zu stehen. «Kern aller Motivation ist es, zwischenmenschliche Anerkennung, Wertschätzung, Zuwendung oder Zuneigung zu finden und zu geben. Wir sind – aus neurobiologischer Sicht – auf soziale Resonanz und Kooperation angelegte Wesen», erklärt der Arzt und Professor für Psychoneurobiologie

Dr. Joachim Bauer.[22] Anders als wir oft glauben, ist tatsächlich das soziale Miteinander der entscheidende Einfluss auf unser Motivationssystem, nicht externe Belohnungen oder aus dem Sozialen losgelöste Bewertungen. Dafür hat sich im Laufe der Evolution das Bindungssystem ausgebildet in Kombination mit einem «social brain», einem Gehirn, das ein positives Miteinander mit der Ausschüttung von Botenstoffen belohnt, die gute Gefühle und Gesundheit hervorrufen.

Die Bedeutung des Miteinanders in Kindheit und Jugend

Das Bindungssystem ist aus Sicht des Babys in erster Linie ein Schutzsystem, das gewährleisten soll, dass das noch in vielen Punkten unselbstständige und auf Bedürfniserfüllung angewiesene Kind ausreichend umsorgt wird und sein Überleben gesichert ist. Es braucht die Hilfe anderer Personen zur Nahrungsaufnahme, zur Wärmeregulation, zur Sicherung vor äußeren Gefahren, zur Regulation von Gefühlen und Verhaltenszuständen, beispielsweise bei der Beruhigung oder auch zum Einschlafen. Das Bindungssystem hält uns am Leben, begleitet uns in das Leben und ist für immer ein Teil unseres Lebens. Wir lernen durch Bindungen, wie wir uns selbst und die Welt sehen, uns in ihr bewegen, wie wir mit unseren Gefühlen umgehen und wann wir Hilfe von anderen brauchen. Auf neuronaler Ebene bleibt dieses System auch über das Babyalter erhalten, denn Akzeptanz, Zuwendung und Anerkennung, also das positive soziale Miteinander, sind und bleiben der Antrieb unseres Motivationssystems, gesteuert durch Hormone wie Oxytocin, Dopamin und körpereigene Opioide.

Dieses Bindungssystem ist nicht nur irgendeine Theorie, kein esoterisches Konstrukt, sondern durch Hormone und instinktive

Verhaltensweisen in uns angelegt. Für den Aufbau einer sicheren Bindungsbeziehung ist es wichtig, dass das Kind verinnerlicht, dass eine Bezugsperson bereit ist, sich emotional auf seine gesamten Bedürfnisse einzulassen,[23] und dafür gibt es auf beiden Seiten – der des Babys wie auch der erwachsenen Bezugsperson – eine Maschinerie an hormonellen Zahnrädern, die ineinandergreifen. Wesentlich, aber nicht ausschließlich daran beteiligt ist das Hormon Oxytocin, das sowohl Ursache als auch Wirkung von Bindungserfahrungen ist:[24] Es wird verstärkt ausgeschüttet in vertrauensstiftenden und Bindung einleitenden Begegnungen, also in freundlichen Begegnungen und insbesondere durch zärtliche Berührungen (beispielsweise beim Saugen an der Brust, positivem Körperkontakt, Massage, positivem Sexualkontakt bei Erwachsenen), zugleich wirkt es aber auch rückwirkend stabilisierend, indem es die Bereitschaft erhöht, Vertrauen zu schenken. Neben dem bindungsstärkenden Charakter wirkt Oxytocin auf unser Wohlbefinden: Es senkt den Blutdruck, verringert Ängste, beruhigt das Stresssystem, wir genießen die Ausschüttung und fühlen uns dabei glücklich, wodurch unser Motivationssystem darauf angelegt ist, diese Ausschüttung herzustellen. Babys zeigen viele derartige Signale, indem sie sich anklammern, einen anlächeln und anbrabbeln. Und durch das Ältere (auch ältere Kinder) ansprechende Kindchenschema, das ihnen eigen ist, gewinnen sie Zuwendung, was bei ihnen wiederum zu Oxytocinausschüttungen führt. Schreit ein Baby, schütten wir das Hormon Oxytocin aus – nicht nur bei unserem eigenen Kind, sondern auch bei anderen. Wir reagieren körperlich auf die Not, die wir wahrnehmen, und fühlen uns dazu bewegt zu reagieren. Körperkontakt mit dem Baby führt dann zusätzlich zur Ausschüttung von Hormonen wie Oxytocin, wodurch wir uns mit dem Kind verbunden fühlen. Durch die Ausschüttung des Hormons steigt die Bereitschaft, sich um das Kind zu kümmern, und die Fähigkeit,

Emotionen zu erkennen, wird erhöht. Das Weinen des Babys regt die Milchproduktion an, saugt das Baby dann an der Brust, wird wieder Oxytocin bei der stillenden Bezugsperson ausgeschüttet, und auch das Hormon Prolaktin sorgt bei den Bezugspersonen nicht nur für die Milchbildung, sondern auch für das Fürsorgeverhalten. Auf der Seite des Babys entsteht Vertrauen in uns als Bezugsperson und mehr und mehr das Gefühl der sozialen Verbundenheit: Die Hormonausschüttungen in den jeweiligen Körpern bewirken dieses Gefühl. Wir speichern in unserem Gehirn eine Verbindung der Person mit der Erinnerung an das positive Empfinden, das durch die Hormonausschüttung hervorgerufen wurde. So entsteht Bindung beim Baby und bei der Bezugsperson, aber auch später zwischen anderen Menschen jenseits der Erwachsenen-Kind-Beziehung. Wie wir im zweiten Teil dieses Buches noch sehen werden, ist dieses Räderwerk durchaus störanfällig, und bestimmte kultivierte Erziehungspraktiken wie auch institutionelle Betreuungsgewohnheiten, die wir über die Jahre ausgebildet haben, nehmen darauf Einfluss, wodurch unser eigentlich notwendiges Verbundenheitskonstrukt im Laufe der Zeit ins Wanken geraten ist und auch aktuell wankt. Dennoch ist es in uns angelegt.

Wir denken dieses Bindungssystem insbesondere in Bezug auf unsere Kinder, und tatsächlich ist es für ihr Aufwachsen von besonderer Bedeutung. Doch Bindungserfahrungen, die uns in unseren frühen Jahren geprägt haben, begleiten uns durch das gesamte Leben. Bindung ist zeitlebens wichtig, und die Art, ob und wie wir gelernt haben, Verbindungen einzugehen, was wir als Ausdruck von Liebe, Freundschaft, Zuwendung ansehen auf Basis unserer frühen Erfahrungen, begleitet uns. Nicht in Stein gemeißelt, aber durchaus beständig und schwer veränderbar. Wir können in späteren Jahren durch Reflexion und Therapie verändern, wie wir uns und die Welt sehen, aber der Aufwand für diese Veränderung ist sehr groß und nicht immer von Erfolg belohnt. Haben wir am Anfang unseres Lebens zu wenig Fürsorge erfahren, hinterlässt dies einen «biologischen Fingerabdruck» in unserem Inneren, der dafür sorgt, dass Gene auch in späteren Jahren anders auf die Umweltreize reagieren.[25] Noch vor dem Erlernen der Sprechfähigkeit wird der Umgang mit unserem Bindungsbedürfnis als implizites relationales Wissen in unserem Gehirn enkodiert: Wir verinnerlichen «wie Beziehungen nun mal funktionieren».[26] Dieses vorsprachliche, unbewusste Wissen tragen wir in unsere Freundschafts- und Liebesbeziehungen, in unsere Arbeit, in unser Verhalten im Alltag. Haben wir beispielsweise gelernt, dass die elterliche Liebe immer auch Gewalt, Abwertung und/oder Anfeindung beinhaltet, hat sich unser Konzept von Liebe so ausgebildet, dass wir annehmen, geliebt zu werden, auch wenn eine andere erwachsene Person uns auf diese Weise behandelt. Wir verinnerlichen, ob wir es «wert» sind, dass sich andere um uns kümmern, welchen Ausdruck dieses Kümmern haben soll und welche Aufgabe uns selbst zukommt beim Sorgen um andere. Werden Bedürfnisse nach Nähe und Schutz in der frühen Kindheit von den engen Bezugspersonen immer wieder abgewiesen und es wird erklärt: «Das musst du allein schaffen!», oder: «Stell dich nicht so an!», verinnerlichen wir, dass wir in schwierigen Situationen eher auf uns gestellt sind. Wenn das Bitten um Hilfe immer wieder ins Leere läuft, verstummt die Bitte irgendwann. «Es hilft ja ohnehin niemand, ich muss mich an den eigenen Haaren aus dem Sumpf ziehen», wird dann als Handlungskonzept abgespeichert. Erfahren wir hingegen beständig von klein auf und auch durch die späteren Jahre der Kindheit und Jugend, dass wir uns mit Problemen immer an unsere Bezugspersonen wenden können, rät uns unsere innere Stimme auch später dazu, Hilfe bei anderen zu suchen und nicht alles allein bewerkstelligen zu wollen. Ein beständig aufgebautes wertschätzendes Vertrauen ermöglicht es, selbst dann Hilfe und Nähe bei den Bezugspersonen zu suchen, wenn man wirklich einen Fehler gemacht hat und diesen auch selbst anerkennt: Wer weiß, dass die Eltern das Grundgefühl von Wertschätzung und Liebe in sich tragen, kann sich auch dann an sie wenden, wenn man beim Schummeln in der Schule erwischt wurde, und muss nicht versuchen, es zu verheimlichen. Das bedeutet nicht, dass die Eltern mit einem solchen Vorfall nicht auch kritisch umgehen können, aber das Kind hat verinnerlicht, dass die Eltern auch dann weiterlieben und zur Verfügung stehen, wenn mal etwas schiefläuft. Diese Art des unterstützenden Umgangs aus einer wertschätzenden Haltung heraus wird in andere Beziehungen hineingetragen, denen mit Offenheit, Neugier und Zuwendung begegnet wird statt mit beständiger Skepsis und Vorsicht.

Wie das oben schon erwähnte impressionistische innere Bild von «Arbeit» ergibt sich auch ein inneres Bild von Liebe, Freundschaft, Beziehungen. Wir sind durch unsere frühen Verbindungen geprägt für das Leben in der Art, wie wir Verbindungen eingehen. Und ebenso in uns geprägt ist, dass Verbindungen zeitlebens notwendig bleiben. Wir können nicht ohne das «Und».

Das amerikanische Forscherteam rund um den «Kreis der Sicherheit», ein wissenschaftlich erforschtes Behandlungsprogramm bei Bindungsproblemen, erklärt: «Wir würden sogar so weit gehen zu behaupten, dass Unabhängigkeit ein Mythos ist. Von der Geburt an bis ins hohe Alter steht unsere Fähigkeit, einigermaßen autonom zu handeln, in direktem Zusammenhang mit unserer Fähigkeit zur Verbundenheit.»[27] Am Anfang unseres Lebens lernen wir, ob unsere Signale gesehen, verstanden und beantwortet werden. Wir erleben uns nicht als einzelne Person, sondern in Beziehung und Abhängigkeit von einem anderen Menschen. Wenn ein anderer Mensch auf unsere Signale reagiert, können sie erfüllt werden, und wir erleben uns dadurch als wirksam und bedeutsam. Die Interaktion mit anderen Menschen prägt, wie wir uns sehen, ob wir uns als liebenswert erfahren, als wertvollen Teil der Gemeinschaft – oder nicht. Wir können ein Baby in seinem Sein und Verhalten nicht ohne die Bezugsperson(en) betrachten, ebenso wie wir das Verhalten eines Kindes nicht nur aus dem Kind heraus erklären können, sondern immer auf das System blicken müssen, in dem es sich befindet. Viele Erwachsene stellen sich irgendwann einmal die Frage: Was wäre eigentlich aus mir geworden, wenn ich bei anderen Eltern aufgewachsen wäre? Diese Frage zeigt uns bereits unser Wissen darum, dass wir nicht unabhängig sind und wachsen, sondern uns innerhalb von bestimmten Rahmenbedingungen entwickeln, die auf uns Einfluss nehmen. Wenn wir als Kind das Gefühl hatten, nicht genug geliebt zu werden und falsch zu sein, dann lag das nicht zwangsläufig an uns als Mensch, sondern muss immer im Kontext der Familie gesehen werden. Sogenannte Erziehungsprobleme bestehen nicht innerhalb eines Kindes, sondern in Interaktion des Kindes mit seinem Temperament und der Umgebung. Das, was ein Mensch an Temperamentsdimensionen mit ins Leben bringt, wird in Interaktion mit der Umwelt zu Persönlichkeitsmerkmalen. In Beratungskontexten stellt sich daher nie die Frage nach einer Person allein, sondern es geht immer um die Passung innerhalb eines Systems: Passen wir zusammen, und *wie* passen wir zusammen? Wir sind als Menschen nicht alleinstehend, sondern immer im Verbund, immer in einem «Und» eingebunden. Eigentlich. Nur hat sich unser Blick auf diese Verbundenheit mit der Zeit verändert. Ihre Bedeutung ist in Vergessenheit geraten, und neue Erziehungsgedanken von Individualisierung und Selbstständigkeit haben sie überlagert, wie wir an anderer Stelle noch ausführlicher sehen werden. Damit arbeiten wir gegen dieses «Und» an, verändern unsere Gesellschaft weg von den in uns verankerten Bedürfnissen und verlieren den Blick für das, was uns trägt.

Die Bedeutung des Miteinanders in späteren Jahren

Wenn wir neue Beziehungen eingehen, machen wir uns auf ähnliche Weise mit neuen Menschen vertraut wie am Anfang des Lebens das Kind mit den Bezugspersonen: Wir nehmen Signale wahr, reagieren darauf, stimmen uns aufeinander ein. Der französische Schriftsteller Antoine de Saint-Exupéry hat es in seinem weltberühmten Buch «Der kleine Prinz» so passend in der Geschichte des Fuchses, der um die «Zähmung»/Freundschaft des kleinen Prinzen bittet, ausgedrückt: «Du bist für mich nur ein kleiner Junge, ein kleiner Junge wie hunderttausend andere auch. Ich brauche dich nicht. Und du brauchst mich auch nicht. Ich bin für dich ein Fuchs unter Hunderttausenden von Füchsen. Aber wenn du mich zähmst, dann werden wir einander brauchen. Du wirst für mich einzigartig sein. Und ich werde für dich einzigartig sein in der ganzen Welt [...]».[28] Es ist das Sich-Aufeinander-Einlassen, das uns verbindet und ein Band knüpft, das bestehen bleibt. Selbst dann, wenn Freundschaften oder Beziehungen zu Ende gehen, bleiben emotionale Verbindungen zurück, die uns mitprägen.

Wie das Kind bewegen wir uns auch in unseren Erwachsenenjahren in einem beständigen Kreislauf von Autonomie und Bezogenheit: Aus der sicheren Basis heraus brechen wir auf in ein neues Abenteuer, den Arbeitstag, eine Unternehmung, eine soziale Veranstaltung und kehren schließlich in unseren sicheren Hafen zurück, um dann von dort aus wieder aufzubrechen. Dieser sichere Hafen dient uns einerseits als Kraftquelle, um überhaupt loszugehen, und auf der anderen Seite bei der Rückkehr als Halt. Gesunde erwachsene Beziehungen beruhen darauf, dass wir Nähe, Unterstützung und Verständnis in der anderen Person finden, die damit unser Selbstvertrauen stärkt, mit dem wir der Welt begegnen. «Liebe ist also das Bedürfnis und das Bemühen darum, sich ineinander zu beheimaten», erklärt der Journalist und Aktivist Nils Pickert in seinem Buch «Lebenskompliz♡innen»[29] und beschreibt damit genau jenen Vorgang des Bindungssystems, eine sichere Basis bei einem anderen Menschen zu finden. Kehren wir von einer Erfahrung zurück, wollen wir mit offenen Armen empfangen werden: entweder um Kummer oder um Erfolg zu teilen, wobei die andere Person sich sowohl an den positiven Erfahrungen mit erfreut, als auch bei negativen Erfahrungen stützend und schützend zur Seite steht. Wenn wir mit nahestehenden Menschen unsere Probleme teilen, fühlen wir uns besser, der Progesteronspiegel steigt und Stress kann besser verarbeitet werden.

>>Instagram-Nachricht:
«Meine Freund*innen sind alle kinderlos, deswegen ist es zeitlich oft schwierig, sich zu treffen. Aber mir fällt auf, dass es mir psychisch deutlich schlechter geht, wenn ich zu wenig Austausch mit ihnen habe. Das Gefühl der Isolation gehört für mich zu den besonders harten Realitäten als Mutter in dieser Gesellschaft. Natürlich treffe ich mich auch mit anderen Eltern und Kindern. Aber es ist nicht dasselbe wie mit den wenigen Herzmenschen, die ich habe.»

Im Gegensatz zur Eltern-Kind-Beziehung ist bei erwachsenen Beziehungen das Umsorgen nicht asymmetrisch angelegt, sondern findet in gegenseitigem Austausch statt.[30] Wir sind füreinander Aufbruchs- und Ankunftsort, balancieren unsere Positionen aus und schauen, was jeder von uns braucht. Der Psychoanalytiker Dr. Heinz Kohut erklärte bereits 1979, dass ein gesunder Erwachsener das ganze Leben lang die empathische Unterstützung von Bezugspersonen benötigt und ein gesundes Selbst nur in Beziehung zu anderen Bezugspersonen entsteht.

Das, was wir aus unserem persönlichen Empfinden heraus wahrscheinlich als kräftigend an Beziehungen umschreiben würden, lässt sich auch nachweisen: Teil einer Gruppe zu sein, trägt uns positiv durch das Leben. Beziehungslos in der Welt zu stehen, erzeugt dagegen negative Emotionen. «Die Erfahrung dieses Abgetrenntseins erregt Angst, ja, sie ist tatsächlich die Quelle aller Angst. Abgetrennt sein, heißt abgeschnitten sein und ohne jede Möglichkeit, die eigenen Kräfte zu nutzen. Daher heißt abgetrennt sein, hilflos sein, unfähig sein, die Welt – Dinge wie Menschen – mit eigenen Kräften zu erfassen; es heißt, dass die Welt über mich herfallen kann, ohne dass ich in der Lage bin, darauf zu reagieren.»[31] So umschreibt es der Psychoanalytiker Erich Fromm und beschreibt damit die Notwendigkeit der Bindung des Erwachsenen auf die gleiche Weise, wie wir sie oben als Bedürfnis des Babys ausgeführt haben.

Wenn das «Und» wegfällt

Zurückweisung und Ausschluss aus einer sozialen Gruppe sind schmerzhaft. Kinder versuchen deswegen oft, sich den Wünschen von Erwachsenen anzupassen. Auch wenn sie es nicht in Worte fassen können, spüren sie den Druck, wenn ihre Eltern sie als falsch empfinden in Hinblick auf ihr Temperament, ihr Verhalten, ihr Sein, und versuchen, sich anzupassen. Denn nichts ist so wichtig für uns und unser Überleben wie das Bindungssystem. Diese Anpassung führt jedoch oft – im Laufe der eigenen Entwicklung über Jahrzehnte – zu Problemen.[32] Aber im Jetzt und Hier der Kindheit wird die Anpassung vollzogen, um dazuzugehören. Denn Ausschluss schmerzt. Auch umgekehrt schmerzt erwachsene Bezugspersonen, wenn sie das Gefühl haben, nicht mit ihren Kindern in Verbindung zu sein, sie nicht erreichen zu können. Schließlich ist es die Verbindung, die uns trägt und die unser Miteinander ausmacht. Sie ist das, was wir so sehr brauchen. Der «soziale Schmerz» der Abweisung, des Ignoriert-Werdens, des Nicht-Dazugehörens existiert, auch wenn wir ihn nicht sehen können wie eine blutende Wunde: Durch sozialen Schmerz werden jene Bereiche im Gehirn aktiviert, die auch bei körperlichem Schmerz zuständig sind. Diesen Schmerz verspüren Kinder, die ausgegrenzt werden, ebenso wie Erwachsene, die beispielsweise von Partner*innen verlassen oder deren Freundschaften aufgekündigt werden. Studien konnten zeigen, dass sozialer Schmerz durch Schmerzmittel wie Paracetamol gemildert werden kann[33] – ein Hinweis darauf, dass soziale Schmerzen an gleichen Stellen wie physische Schmerzen verarbeitet werden. Verlustereignisse können Auslöser von Depressionen und anderen psychischen Krisen sein und nehmen Einfluss auf unser Motivationssystem, das durch Verbindung und soziales Miteinander angetrieben wird. Fällt dies weg, sinkt unsere Motivation.[34] Auch hier kommt wieder das Bindungssystem ins Spiel: Menschen mit einem sicheren Bindungsmuster fühlen sozialen Schmerz weniger stark als Menschen mit einem unsicheren Bindungsmuster.[35] Je besser wir also insgesamt sozial eingebettet sind (und je sicherere Erfahrungen wir in der frühen Kindheit machen konnten), desto leichter können wir mit sozialen Problem umgehen, die im Laufe des Lebens hier und da auftreten, beispielsweise wenn wir Partner*innen oder Freund*innen verlieren oder an einem neuen Arbeitsplatz keinen Zugang zu Kolleg*innen finden. Und selbst auf körperlichen Schmerz nimmt unser soziales Miteinander und wie gut wir eingebettet sind Einfluss: Wer einen großen Bekanntenkreis hat und ein intaktes Sozialleben, hat eine höhere körperliche Schmerztoleranz.[36] Isolation und Einsamkeit hingegen wirken sich auf Körper und Psyche negativ aus, ungewollte Einsamkeit macht krank: Blutdruck und das Herzinfarktrisiko steigen ebenso wie die Wahrscheinlichkeit des Auftretens depressiver Erkrankungen. Wir brauchen Verbindungen, die uns stärken, um mit den Herausforderungen des Lebens umzugehen. Auch aus der Resilienzforschung wissen wir, dass stabile Bindungsmuster, die dadurch entstehen, dass wir sicher umsorgt werden, ein besseres Selbstbild ermöglichen und unsere psychische Widerstandsfähigkeit aufbauen.[37] Wir können den Herausforderungen des Lebens positiver entgegentreten, wenn wir durch Beziehungen gestärkt wurden. Wir Menschen brauchen Verbindung, das soziale Eingebettetsein, während Isolation, Ausgrenzung und beständige zwischenmenschliche Konflikte uns schaden.

Die Dimension des Umsorgens geht also wesentlich tiefer, als uns oft bewusst ist. Sorgearbeit ist weit mehr als das Tun und die Begleitung. Sorgearbeit ist auch die Aufrechterhaltung und Bereitstellung von Bindung und das eigene Eingebundensein in Bindungssysteme jeden Tag: Wir umsorgen andere und sorgen für ihre Verbundenheit, die sie benötigen, und gleichzeitig sorgen wir damit für unsere eigene Einbindung, die wir brauchen. Diese Prozesse verlaufen oft unbewusst, sind noch unsichtbarer als die sonstige Sorgearbeit, aber sie sind von grundlegender Bedeutung für unser Sein. Wir können nicht ohne das Miteinander, und unser Handeln ist auf das Miteinander ausgerichtet.

Von der Theorie des «Und» zur Praxis

In der Theorie ist alles so einfach: Wir kommen auf die Welt in die Arme liebender und umsorgender Bezugspersonen, die unsere Signale wahrnehmen, richtig interpretieren und beantworten und dafür auch Zeit und Raum haben, da sie selbst gut in ein Miteinander eingebunden sind, das für ihr eigenes Verbundenheitsbedürfnis sorgt. Vielleicht machen sie manchmal Fehler, aber im Großen und Ganzen wachsen wir sicher und geborgen und mit einem guten Bild von uns selbst auf, auf dessen Basis wir zahlreiche gute neue Beziehungen eingehen, und wir können damit trotz der Widrigkeiten des Lebens emotional gut versorgt unseren Weg durchs Leben gehen. Weil wir alle um die Bedeutung des Umsorgens und Umsorgtwerdens wissen, sind optimale Bedingungen in unserer Gesellschaft dafür geschaffen, und es kommt ihm eine hohe emotionale und finanzielle Absicherung zu, damit Menschen auf diese Weise sicher ins Leben begleitet werden können und wir den Nachteilen, die Ausgrenzung und soziale Konflikte mit sich bringen, vorbeugen. So weit die Theorie. Wäre es so, könnte dieses Buch an dieser Stelle enden. Die Praxis allerdings sieht anders aus. Das wissen wir oft aus unseren eigenen Kindheits- und Beziehungserfahrungen und erleben es auch in Bezug darauf, wie fürsorgende Tätigkeiten in unserer Gesellschaft angesiedelt sind.

Die Theorie der Bindung ist geschlechtsneutral. Auch wenn die frühe Forschung mit ihrem patriarchalen Blick besonders Mutter und Kind in Bezug auf die Bindungsentwicklung und das Aufwachsen des Kindes in den Blick nahm, wissen wir heute, dass es innerhalb der Bindung nicht um Geschlecht geht, sondern um Zuwendung: «Unserer Erfahrung nach spielt es keine Rolle, ob die primäre Bezugsperson die Mutter oder der Vater, ein Mann oder eine Frau, die Großmutter oder der Onkel ist. Das Kind wird zu demjenigen Erwachsenen eine Bindung aufbauen, der zuverlässig für es da ist, und diese – oft sehr sichere – Bindung entwickeln sie auch dann, wenn die Eltern nicht mit ihnen zu Hause bleiben können, bis sie in die Schule kommen.»[38] So beschreibt es das genannte Forscherteam um den «Kreis der Sicherheit». Auch die hormonellen Prozesse in unserem Körper rund um Verbundenheitserfahrungen gelten für alle Geschlechter. Alle sind am Anfang des Lebens darauf angewiesen, liebevoll umsorgt und in Beziehungen eingebettet zu sein. Und alle Geschlechter sind zeitlebens auf das Bindungssystem angewiesen.

Und doch denken wir bei dem oben genannten Beispiel des Oberschenkelbruches bei der umsorgenden Person eher an eine Frau. Und doch werden Mütter noch immer als wichtigere Bindungspersonen für Kinder angesehen als Väter. Wir denken immer noch, dass Frauen für dieses Miteinander besser geeignet wären und Männer weniger. Und trotz all des Wissens um die enorme Bedeutung des Eingebettetseins, Miteinanderseins, gegenseitigen Umsorgens, das wir alle brauchen und geben können, werden soziale Berufe schlecht bezahlt und bei der Verabschiedung in der Kita wird einer Erzieherin viel Spaß gewünscht, so als wäre ihre Tätigkeit keine Arbeit.

Wer für uns sorgt in Zahlen und Fakten

Es sind wichtige und berechtigte Fragen, wie es eigentlich so weit kommen konnte, dass wir dem Miteinander wider allen besseren Wissens so wenig Aufmerksamkeit schenken, und warum eine geschlechtsspezifische Aufteilung des Umsorgens vorgenommen wurde. Nur so können wir herausfinden, wo wir ansetzen müssen, um etwas zu ändern. Doch werfen wir zunächst noch einen kurzen Blick auf die Fakten, Zahlen und finanzielle Entlohnung des Umsorgens. Gerade weil wir uns hier in einem hochemotionalen, psychologischen und pädagogischen Thema befinden, bekommen wir die Problematik und ihre Tragweite nicht zu fassen, wenn wir uns nur an alltäglichen Anekdoten aufhalten, die wir alle als Sorgende und Pflegende beisteuern könnten. Erst Statistiken fassen unsere Einzelfälle und das damit einhergehende Unbehagen in Zahlen und machen aus den vielen kleinen Geschichten eine große gesellschaftliche Ansicht. Wir brauchen Worte, um herrschende Missstände zu beschreiben, und Zahlen, um ihre Reichweite zu erfassen. Wenn wir uns mit dem Problem des Umsorgens in unserer Zeit beschäftigen wollen, müssen wir bis zur Wurzel vorstoßen, und dorthin gelangen wir erst, wenn wir uns ansehen, was aktuell oberhalb der Erde wächst und gedeiht. Erst wenn wir zu fassen bekommen, dass ganz aktuell Ungerechtigkeit auf der Ebene der Sorgearbeit herrscht, können wir weiter vordringen und überlegen, wie sie sich derart ausbilden konnte. Sorgearbeit ist keinesfalls unsichtbar, aber sie wird unsichtbar gemacht. Indem wir sie benennen und ihre tatsächliche Größe kennen, geben wir ihr die Sichtbarkeit zurück.

Statistiken sind, so trocken sie auch manchmal erscheinen mögen, unsere Verbündeten auf dem Weg, Missstände zu beheben, weil wir durch objektive Informationen zeigen können, dass unsere Erlebnisse mehr als «nur» anekdotische Evidenz haben. Deswegen: Auch wenn ich nun viele auf den ersten Blick erschlagende Zahlen nennen werde, die sich mit dem Umsorgen in unserer Gesellschaft beschäftigen, ist es wichtig, dass wir genau diese Zahlen kennen, um auf mehreren Ebenen die gerechte Anerkennung einfordern zu können, die uns zusteht, und damit wir Argumente finden gegen die patriarchalen Glaubenssätze, die viele von uns verinnerlicht haben.

Care-Arbeit zu beziffern, ist gar nicht so einfach, weil sie sich auf viele Bereiche unserer Gesellschaft erstreckt und dabei einerseits die finanziell entlohnte Care-Arbeit wie auch die nicht finanziell entlohnte Care-Arbeit betrachtet werden muss. Außerdem gilt es hierbei, verschiedene Altersgruppen im Blick zu behalten. Die Bundeszentrale für politische Bildung beschreibt Care-Arbeit oder Sorgearbeit als «die Tätigkeiten des Sorgens und Sichkümmerns. Darunter fällt Kinderbetreuung oder Altenpflege, aber auch familiäre Unterstützung, häusliche Pflege oder Hilfe unter Freunden.»[39] Wir sehen also, Care findet in fast jedem gesellschaftlichen Bereich statt.

... unbezahlte Sorgearbeit aus Sicht der Sorgenden

Blicken wir zunächst einmal auf die unbezahlte Care-Arbeit in Familien, die von (meist weiblichen) Personen mittleren Alters geleistet wird, wenn sie sich zu Hause um Kinder und ggf. andere zu pflegende Angehörige kümmern. Du bist vielleicht selbst eine von den vielen. Mit der Problematik der Wortfindung haben wir uns bereits beschäftigt. Und auch wenn es unbefriedigend scheint und das emotionale und soziale Gesamtgefüge nicht ab-bildet, werden wir hier zunächst unabhängig davon Sorgearbeit als Bestandteil innerhalb eines Wirtschaftssystems betrachten, für den wir Zeit aufbringen, die wir nicht in eine andere Tätigkeit investieren können.

Laut Soziologin Dr. Franziska Schutzbach werden jeden Tag weltweit 16,4 Milliarden Stunden unbezahlte Sorgearbeit in Form von privater Haus- und Familienarbeit geleistet, und drei Viertel dieser Arbeit werden von Frauen übernommen.[40] Das ist eine große, wenig greifbare Zahl. Brechen wir das einmal ver-ständlich herunter: Weltweit arbeiten Frauen durchschnittlich 7 Stunden und 28 Minuten pro Tag und werden für 41 Prozent davon bezahlt, während Männer durchschnittlich 6 Stunden und 44 Minuten pro Tag arbeiten, aber für 80 Prozent dieser Zeit eine finanzielle Entlohnung erhalten.[41] – Das klingt schon alltagsprak-tischer und verdeutlicht: Frauen arbeiten durchschnittlich mehr und erhalten dafür durchschnittlich wesentlich weniger Geld. Vielleicht kommt dir der Gedanke, diese Zahlen würden sich da-raus ergeben, dass es viele andere Länder weltweit gibt, die von

Frauen unbezahlte Sorgearbeit einfordern, es hierzulande aber schließlich ganz anders aussehen würde: Es ist eine von vielen Menschen internalisierte rassistische Denkweise, in der nichtweiße Frauen als passiv, unterdrückt und wenig emanzipiert dargestellt werden, während weiße Frauen als autark und selbstwirksam gelten. Dies ist nicht nur ein defizitärer Blick auf die in anderen Ländern Sorgearbeit leistenden Frauen. Er hält auch unsere falsche Betrachtung von Sorgearbeit hierzulande mit am Laufen, weil wir uns in einer falschen Sicherheit wähnen. Lass uns deswegen auf die Zahlen hierzulande blicken. Die beständige Erzählung «Wir sind doch aber längst gleichberechtigt»[42] nährt die Annahme, in einer ganz anderen Position zu sein. Der Umstand, dass die EU im Jahr 2022 ein Vertragsverletzungsverfahren gegen Deutschland (und 18 andere EU-Mitgliedsstaaten) eingeleitet hat, weil die EU-Regeln zur Vereinbarkeit von Familie und Beruf nicht richtig umgesetzt wurden, lässt uns vielleicht bereits aufhorchen und erahnen, dass irgendwas nicht so ganz stimmen kann in der Aufteilung zwischen den Geschlechtern.[43] Der Gender-Care-Gap bezeichnet den unterschiedlichen Zeitaufwand, den Frauen und Männer für unbezahlte Sorgearbeit aufbringen. Er wird auch als «Sorgelücke» bezeichnet. Im OECD-Vergleich belegte Deutschland 2017 hier einen mittleren Rang: In Paarhaushalten sind Frauen mehr mit häufig anfallenden und unflexiblen Tätigkeiten aus dem Bereich Hausarbeit und Kinderbetreuung beschäftigt, während Männer mehr Zeit mit bezahlter Erwerbsarbeit verbringen und zu Hause eher Aufgaben übernehmen, die seltener anfallen und zeitlich flexibler ausgeführt werden können. Vielleicht sind auch dir die Diskussionen darum bekannt, dass auf der einen Seite über die alltägliche Belastung der vielen Handgriffe und der emotionalen Begleitung geklagt wird und auf der anderen Seite der andere Elternteil erklärt, er würde sich aber um Versicherungen, Steuern und Reparaturen kümmern – genau diese Aufteilung von flexiblen und unflexiblen Tätigkeiten ist gemeint. Natürlich sind die flexiblen Tätigkeiten ein wichtiger und zu erledigender Teil von Sorgearbeit, dennoch sind sie nicht gleichwertig dem Bereitschaftsdienst der täglichen Sorgearbeit gegenüberzustellen – weder im Zeitaufwand noch in Hinblick auf die emotionale Beanspruchung.

>>Instagram-Nachricht:
«Es ist immer ein wenig, als würde ein Tiger plötzlich aus dem Gebüsch springen können. Man muss damit rechnen, dass, was auch immer man gerade tut, eine Unterbrechung passiert mit allen Optionen (Wutanfälle, Geschwisterstreit, Hilfestellung geben etc.). Das führt dazu, dass man immer ‹on› ist, immer wachsam, und schwer loslassen kann.»

Die Sorgelücke betrug im Jahr 2019 (trotz allgemeiner Verringerung seit dem Jahr 1992) noch immer 52,4 Prozent: Frauen wenden täglich 52,4 Prozent mehr Zeit für unbezahlte Sorgearbeit als Männer auf. Hierbei muss aber noch einmal genauer nach Alter und Lebenssituation differenziert werden: In der Altersgruppe der 34-Jährigen beträgt der Gender-Care-Gap sogar 110,6 Prozent. Frauen dieser Altersgruppe verbringen pro Tag durchschnittlich 5 Stunden und 18 Minuten mit Care-Arbeit, während Männer 2 Stunden und 31 Minuten damit verbringen. Besonders viel Care-Arbeit fällt in Haushalten mit Kindern an. Hier verrichten Mütter 2 Stunden und 30 Minuten mehr Care-Arbeit als Väter.

Nun könnte man sagen: Fürsorge braucht eben Zeit, Kinder brauchen Begleitung, und irgendwer muss ja auch das Geld verdienen. Das stimmt. Es muss Menschen geben, die sich um andere Menschen kümmern, und dieses Umsorgen erfordert eine hohe Qualität und eben Zeit, während die Familie gleichzeitig auch für den Lebensunterhalt finanzielle Absicherung benötigt. In den Worten der Politikwissenschaftlerin und Feministin Dr. Antje Schrupp: «Jedes Kind braucht eine Person, die ihm Stullen schmiert, Puppen repariert, hilft, wenn die Hose klemmt. Jedes Kind braucht eine Person, die sich für es zuständig fühlt, die hundertprozentig die Verantwortung dafür übernimmt, dass dieses kleine Wesen versorgt wird und wachsen kann.»[44] Die Fragen, die sich dazu allerdings stellen, sind: Warum wird dieser so logische Umstand in unserem Leben nicht eingerechnet und Gesellschaft nicht darauf ausgerichtet, dass es (mindestens) einen umsorgenden Menschen geben kann und hierfür die zeitlichen und finanziellen Ressourcen bereitgestellt werden? Warum sind es vor allem Frauen, die das Umsorgen leisten? Warum werden Männer aus der Sorgearbeit und damit auch einem Teil der sozialen Einbettung entfernt, obwohl auch sie im Sinne des Bindungssystems das Miteinander und gegenseitige Eingebundensein benötigen? Und vor allem stellt sich – jenseits der Wertschätzung, auf die wir noch eingehen werden – die Frage: Warum hat dieses so wichtige Umsorgen trotz seiner Bedeutung und Notwendigkeit so handfeste Nachteile für die Umsorgenden? Ganz besonders spitzen sich diese Fragen und Gedanken dort zu, wo mehr als die «Standard»-Care-Aufgaben übernommen werden müssen wie beispielsweise bei pflegenden Eltern von Kindern mit Behinderung. Die dreifache Mutter und Aktivistin Eszter Jakab erklärt dazu: «Jedes Mal, wenn Pflegekräfte für ihre Rechte demonstrieren, finde ich das super! Wir pflegenden Angehörigen können das leider nicht, weil wir die pflegebedürftigen Menschen zu Hause nicht alleine lassen können.»[45]

Der Wert unbezahlter Care-Arbeit in der Wirtschaft

Um die Ungerechtigkeit und Benachteiligung zu verstehen, müssen wir kurz noch einmal auf die Vorteile des Umsorgens innerhalb des Wirtschaftssystems blicken: Vorteile ergeben sich nämlich nicht nur auf der individuellen Ebene der jeweils umsorgten Kinder und Erwachsenen, die diese Sorge ja benötigen – so wie unsere Beispielperson mit dem Oberschenkelbruch eben auch umsorgt werden musste –, sondern auch für die Wirtschaft. Die Soziologin Prof. Dr. Gabriele Winkler erklärt, dass in Deutschland die Menschen 1,3 Mal so viel unbezahlte Care-Arbeit leisten wie bezahlte Arbeit in ihrem Beruf.[46] Das Statistische Bundesamt gibt im Jahr 2016 an, dass der Wert der unbezahlten Care-Arbeit ein Drittel des Bruttoinlandsproduktes beträgt, also 987 Milliarden Euro – und das war noch, bevor Eltern dazu übergegangen sind, in der Pandemie unbezahlt Homeschooling mit ihren Kindern zu leisten. Mit der unbezahlten Care-Arbeit in der Familie sorgen wir in wirtschaftlicher Sicht ohne finanzielle Entlohnung für die Bereitstellung und Erziehung neuer Arbeitskräfte und – im Falle einer heteronormativen Beziehung, in der die Frau den Großteil der Sorgearbeit leistet – für die Erholung des männlichen Anteils der erwerbsarbeitenden Bevölkerung zu Hause. Gerade wenn wir auf die Bedeutung des oben ausgeführten «Und» für unser Wohlergehen blicken, wird uns noch einmal bewusst, welche Leistung Fürsorgende nicht nur durch die vielen Tätigkeiten erbringen, sondern durch das Schaffen einer Atmosphäre von sozialer Zugehörigkeit, Erholung in der Gemeinschaft und Verbundenheit der Familie. Durch das Umsorgen mit seinen vielfältigen Auswirkungen tragen wir Sorgenden einen wesentlichen Anteil am Wirtschaftssystem.

Das Umsorgen wird zwar – bislang – aus Berechnungen und Betrachtungen der Wirtschaft größtenteils ausgeschlossen, da es nicht in die gängigen wirtschaftlichen Bilder von Effizienz, Prozessmaximierung und Gewinnsteigerung passt, aber dennoch nimmt es Einfluss und steht wie ein Schatten neben der Marktökonomie. «Wirtschaft wird hauptsächlich am Austausch von Geld bemessen, aber ein Großteil der Beiträge von Frauen zur Wirtschaft ist unbezahlt – etwa in Form von Hausarbeit oder landwirtschaftlicher Arbeit», erklärt die Professorin für Entrepreneurship und Innovation Linda Scott.[47] Wir haben die Welten gedanklich voneinander getrennt: Produktion und Wirtschaft auf der einen Seite, Reproduktion, privater Konsum und Umsorgen auf der anderen Seite. Dabei leben wir in einem System, wo die Dinge miteinander vernetzt und voneinander abhängig ist. So wie in einer Familie die Bedürfnisse jedes einzelnen Familienmitgliedes Einfluss nehmen auf die Möglichkeiten der anderen Personen, greifen auch in der Wirtschaft Bedürfnisse und Möglichkeiten ineinander. Selbst durch die Ausführung fürsorgender Tätigkeiten haben wir einen enormen wirtschaftlichen Einfluss mittels unserer Kaufkraft: In Westeuropa und Nordamerika kontrollieren Frauen über 75 Prozent der Verbraucherausgaben und bilden damit einen riesigen Nachfragemarkt. Eine Macht, die uns nicht bewusst ist, weil der Konsum im Care-Bereich liegt und der wirtschaftliche, männliche Blick auf die Produktion und nicht die Nachfragenden gerichtet ist. «Der Konsum ist ein sowohl von den Wirtschaftswissenschaften als auch den Feministinnen oft übersehener oder unterbewerteter Bereich», erklärt Linda Scott dementsprechend.[48] Wir Frauen und Mütter sind es, die Windeln, Kinderkleidung, Taschentücher, Schulhefte, Matschhosen, Kindergeburtstagsgeschenke, unsere eigenen Konsumgüter und nicht selten auch noch die unserer Männer besorgen. Wir sind die (unbewussten) Machthaberinnen des Nachfragemarktes und wenden dafür unsere Zeit auf. Unser Wirtschaftsbild ist – wie so viele andere Blickwinkel unseres Lebens – patriarchal geprägt, und wir sind blind für unseren eigenen Einfluss.

Der Begriff der Care-Ökonomie, also des nachhaltig geschlechtergerechten Lebens und Wirtschaftens, tritt immer mehr ins Bewusstsein, und die Diskussion um die Trennung von Produktions- und Reproduktionssphäre ist ein wichtiger Aspekt der feministisch-alternativen Ökonomie.[49] In diesem Buch soll es jedoch weniger um die rein ökonomischen Aspekte und den notwendigen Wandel der Wirtschaft gehen – das würde den Rahmen sprengen –, sondern vielmehr um die Frage nach dem Warum der grundlegenden Aufteilung und ihren Auswirkungen.

So weit haben wir gesehen: Das Umsorgen ist nicht nur individuell wichtig, sondern auch wirtschaftlich von großer Bedeutung. Dennoch wird es in unserem kapitalistischen System nicht entlohnt. Und nicht nur das, seine Bedeutung und die des Fürsorgens innerhalb des gesamten Wirtschaftssystems werden größtenteils totgeschwiegen. Ab und zu hören wir feministische Stimmen, die darauf hinweisen, dass die gesamte Wirtschaft ohne Care-Arbeit nicht funktionieren würde. Aber dieser enorme Anteil an unserer Wirtschaft bekommt nicht annähernd die Aufmerksamkeit in der Öffentlichkeit, die ihm zusteht. Stellen wir uns vor, in den Nachrichten würde positiv über das Wachstum des Care-Arbeitssektors und seinen Einfluss auf andere Wirtschaftsbereiche berichtet werden. Welches Wachstum ein Unternehmen in einer bestimmten Zeitspanne verzeichnet hat, und dass dies nur möglich war durch die dahinterstehende Sorgearbeit. Stellen wir uns vor, Care-Arbeit wäre jeden Tag ein gleichberechtigtes Thema in unseren Nachrichten, in der Form, wie sie tatsächlich als Tagesordnungspunkt für uns im Alltag nicht wegzudenken ist. Auf diese Weise wäre Sorgearbeit als Teil der Wirtschaft sichtbar und bedeutsam. Wir würden einen Blick ausbilden für ein System, würden Zusammenhänge verstehen und uns als die, die den Großteil dieser Arbeit leisten, selbstwirksam fühlen in der Position, die wir innerhalb des Systems einnehmen. Wir würden ermächtigt werden dadurch, dass wir die Nachrichten über Wirtschaft auf einmal mit beiden Augen sehen könnten, statt nur mit einem wie bisher.

Auswirkungen der unbezahlten Sorgearbeit auf die Psyche Sorgender

Auf individueller Ebene hat dieses Schweigen über die Fakten und das Erblinden für die Tatsachen enorme negative Auswirkungen: Die Nicht-Anerkennung des Umsorgens entzieht uns das Gefühl der Wirksamkeit innerhalb des Wirtschaftssystems. Gleichzeitig kann es zu Überlastung und Erschöpfung und sogar zum Burnout führen: Denn wenn du «keine Arbeit» leistest, dann bist du, neben dem ohnehin bestehenden Sorgebereitschaftsdienst, verfügbar für alle zwischenmenschlichen Umsorgungsanfragen von Kitaausflugsbegleitung über Schulbasarbäckerei bis hin zu sonstigen «Kannst du mal eben noch ...». Wir alle haben verinnerlicht, dass Sorgearbeit keine «richtige Arbeit» ist, und so sind Sorgende im Blick der anderen unbeschäftigt, haben freie Zeit. Wir selbst als Sorgende haben diesen Blick sogar so weit verinnerlicht, dass wir Schuldgefühle haben, wenn wir diese kleinen Anfragen nicht annehmen, schließlich haben wir doch eigentlich nichts zu tun. Gerade die Sozialisation von Frauen ist aufgeladen mit entsprechenden Glaubenssätzen, gesellschaftlichen Erwartungen und Rollenvorbildern. Sie machen uns besonders anfällig dafür, Schuldgefühle zu verspüren und dem Druck dieser Gefühle nachzugeben: Wir haben verinnerlicht, als «das einfühlsamere Geschlecht» für die Bedürfnisse anderer Menschen zuständig zu sein und uns selbst dabei hintanzustellen. «Ein (Kinder-)Lächeln ist schließlich die beste Bezahlung überhaupt». Dazu kommt, dass wir gleichermaßen verinnerlicht haben, uns selbst über unsere Arbeit zu definieren. Wir lernen Menschen kennen, fragen nach ihrem Namen und ihrem Beruf. Es ist so natürlich, dass der Job ein Teil unseres Selbst zu sein scheint und mit unserer eigenen Identität verbunden ist. Werden wir dann durch die Elternzeit, oder weil wir eine andere Person Vollzeit pflegen müssen, von dieser gesellschaftlich aufgesetzten Identität entkoppelt, fühlen wir uns unvollständig, wertlos, eines Teils unserer Identität beraubt.

Wenn ich einen 8-Stunden-Bürotag habe, wird mich mein Nachbar wahrscheinlich nicht fragen, ob ich zwischendurch seinen Anzug aus der Reinigung abholen kann. Bin ich einen Tag mit Baby zu Hause, das vielleicht gerade zahnt, mache dazu die Hausarbeit, bringe vielleicht morgens das größere Geschwisterkind zur Kita und hole es mittags ab, wird diese Frage eher an mich gerichtet werden, und wir denken selbst: «Warum eigentlich nicht, ich habe ja nichts zu tun ...». Nichts, außer eben die Verantwortung dafür zu tragen, dass diese kleinen Menschen versorgt werden und wachsen. Und vielleicht wissen wir, dass es anstrengend sein wird, mit Baby und Vorschulkind diesen Anzug abzuholen, dass wir uns vielleicht mit unserem großen Kind streiten werden auf dem Weg, weil es schnell nach Hause will und müde ist. Und dennoch werden wir es tun, weil es eben wichtiger erscheint. Weil das andere ja «nur» die Fürsorge ist, weil es ja «nur» die Kinder sind und wir ja nichts zu tun haben.

Da all das Umsorgen nicht als richtige Arbeit gilt, dürfen wir also auch abends nicht erschöpft sein. «Wovon bist du denn bitte erschöpft? Vom Zuhausesein?», bekommen wir vielleicht sogar zu hören. Deswegen planen wir nicht bewusst Pausen und Erholungszeiten ein, wie es Erwerbstätige normalerweise tun. Eventuell gönnen wir uns ab und zu ein pink verpacktes Schaumbad «Stressreduzierer» oder einen «Frauen Balance»-Tee, der mit einer vielarmigen Frau beworben wird, die tausend Dinge gleichzeitig tun kann oder muss.[50] Die allgegenwärtige Überlastung der Sorgenden wird durch diese Produkte romantisiert, verklärt und so dargestellt, als könnte man sie durch Konsum auflösen. Aber wir alle wissen: Weder das Schaumbad noch der Tee helfen bei Überlastung. Deswegen steigt die Zahl der kurbedürftigen Mütter. Nach der Kur werden sie dann einfach wieder in den gleichen Kreislauf zurückgeworfen, weil nicht anerkannt wird, welche Arbeit sie leisten, und sie sich selbst nicht einmal eingestehen dürfen, dass sie einer wirklich anstrengenden, wichtigen Arbeit nachgehen. Wir sind allesamt gefangen in der Vorstellung, dass Sorgearbeit keine Arbeit wäre und deswegen nach der Erwerbsarbeit Freizeit bestünde, wir also theoretisch genügend Erholung hätten. Dabei ist das Umsorgen eben keine Freizeit in dem Sinne, dass wir uns in dieser Zeit um unsere Bedürfnisse, um Entspannung, um Ausgleich und ausreichend Schlaf kümmern könnten. Das bedeutet, dass, solange wir nichts am System ändern, Kuren nur ein kurzfristig kühlender Fürsorge-Tropfen auf dem heißen Stein der Elternüberlastung sind. Festzuhalten gilt, dass die Nicht-Anerkennung des Umsorgens sich ganz allgemein negativ auf das psychische Wohlbefinden der Sorgenden auswirkt.

Unbezahlte Sorgearbeit und (Alters-)Armut

Neben den psychischen Folgen der ungesehenen Sorgearbeit gibt es auch finanzielle Folgen, die im weiteren Leben negativ zum Tragen kommen: Die Notwendigkeit der unbezahlten Sorgearbeit führt zu einer Verringerung der Erwerbsarbeit durch die Person, die sorgt. Den ohnehin bestehenden Gender-Pay-Gap verstärkt das und führt zu einem Gender-Renten-Gap. Die (mehr) erwerbstätige Person kann wesentlich stärker ihre berufsspezifische Spezialisierung ausbauen, während die (mehr) unbezahlte

Sorgearbeit leistende Person eine eher private Spezialisierung ausbaut: Wer beispielsweise Kinder schwerpunktmäßig viele Jahre begleitet, weiß um Windelsysteme, Tragehilfen, Kinderbekleidungsfirmen, aktuelle pädagogische Theorien, notwendige Pflegeprodukte, niedliche Kinderlieder, Handgestenspiele und aktuelle Kinderbuchautor*innen Bescheid, hat aber vielleicht im eigenen Erwerbsarbeitsfeld eher weniger Weiterbildungen besucht. Nicht selten sind es Mütter, die ihr erworbenes Spezialwissen in Bezug auf Kinder während oder nach der Elternzeit in Social Media weitergeben, als «Momfluencer» Geld verdienen, vielleicht sogar in die Elternberatung «nebenher» wechseln und eines der zahlreichen Ausbildungsangebote auf dem Markt der Babykursleiter*innen in Anspruch nehmen, für das keine pädagogische Grundqualifikation notwendig ist.[51] Es wird belächelt, verhöhnt, kritisiert, dass Frauen in die «Mommy-Branche» wechseln, ohne zu sehen, dass auch hier, wie so oft, ein strukturelles Problem zugrunde liegt. Eine derartige berufliche Veränderung wird als aktuell sinnvollste Alternative wahrgenommen, weil sie die Nutzung des aktuellen Wissens mit einem einigermaßen mit der Sorgearbeit zu vereinbarenden Job zu garantieren scheint.

Der Gender-Lifetime-Earnings-Gap zeigt, dass Frauen im Laufe ihres Lebens aufgrund der Kinderbetreuung und Pflege älterer Menschen durchschnittlich 45 Prozent weniger Erwerbseinkommen verzeichnen als Männer.[52] Mit einer aktuell im Durchschnitt bei 807 Euro pro Monat liegenden Rente sind Frauen daher in besonderer Weise von Altersarmut betroffen. Im Jahr 2021 haben Frauen durchschnittlich 420 Euro weniger Altersrente erhalten als Männer.[53] Armut kann zudem ein Grund sein, in Abhängigkeitsbeziehungen von einem Mann zu bleiben, auch wenn physische oder psychische Gewalt in der Beziehung auftritt. Die – durchaus begründete – Angst vor der Armut als alleinerziehende Mutter mit Kind(ern) lässt Frauen das Unglück einer Beziehung hinnehmen. Manchmal auch verbunden mit der Angst um die Entwicklungschancen der Kinder: Kinderarmut ist auch in Deutschland ein großes Problem und wirkt sich auf das Selbstbild des Kindes, seine Sozialkontakte und Bildungschancen aus. Unsere Sozialsysteme sind auf Erwerbsarbeit als Basis für Wohlfahrtsleistungen ausgerichtet, auch wenn durch die unbezahlte Sorgearbeit insbesondere Frauen weniger Erwerbsarbeit leisten.

Für jene Frauen, deren Ehen dennoch getrennt werden, was 2021 auf 39,9 Prozent zutraf,[54] kann allerdings nicht davon ausgegangen werden, dass der im Verlauf der Beziehung mehr verdienende und von der Fürsorge der umsorgenden Partnerin profitierende Partner im Alter den in der Beziehung entstehenden Gap ausgleicht: Die meisten Scheidungen finden in der Altersgruppe der 45- bis 50-Jährigen statt. Während Männer unter einer späten Trennung eher sozial leiden, haben Frauen meist den finanziellen Nachteil der Trennung zu tragen: «Die finanzielle Situation von Müttern ohne Kinder im Haushalt stabilisiert sich in den Folgejahren, erreicht jedoch nicht wieder die Werte von vor der Trennung. Für alleinerziehende Mütter bleibt das Haushaltseinkommen allerdings auch langfristig weit unter dem vorherigen Niveau.»[55] Sie sind häufig – gerade auch bei ausbleibenden Unterhaltszahlungen der Person, die jahrelang von ihrem familiären Umsorgen profitiert hat – auf Sozialtransferleistungen angewiesen. Unser erlerntes Bild von Romantik und Liebe bringt uns bei, dass wir gerade als Frauen nicht auf einen Ehevertrag beharren sollten und es unromantisch wäre, vor der Eheschließung mögliche Probleme einer Trennung in Erwägung zu ziehen. Dabei ist es doch eigentlich in besonderer Weise romantisch, sagen zu können, dass man aus freien Stücken zusammenbleibt und nicht aus Angst vor Armut.

Selbst in bestehenden Partnerschaften ist es nicht selten, dass der mehr verdienende (meist männliche) Partner mehr Entscheidungsrecht über die finanziellen Mittel hat und als die Person, die das Geld verdient, schließlich auch darüber verfügt, wofür es ausgegeben oder wie es angelegt wird. Kulturübergreifend herrscht noch immer der Gedanke, Geld sei ohnehin kein Frauenthema. Viele Frauen wachsen bereits mit der Vorstellung auf, dass sich eher die Männer um das Geld kümmern, Geld unrein sei und sie weniger begabt im Umgang damit wären.[56] Dabei sprechen auch hier die Fakten dagegen: Männer geben weltweit als Gruppe ihr Geld eher für eigene Luxusgüter, Alkohol, Tabak, Glücksspiel, Prostitution und Waffen aus, während Frauen ihr Geld in die Familie – insbesondere die Kinder – und die Gemeinschaft investieren.[57] Die Verfügungsmacht über Geld ist, ähnlich wie Erwerbsarbeit, zudem identitätsstiftend in unserer kapitalistischen Gesellschaft: Wir bestimmen über Konsum, wer wir sind und zu welcher Gruppe wir gehören. Ohne eigenes Erwerbseinkommen bzw. freie Verfügung über Geld werden unbezahlt Sorgende hiervon abgeschnitten, was sich wiederum auf ihr Selbstwertgefühl auswirken kann. Auch in der Kleinfamilie wird, wie in der Wirtschaft allgemein, ausgeblendet, dass die Erwerbstätigkeit einer Person in der Familie mit zu umsorgenden Angehörigen nur möglich ist, weil es einen umsorgenden Menschen gibt, und dass bei ungleicher Erwerbstätigkeit zumindest ein (Renten-)Ausgleich, eine finanzielle Absicherung und eine paritätische Aufteilung des Familieneinkommens angemessen wären.

Von klein auf: Es sind Frauen, die unbezahlt sorgen

Wir sehen also: Obwohl das Umsorgen der Familie auf vielen Ebenen eine gesellschaftliche, wirtschaftliche und private Bedeutung hat und unser gesamtes Wirtschaftssystem ohne das Sorgen nicht funktionieren würde, sind diejenigen, die haupt-

69

sächlich unbezahlte Sorgearbeit erbringen – Frauen und Mütter – benachteiligt.

Wie wir alle aus zahlreichen modernen Elternratgebern wissen, «braucht es ein ganzes Dorf, um ein Kind großzuziehen». Schauen wir aber genauer hin, dann besteht dieses «Dorf» nun erst einmal vorwiegend aus Müttern. Natürlich gibt es auch Väter auf Spielplätzen, in Elternzeit und als Hausmänner. Aber wen rufen Mütter an, wenn sie dringend Hilfe brauchen? Auch hier gibt es passende Zahlen einer Studie des Bundesministeriums für Familie, Senioren, Frauen und Jugend aus dem Jahr 2017: «Am häufigsten betreuen Mütter von Kindern unter 14 Jahren, die in ihrem Haushalt leben, nicht-verwandte Kinder.»[58] Und wenn Kinder krank werden, sind es die Mütter, die insbesondere die Kinderkranktage in Anspruch nehmen.[59]

Gibt es vielleicht noch andere, die dieses sorgende Dorf mitgestalten, und, wenn ja, wie sieht hier die Geschlechterverteilung aus? Wenn wir jenseits der Eltern auf die unbezahlte Sorgearbeit blicken, fallen uns wahrscheinlich zunächst die Großeltern ein. Die Studie «Oma und Opa gefragt? Veränderungen in der Enkelbetreuung – Wohlbefinden von Eltern – Wohlergehen von Kindern» des Deutschen Instituts für Wirtschaftsforschung und des Bundesinstituts für Bevölkerungsforschung aus dem Jahr 2022 zeigt, dass Großeltern eine besondere Bedeutung haben in der Betreuung von Kindern. Auch der Kita-Ausbau der vergangenen Jahre hat daran nichts geändert: «Etwa 30 Prozent der unter 3-Jährigen werden regelmäßig von den Großeltern betreut, während es bei Kindern zwischen drei und sechs Jahren und bei Grundschulkindern etwa 20 Prozent sind. Durchschnittlich betreuen Großeltern 8 Stunden die Woche regelmäßig. Neben der regelmäßigen Unterstützung sind Großeltern von unschätzbarem Wert für Notfälle und flexiblen Einsatz: Ungefähr 60 Prozent aller Großmütter und 40 Prozent aller Großväter springen im Notfall bei der Betreuung der Enkel ein», heißt es in einer Zusammenfassung der Studie.[60] Wie bei der Vorstellung «Es braucht ein Dorf …» sind wir auch bei der Bezeichnung «Großeltern» schnell verleitet, eine gleichmäßige Verteilung anzunehmen. Aber erneut sehen wir laut verschiedener Studien eine ungleichmäßige Geschlechterverteilung: Alleinstehende Großväter betreuen Enkelkinder seltener als solche, die in einer Partnerschaft leben. Großmütter mütterlicherseits betreuen ihre Enkelkinder am häufigsten, gefolgt von den Großvätern mütterlicherseits, woran sich die Großmütter väterlicherseits anschließen. Großväter väterlicherseits leisten am wenigsten Betreuung.[61] Auch bei den Großeltern liegt also die unbezahlte Sorgearbeit mehr bei den Großmüttern. Und selbst wenn wir auf unsere jüngsten Familienmitglieder blicken, sehen wir diese Diskrepanz: Die 5. World-Vision-Kinderstudie zu den Folgen der Corona-Krise in Deutschland und Ghana zeigt, dass in Ghana prinzipiell die Kinder mehr in die Care-Arbeit einbezogen werden als in Deutschland und dass in Deutschland mehr Mädchen als Jungen in die Haushaltätigkeiten eingebunden werden. Hieraus wird geschlussfolgert: «Damit verlagert sich die für patriarchale Gesellschaften charakteristische Unsichtbarkeit von Care-Arbeit auf die Situation von Kindern. In westlichen Gesellschaften kommt erschwerend hinzu, dass Kindheitskonstruktionen grundsätzlich keine Arbeitsleistungen vorsehen und so beispielsweise die stundenlange Betreuung jüngerer Geschwisterkinder, wie in unserer qualitativen Erhebung geschildert, als ‹miteinander spielen› interpretiert wird.»[62] Und was passiert mit den Mädchen, die von klein auf lernen, dass unbezahlte und nicht als Arbeit wahrgenommene Sorgearbeit ihr natürlicher Zuständigkeitsbereich ist? Sie verinnerlichen es und übernehmen es als Aufgabe, wodurch das System am Laufen gehalten wird. Zu diesem Schluss kommt auch die genannte Studie: «Viel weist darauf hin, dass sich die ungleiche Beteiligung von Frauen am Arbeitsmarkt und ihre übermäßige Belastung durch Care-Arbeit in die nächste Generation forttragen werden.»[63]

Wir können zusammenfassen: Unbezahlte Care-Arbeit ist mehr als *nur* unbezahlt. Ihr Stellenwert innerhalb des Wirtschaftssystems wird nicht anerkannt. Sie ist nicht nur punktuell nicht bezahlt, sondern führt oft zeitlebens zu Benachteiligungen, wovon vor allem Frauen betroffen sind.

Sicherlich spüren wir hie und da das Gefühl von Wirksamkeit durch die Liebe unserer Kinder, in der Dankbarkeit dafür, dass wir Zeit mit ihnen verbringen dürfen, wenn wir uns über ihre Entwicklung freuen, an der wir einen großen Anteil haben, oder wenn wir zum Muttertag einen großen Strauß Blumen und Pralinen geschenkt bekommen. Doch oft bleibt das nagende Gefühl zurück, dass es vielleicht doch nicht ganz gerecht ist. Unser Wohlbefinden leidet unter fehlender Selbstwirksamkeit, die uns verwehrt bleibt, und unter fehlender Selbstfürsorge, für die es keinen Spielraum gibt. Es reicht eben nicht, die unausgesprochene Entscheidungsgewalt über die gewählte Windelmarke zu haben, aber bei den großen finanziellen Entscheidungen nicht selbst oder zumindest gleichwertig mitbestimmen zu können. Und es reicht auch nicht, großzügig einen «Abend mit den Mädels» gewährt zu bekommen, bei dem Papa dann die Kleinen mal ganz allein ins Bett bringt und vorher Pizza bestellt. Und es reicht vor allem nicht, wenn politische Vorschläge zur Lösung der Care-Krise nur das Symptom angehen, aber nicht zur Aufwertung des Care-Ansehens vordringen.

Bezahlte Care-Arbeit aus Sicht der Sorgenden

Unbezahlte Sorgearbeit wird besonders den Frauen übertragen – und zwar jeglichen Alters, das wurde deutlich. Dafür, dass sich dieses Prinzip fortsetzt, wird durch den Beginn dieser ungerechten Verteilung am Lebensanfang also schon einiges getan. Sähe es nun im bezahlten Sorgebereich anders aus mit der Bezahlung und Geschlechterverteilung, dürften wir vielleicht annehmen, dass wir hier kein systematisches Problem vorliegen haben, das in Zusammenhang mit der Geschlechtszuschreibung «weiblich» besteht. Hier lohnt sich ein genauer Blick.

Bezahlte Sorgearbeit finden wir an vielen Stellen, an denen auch die unbezahlte Sorgearbeit stattfindet: rund um die Versorgung von jungen Menschen, von alten Menschen, von kranken Menschen. Wir finden sie in Kindertageseinrichtungen, Schulen, Krankenhäusern, Pflegeheimen und zu Hause rund um den Haushalt verteilt. Anders als Berufe anderer Sparten passt auch die bezahlte Sorgearbeit nicht in unser Verständnis von wirtschaftlichem Arbeiten, denn auch sie lässt sich nicht in die gängigen wirtschaftlichen Bilder von Effizienz, Prozessmaximierung und Gewinnsteigerung eingliedern: Ein Kind kann nur bedingt schneller geboren oder effizienter aufgezogen werden. Auch eine ärztliche Behandlung wird unter Effizienzgesichtspunkten nicht zwangsläufig besser. Im Gegenteil: Wenn wir versuchen, den Maßstab der Effizienz und Prozessmaximierung in diesen Bereichen anzulegen, erreichen wir langfristig oft keinen positiven Effekt, weder bei den zu Versorgenden noch bei den Sorgenden. Die 2003 eingeführte Fallpauschale in Krankenhäusern ist hierfür ein gutes Beispiel: Früher erhielt das Krankenhaus einen Tagessatz für Patient*innen, der abgelöst wurde durch diagnosebezogene Fallpauschalen (Diagnosis Related Groups, DRG). Bezahlt wird seither nach Zahl und Schwere der Fälle, wodurch sich die Liegezeit verkürzt, weil die Zahl der Patient*innen zur Steigerung der Effizienz steigen muss. Durch den Kostendruck kann die Qualität nicht aufrechterhalten werden, es kommt zu Personalmangel, und die angeschobene Privatisierungswelle der

73

Krankenhäuser in Einbindung gewinnorientierter Konzerne verschärfte das Problem nochmals. Die Patient*innen gesunden nicht schneller, nur weil sie früher entlassen werden, weshalb es zu sogenannten «blutigen Entlassungen» kommt, durch die wiederum Ärzt*innen in der ambulanten Pflege und Versorgung mehr mit der Behandlung von Folgeproblemen beschäftigt sind.[64] Zumal sich auch die niedergelassenen Ärzt*innen in einer Krise befinden: Insbesondere ländliche Praxen finden kaum Nachfolger*innen, aber auch in städtischen Gebieten ist die Versorgungslage schwierig, da die Arbeitsbedingungen nicht gut sind und junge Mediziner*innen nicht mehr in Vollzeit arbeiten wollen. Insbesondere Ärztinnen können Familie und Beruf unter den aktuellen Bedingungen nicht vereinbaren. Durch die «blutigen Entlassungen» steigen die REHA-Kosten und viele Pflegeaufgaben werden in die Familien verlagert. Unbezahlte Sorgearbeit steigt dadurch weiter.

Geburtshilfe und Hebammenarbeit am Limit

Gerade der Bereich der Geburtshilfe leidet enorm unter diesem System, aufseiten der Angestellten und aufseiten der Gebärenden. Die Berliner Hebamme Nina Negi sagt dazu: «Die pflegerischen und betreuenden Tätigkeiten sind nicht abrechenbar. In einem wirtschaftlich orientierten Betrieb haben sie keinen Platz. Auch in den DRGs ist das kein Abrechnungspunkt. Stattdessen dominiert hier eine andere Logik. Zeit ist hier ein zentraler wirtschaftlicher Faktor in der Abrechnung nach Fallpauschalen: Durch Planbarkeit, einen geplanten Kaiserschnitt beispielsweise, oder andere Interventionen (wie etwa Wehenmittel, Dammschnitt oder Saugglocke) kann eine Geburt beschleunigt werden, sodass mehr Fälle angenommen werden können. Für das Krankenhaus ist das rentabel.»[65] Für Gebärende hingegen kann sich der Zeitdruck und die mangelnde 1:1-Versorgung auf den Geburtsverlauf negativ auswirken, die hieraus entstehenden Komplikationen wirken auf das Kind, aber auch auf die körperliche und psychische Gesundheit der Gebärenden. Das ist jedes Jahr am Roses Revolution Day in zahlreichen Social-Media-Postings zu lesen, die die Gewalt unter der Geburt mit ihren Auswirkungen beschreiben. Und selbst Hebammen und Geburtshelfer können an den Folgen des Erlebens dieser Gewalt psychisch erkranken. Ein Umstand, der sich auf andere Pflegebereiche übertragen lässt.

Doch die Auswirkungen schlechter Geburtsumstände gehen noch weiter und betreffen direkt das Thema des Miteinanders: Die psychischen Folgen problematischer und/oder gewaltvoller Geburten können sich auf die Gestaltung der Bindungsbeziehung auswirken und den Aufbau eines sicheren Bindungsmusters behindern. So wirken die schlechte personelle Situation und der Effizienzdruck bis hinein in das Familienleben und über die Auswirkungen auf das Kind und dessen verinnerlichtes Bindungsmuster bis hinein in unsere Gesellschaft. «Es kommt auf den Anfang an!», hören und lesen wir so oft, aber wie bedeutsam die Begleitung ganz am Anfang bei der Geburt wirklich ist, wird dabei oft nicht erwähnt. Im Gegenteil: Wer das Gebären als gewaltvoll oder traumatisch erlebt hat und darüber spricht, hört schnell, dass man sich nicht so anstellen solle, froh sein könne, dass es dem Kind gut gehe, oder man wahlweise selbst schuld sei. Gerade hier erfolgt eine typische Täter-Opfer-Umkehr, in der das bestehende System geschützt wird («Sei froh, dass wir hierzulande ein so gutes Gesundheitssystem haben, in anderen Ländern …») und das Opfer der schlechten Versorgung rund um die Geburt die Schuld zugewiesen bekommt. Besonders bizarr wird dies dadurch, dass gerade hier die Drei-Klassen-Medizin[66] besonders deutlich wird: Wer es sich leisten kann und über ausreichende Informationen und Kontakte verfügt, kann sich eine Beleghebamme, die für eine 1:1-Versorgung unter der Geburt bereitsteht, dazubuchen oder sogar eine Hausgeburt planen mit einer Hausgeburtshebamme. Freiberufliche Hebammen, die hierzulande selbst im schlecht bezahlten Care-Bereich tätig sind und freiberuflich nicht in einer Gewerkschaft organisiert sind, sind aufgrund der hohen Kosten für Haftpflichtversicherung, Abrechnungsdienstleister, Qualitätsmanagement, Mitgliedschaft im Berufsverband, sonstigen Kosten für Steuerberatung, Fortbildungen etc. bei gering bezahlten Abrechnungsleistungen der Hebammenordnung nur noch schwer zu finden. Viele Hebammen quittieren nicht nur in der Klinik ihren Dienst als Angestellte aufgrund der schlechten Arbeitsbedingungen, sondern auch in der freiberuflichen Tätigkeit, bzw. sind dazu gezwungen, sofern sie weiter als Hebamme tätig sein wollen, Privatpatient*innen anzunehmen oder kostenpflichtige Zusatzangebote zu machen. Der Markt der teilweise von Quereinsteiger*innen ersatzweise angebotenen Unterstützung boomt: Wer keine Hebammenversorgung für das Wochenbett erhält, die normalerweise von der Krankenkasse übernommen wird, kann sich eine Wochenbett-Doula buchen, beispielsweise zu 700 Euro für 20 Stunden Haushaltshilfe mit Kochen, Putzen und Verwöhnen.[67] Und wer keine helfende Hebamme bei Stillproblemen findet, wofür eine Hebamme laut Gebührenordnung ein Honorar von 37,17 Euro berechnen kann, kann ein Stillberatungspaket zu 684,00 Euro[68] für Online-Beratungen erwerben. Dass es all diese Angebote gibt und sie von jenen in Anspruch genommen werden, die es sich leisten können, ist kein Fehler der Dienstleister*innen oder Nutzer*innen: Es zeigt uns, wie sehr das Gesundheitssystem in eine Schieflage gekommen ist gerade in dem Bereich, der sich so nachhaltig auf Familiengesundheit und -entwicklung auswirkt. Die Hebamme Ina May Gaskin, die 2011 für ihr Lebenswerk den Alternativen Nobelpreis erhalten hat, erklärt: «Eine Gesellschaft, die ihren Müttern und dem Geburtsprozess geringen Wert beimisst, wird eine Reihe an negativen Konsequenzen für dieses Verhalten erleiden. [...] Auf die Geburt kann eine stärkende Freude, eine Euphorie folgen, die eine Frau niemals vergessen wird, oder eine Depression, durch die die Mutter von sich selbst und von allen, die sie kennen, entfremdet wird. Es gibt eine riesige Bandbreite von Geburtswirkungen, die von der Erfahrung jeder einzelnen Frau, ihrem Lebensstil, ihrem Gesundheitszustand während der Schwangerschaft, den Entscheidungen, die sie bezüglich der zur Verfügung stehenden Versorgung rund um die Geburt treffen kann, und von der Weise abhängen, wie sie dann behandelt wird.»[69]

Bezahlte Care-Arbeit unter psychischer und körperlicher Belastung

Wir sehen also auch hier: Der Bereich der bezahlten Sorgearbeit ist nicht mit den herkömmlichen Parametern an wirtschaftlicher Arbeit zu messen – auch wenn diese angelegt werden. Es kommt ganz besonders auf die Zwischentöne an, das Soziale, das Sich-Zeitnehmen, die Empathie. Viele Beschäftigte im Care-Arbeitssektor versuchen, diese emotionale Komponente hochzuhalten, obwohl hierfür in dem wirtschaftlichen System, in dem sie sich bewegen, eigentlich kein Raum vorgesehen ist – eine zusätzliche Belastung, die zu Problemen am Arbeitsplatz führen kann. Menschen, die im Bereich der entlohnten Sorgearbeit arbeiten, nehmen oft Teile ihrer Arbeit mit nach Hause: Es belastet, wenn das eine Kind in der eigenen Kitagruppe keine neuen Hausschuhe hat, weil die Eltern sich das gerade nicht leisten können, ein Kind in der Schulklasse nie eine Brotdose dabeihat, im Pflegeheim eine Person gestorben ist, die man lange begleitet hat, im Krankenhaus erlebt wurde, wie eine Familie um den Verlust eines geliebten Menschen trauert. Ebenso wie es «Attachment», also Bindungsaufbau, gibt, sprechen wir von «Detachment», der Auflösung einer emotionalen Beziehung. In der Arbeitspsychologie ist damit gemeint, dass wir mental und psychisch von der Arbeit abschalten – ein wichtiger Bedingungsfaktor für Wohlbefinden und Gesundheit. In Care-Berufen fällt dieses Abschalten aufgrund der emotionalen Inhalte der Arbeit oft schwerer.

> >>Instagram-Nachricht:
> «In vielen Bereichen pädagogischer oder pflegerischer Arbeit spielen Emotionen eine große Rolle / sind großer Bestandteil ... Und ja, da wird gearbeitet, und Emotion ist Teil davon; dass ich dafür bezahlt werde, klammert meine Empathie und das Eingehen auf individuelle Bedürfnisse und Rahmenbedingungen nicht aus. Im Gegenteil: Wo Menschen sind, sollten Emotionsarbeit und Umgang immer Anteil sein.»

Obwohl wir uns also in einem hochkomplexen und mit vielen verschiedenen Anforderungen verbundenen Berufsfeld befinden, das sowohl körperlich[70] als auch psychisch[71] anspruchsvoll ist und zudem eine besondere Art der empathischen Eignung voraussetzt, ist es bei der finanziellen Entlohnung benachteiligt: Eine Analyse bezahlter Sorgearbeit in 23 Ländern aus dem Jahr 2015 zeigt, dass das Einkommen von Hilfs- und Fachkräften im Gesundheits- und Pflegesektor in Deutschland geringer ist als das von Beschäftigten mit ähnlicher Qualifikation in anderen Berufen und dass Deutschland auch im internationalen Vergleich zurückliegt. Im Bereich Bildung und Erziehung befinden wir uns laut der Analyse im Mittelfeld der betrachteten Länder, aber dennoch unter dem allgemeinen Durchschnitt. Als Beispiel wird das Bruttoeinkommen von vollzeitarbeitenden Erzieher*innen und Krankenpfleger*innen angegeben: «[...] mit durchschnitt-lich 35 027 bzw. 37 245 Euro brutto pro Jahr [liegen sie] deutlich unter dem Durchschnittseinkommen (42 803 Euro pro Jahr) aller Berufsgruppen (Statistisches Bundesamt, 2013). Gleichzeitig arbeiten viele Beschäftigte in Teilzeit oder befristeten Arbeits-verhältnissen und klagen über gesundheitliche Belastungen».[72] Auch im Jahr 2021 verzeichnen wir hier noch einen deutlichen Unterschied: Das durchschnittliche Bruttogehalt lag 2021 bei 49 200 Euro, das durchschnittliche Bruttogehalt als Erzieher*in liegt 2022 bei 39 660 Euro.[73] Bezahlte Sorgearbeit wird finanziell nicht entsprechend den Anforderungen bezahlt, insbesondere gilt das für Hilfskräfte.

Erziehung und Bildung als unterfinanzierte Bereiche der Zukunft

So stellt sich die Situation dar, obwohl die Sorgearbeit ein Bereich ist, der jetzt und in Zukunft eine besondere Bedeutung hat. Der Bereich der institutionellen Kinderbetreuung wurde in den ver-gangenen Jahren quantitativ massiv ausgebaut. Und sowohl der Bereich außerfamiliäre Betreuung als auch der Bereich Schulen braucht weiteres, qualifiziertes Personal für die Begleitung der vorhandenen Kinder, für den zusätzlichen Bedarf an pädagogi-scher Begleitung durch die Auswirkungen der Krisen auf Kinder ebenso wie für die Integration zugewanderter Kinder. Durch den demografischen Wandel benötigt auch der Gesundheitsbereich zahlreiche Arbeitskräfte in den kommenden Jahren. Im Februar 2023 lag die Anzahl der durch den Krieg in der Ukraine auf-genommenen Kinder und Jugendlichen an allgemeinbildenden und berufsbildenden Schulen bei ca. 205 000 Kindern.[74] Es ist an-zunehmen, dass durch den Klimawandel mit seinen Folgen und die daraus resultierende Klimamigration in den nächsten Jahren das Thema der Integration von Kindern aus anderen Ländern weiterhin wichtig bleibt. Diese Kinder und Jugendlichen treffen allerdings auf ein unterbesetztes Schulsystem: Die Kultusministerkonferenz stellte 2022 einen aktuellen Mangel an 12 000 Stellen fest und prognostizierte, dass bis 2035 mindestens 23 800 Lehrkräfte fehlen.[75] Der Verband Bildung und Erziehung geht sogar von einem Mangel von 158 700 Lehrpersonen bis 2035 aus.

Der Lehrkräftemangel wirkt sich nicht nur dramatisch auf Schüler*innen aus und lässt die Bildungsschere weiter aufgehen (auch hier ist es wie im Gesundheitsbereich der privaten Dienstleistungen schließlich so, dass privilegierte Personen Privatschulen nutzen und privat Unterrichtsdienstleistungen einkaufen können), er wirkt sich auch auf Lehrende und Schüler*innen im Alltag aus: Gerade in der Grundschule sind die pädagogische Qualität, das Miteinander und der Beziehungsaufbau eine wichtige Basis für das Lernen. Für gelingende Bildungsarbeit und das Motivationssystem sind gute Beziehungen zwischen Menschen notwendig, wie wir bereits gesehen haben. «Damit Kinder also bei ihren Eltern, in der Krippe, im Kindergarten oder in der Schule das Erlebte verarbeiten, Bildungsangebote annehmen und lernen können, müssen sie sich emotional sicher fühlen. [...] Daher gilt der Spruch ‹Bindung kommt vor Bildung›», erklärt der Facharzt für Jugendpsychiatrie und Psychotherapie Prof. Dr. Karl Heinz Brisch.[76]

Sowohl in Schulen als auch in der außerfamiliären Kinderbetreuung sind aber die Rahmenbedingungen für diese grundlegenden Bindungsbeziehungen dann schlecht, wenn die Bezugspersonen nicht nur schlecht bezahlt sind, sondern zusätzlich auch unter beständigem Stress stehen und eine starke Fluktuation an Beschäftigten stattfindet, was sowohl für die Kinder als auch für die Angestellten in Hinblick auf die pädagogische Arbeit schwierig ist. Die Herausforderungen sind gestiegenen im Zuge der psychischen Belastung von Kindern und Jugendlichen durch die Pandemie, die Integration geflüchteter Kinder und Jugendlicher und die zu erwartenden weiteren Probleme durch Armut infolge der Inflation beispielsweise. Die Aufgaben der Betreuung und Begleitung von Kindern sind noch komplexer geworden, was das noch vorhandene Personal nicht auffangen kann und auch nicht auffangen müssen sollte: Hier braucht es neben Lehrkräften und Erzieher*innen auch gutes therapeutisches Personal, damit Kinder und Jugendliche gestärkt und in ihrer Resilienz gefördert und sie im Sinne von Chancengleichheit ausgebildet werden können.

Bezahlte Sorgearbeit innerhalb von Care-Chains

Einen besonderen Blick im Bereich der bezahlten Sorgearbeit – gerade im Zusammenhang mit den Pflegeberufen – sollten wir auf transnationale Sorgearbeit und Care-Chains werfen: Die Zunahme an Doppelverdienerhaushalten, die 40-Stunden-Woche und andere Faktoren führen zu einer Auslagerung von Sorgearbeit in den Dienstleistungssektor. Für die haushaltsnahen und personenbezogenen Dienstleistungen werden nicht selten Migrantinnen eingesetzt. Die Professorin für Gesellschaftswissenschaften Helma Lutz erklärt (2015), das Institut für Pflegewissenschaften gehe von 150 000 bis 300 000 Osteuropäerinnen aus, die in deutschen Privathaushalten beschäftigt seien, sie selbst gehe aber von einer hohen Dunkelziffer aus.[77] Die Arbeitsbedingungen sind oft schlecht, auch das Vorhandensein von Agenturen zur Vermittlung der Dienstleistungen behebt diesen Missstand nicht – im Gegenteil. Die ausländischen Pflegekräfte haben meistens den Wunsch, durch ihre Arbeit den eigenen Kindern eine gute Schulbildung oder den Besuch einer Universität zu ermöglichen, hinterlassen dann in ihrem familiären System allerdings eine Lücke, die in ihrem jeweiligen Land durch andere weibliche

81

Verwandte gefüllt wird[78] oder wiederum durch den Einsatz noch preiswerterer Arbeitskräfte, die selbst wieder einen Migrationshintergrund haben: So entsteht die von Soziologin Arlie Hochschild so genannte Care-Chain.[79] Grundsätzlich lässt sich auch hier wieder feststellen, dass die transnationale Sorgearbeit insbesondere durch Frauen geleistet wird. Das ist der Fall, obwohl diese Arbeit in ihren Herkunftsländern, wo ein überhöhtes Mutterbild herrscht, skandalisiert wird.

Auch im Bereich der angestellten Altenpflegekräfte wird zur Verminderung des Fachkräftemangels auf Pflegekräfte aus dem Ausland gesetzt: Zwischen 2014 und 2019 ist der Anteil beschäftigter Personen aus dem Ausland um 6 Prozent gestiegen. Und selbst dadurch kann der Personalmangel nicht ausreichend abgefangen werden.

Sorgearbeit oder Erwerbsarbeit – was ist nun anstrengender?

In vielen Diskussionen um unbezahlte Care-Arbeit wird die Anstrengung dieser vielfältigen Tätigkeiten thematisiert, und schnell laufen wir Gefahr, Sorgearbeit und bezahlte Erwerbsarbeit gegeneinanderzustellen und in einen Wettstreit darüber zu geraten, was nun anstrengender ist. Gerade in Familien passiert es, dass durch den Stress, der auf beiden Seiten lastet, ein Streit ausbricht: «Ja, du bist nur im Büro und dann kommst du nach Hause und deine Arbeit ist zu Ende, aber ich muss mich jeden Tag um Gefühle kümmern, um den Haushalt. Meine Arbeit besteht rund um die Uhr!» Wir streiten um Anerkennung, Wertschätzung, Verbundenheit, weil dies der Kern unseres Seins ist. Wir müssen uns gesehen fühlen, brauchen Wertschätzung auf beiden Seiten als Antrieb für unser Motivationssystem. Selbst in diesem Streit geht es eigentlich um unsere Verbindung und um

Fürsorge. Wie wir anhand der Fakten gesehen haben, ist die Diskussion um Dauer, Sichtbarkeit, Anerkennung und Entlohnung von Sorgearbeit durchaus wichtig. Dennoch soll an dieser Stelle noch einmal kritisch auf Erwerbsarbeit und ihre strukturellen Probleme im Allgemeinen hingewiesen werden: Im Jahr 2020 wurden laut Institut für Arbeitsmarkt- und Berufsforschung (IAB) allein in Deutschland 1,67 Milliarden Überstunden geleistet, über die Hälfte davon unbezahlt.[80] Jede*r zweite Beschäftigte leistet Überstunden, die sich über die gesamte Berufslaufbahn auf etwa 6500 Überstunden anhäufen. Umgerechnet sind das 3,5 Jahre Erwerbsarbeit-Überstunden, die oft nicht entlohnt werden.[81] Die Zahlen für Deutschland sind bereits gravierend, in anderen Ländern ist die Anzahl der Überstunden teilweise noch höher – mit enormen Folgen: In Japan, Korea und China gibt es mittlerweile Bezeichnungen für den Tod durch Überarbeitung. Auch der Schlaf durch Erschöpfung im öffentlichen Raum oder während festgelegter Zeiten in einem Unternehmen hat dort eine eigene Bezeichnung.[82] Die Weltgesundheitsorganisation (WHO) und die Internationale Arbeitsorganisation (ILO) gaben an, dass im Jahr 2016 745 000 Todesfälle auf Überarbeitung zurückzuführen waren mit einer Stundenarbeitswoche von 55 Stunden oder mehr und dass die Anzahl der tödlichen Herzerkrankungen und Schlaganfälle aufgrund von Überarbeitung zwischen den Jahren 2000 und 2016 gestiegen war. Gerade das Homeoffice mit den verschwimmenden Freizeit- und Erwerbsarbeitszeiten könne die Zunahme der Arbeitsstunden und die Situation noch verstärken.[83] Aber auch jenseits von Homeoffice und von Tod durch Überarbeitung ist die Arbeitswelt, die wir geschaffen haben, ungesund: Wir gehen arbeiten, obwohl wir krank sind, schicken unsere kranken Kinder in den Kindergarten, damit wir arbeiten können,[84] und viele Jobs gehen mit gesundheitlichen Risiken einher, die zu langfristigen Belastungen führen können. Unser

Fokus ist auf Arbeit ausgerichtet: Erwerbs*arbeit*, Care-*Arbeit*. Dabei ist es keine Arbeit, die den Kern unseres Miteinanders ausmacht, sondern Bindung, für die wir Zeit und einander brauchen. Für das, was uns ausmacht als Menschen, haben wir in diesem System zu wenig Raum und Zeit.

Selbst der Umstand, dass wir durch die verschiedenen feministischen Wellen der letzten Jahrhunderte erkämpft haben, dass Frauen nicht mehr per se auf ihre Rolle als Ehefrau und Mutter festgelegt werden und sie theoretisch berufstätig, erfolgreich, alleinerziehend sein können, bleiben wir dennoch in einem patriarchal geprägten System gefangen, das auf Hierarchien, Erfolg und Kapitalismus aufbaut. Allein die Auf- und Abwertung von Arbeit lässt uns innerhalb eines Systems verharren: Das Zuviel sowohl an Care-Arbeit als auch Erwerbsarbeit verursacht Burnout. Steigende Zahlen gibt es sowohl bei Eltern-Burnout als auch im Berufsleben. Unser Arbeitskonzept und unser Wertesystem sind es, die die gravierenden Probleme verursachen. So zeigt eine vergleichende Studie über 42 Länder zum Eltern-Burnout aus dem Jahr 2021, dass die kulturellen Werte in westlichen Ländern Eltern wahrscheinlich unter größeren Stress setzen als in Ländern anderswo.[85]

Wir haben Arbeit in das Zentrum unseres Lebens gestellt, sortieren unser Leben um diese Arbeit herum, bereiten Kinder darauf vor, ihren Platz im Arbeitssystem zu übernehmen. An einigen Stellen wird versucht, Arbeit mit dem emotionalen, verbindenden Anteil von Care zu verknüpfen: Start-up-Unternehmen, die auf Teamzeiten, gemeinsames Essen, einen Yogaraum und ein gutes Arbeitsklima setzen. So wichtig gute Rahmenbedingungen am Arbeitsplatz auch sind, sind sie oft dennoch dafür da, die Arbeitskraft noch weiter zu steigern und eine Verbundenheit mit der Arbeit herzustellen statt mit der eigentlichen sozialen Gruppe und Familie. Unser Bindungsbedürfnis wird ausgenutzt, um uns noch weiter an das System der Erwerbsarbeit zu fesseln, mit dem Nachteil, noch weniger Zeit und emotionale Kraft zu haben für andere Verbindungen und noch mehr in Abhängigkeit der Erwerbsarbeit zu geraten. Dabei müssen wir, weil wir zu wenig Zeit haben neben der Erwerbsarbeit, Care auslagern: auf andere Personen, in Institutionen. Dieses Auslagern hat ggf. Nachteile für die sorgenden Ersatzpersonen, wie wir es anhand der Care-Chains bereits in den Blick genommen haben. Es hat aber auch Nachteile für uns selbst, denn wir werden zunehmend entfremdet von Care in all seinen Facetten: Wer nie ein zahnendes Kleinkind über Nächte in seinem Weh und Nähebedürfnis begleitet hat, weiß nicht, wie es sich anfühlt. Wer nicht die Gefühlsstürme eines Kleinkindes miterleben und aushalten musste, fühlt nicht nach, wie emotional anstrengend diese Tage sind. Wer nie Homeschooling mit einem Schulkind machen musste, weiß nicht, wie nervenaufreibend es sein kann, in eine lehrende Rolle schlüpfen zu müssen, obwohl man Elternteil ist. Wer nie einen kranken Menschen gepflegt hat, weiß nicht, wie nah Liebe und Verzweiflung manchmal beieinanderliegen. Und wer nie Menschen beim Sterben begleitet oder das in der Familie erlebt hat, weiß nicht, wie mit Abschied, Trauer und Verlust umgegangen werden kann, geschweige denn, wie man es Kindern erklärt. Unsere Arbeitswelt mit ihren Folgen hat uns von Care entfremdet, besonders männlich gelesene Personen und Väter. Und diese Entfremdung ist Teil des Problems der geringen Wertschätzung.

Wir kennen das bereits aus dem Bereich der Bindung und Reaktion von Bezugspersonen auf die Signale von Babys: Die «environmental mismatch theory» beschreibt, dass wir in unserer seit der Jäger*in-Sammler*in-Gesellschaft kaum veränderten biologischen Ausstattung nicht an die heutige neokulturelle Umwelt angepasst sind: Das Baby weiß nicht, dass es in dem gesicherten, mit Babyphone überwachten Schlafarrangement gut aufgehoben

85

ist, und fordert deswegen dennoch unsere körperliche Präsenz als Sicherheit ein. Das Teenagerkind ist nicht daran angepasst, um 8 Uhr morgens ausgeschlafen, geistig und körperlich fit im Klassenraum sitzen und lernen zu müssen. Dennoch hat sich ein Wirtschaftssystem ausgebildet, in dem Kinder um diese Zeit in einer außerfamiliären Betreuung sein müssen, um den Eltern ihre Erwerbstätigkeit zu ermöglichen, und gleichzeitig wird durch die Schulpflicht eine Folgegeneration für eben diese Wirtschaft herangezogen. Die «environmental mismatch theory» betrifft aber nicht nur die Rahmenbedingungen für das Begleiten von Babys und Kindern, sondern auch unsere erwachsenen Bedürfnisse. Denn eigentlich wissen wir Erwachsenen zwar, dass unsere Arbeitslast zu groß ist und die Rushhour des Lebens mit all ihren gedachten Aufgaben nicht zu bewältigen, dennoch haben wir eine Umwelt geschaffen, in der wir mit einer Arbeitsumgebung umgehen müssen, die nicht an unsere eigentliche «Werkseinstellung» angepasst ist. Sie folgt einem Hierarchiesystem, das uns beständig unter Stress setzt, sodass uns letztlich zu wenig Zeit bleibt für das «Und», das uns so trägt, wie wir es brauchen.

Unser Blick sollte weniger auf all das gerichtet sein, was wir (mehr) wollen, als auf das, was wir können. Das, was wir wirklich bewerkstelligen können – an Erwerbsarbeit, aber auch an Sorgearbeit. Unsere Tage haben 24 Stunden, in die wir Erwerbsarbeit, das Umsorgen anderer und das Erfüllen eigener Bedürfnisse integrieren sollten. Wir können nichts daran ändern, dass unsere Tage begrenzt sind: Wir haben keine Zeitumkehrer wie Hermine Granger in «Harry Potter». Und gerade als Sorgende sollten wir sie auch nicht haben, weil wir nicht noch mehr emotionale und körperliche Last tragen könnten, selbst wenn wir mehr Zeit dafür hätten. Wir sind begrenzt an Zeit, aber auch an möglicher Belastung. Wir brauchen nicht mehr Zeit, sondern die Anerkennung, dass Füreinander-Sorgen Zeit und Energie kostet. Dass Care oft keine Freizeit ist im Sinne von Erholungszeit, sondern dass wir Zeitfenster brauchen für das Sorgen um andere, das Sorgen für uns selbst und für Erwerbsarbeit. Wir müssen aufhören damit, Arbeiten gegeneinander aufzurechnen, und damit anfangen, uns als System zu sehen mit Abhängigkeiten, gegenseitiger Ergänzbarkeit in dem Sinne, dass wir weder als einzelne Person alles allein können müssen noch müssen sollten, und Endlichkeit: «Kraft ist nicht verhandelbar», sagt meine Freundin und Hebamme Anja Gaca immer zu den Wöchnerinnen, die sie betreut. Diesen Gedanken können wir auf unser gesamtes Leben übertragen. Kraft ist zu keinem Zeitpunkt unseres Lebens verhandelbar, und Überlastung – egal durch welche Art von Arbeit – ist Überlastung. Sie führt zu Stress, und der beeinflusst unser notwendiges «Und» negativ.

Wir müssen unser Denken ändern, unsere Werte, unser Framing von Arbeit, Alltag und Zeit. Um das zu können, müssen wir, nachdem wir nun gesehen haben, dass Sorgearbeit sowohl im bezahlten als auch im unbezahlten Bereich zwischen den Geschlechtern ungleich verteilt ist, in den Blick nehmen, warum das so ist. Und wir müssen verstehen, was das mit Macht und Hierarchien zu tun hat, deren Existenz uns in einem Verbrennungskreislauf menschlicher Ressourcen gefangen hält, in dem gerade Frauen ein Verschleißgegenstand sind.

«Zu all den Gründen, die Menschen haben mögen, um sich Sorgen über die Zukunft unserer Spezies zu machen – einschließlich der üblichen bedrückenden Litanei über die Weiterverbreitung von Kernwaffen, die globale Erwärmung, neue Infektionskrankheiten oder Meteoriteneinschläge –, kann man noch einen weiteren hinzufügen, der die Frage betrifft, zu welcher Art unsere Nachkommen in einigen Jahrtausenden gehören werden. Wenn sich Empathie und wechselseitiges Verstehen nur unter bestimmten Aufzuchtbedingungen entwickeln und wenn ein immer größerer Prozentsatz der Individuen unserer Art diese Bedingungen nicht antrifft, sich aber trotzdem fortpflanzt, spielt es keine Rolle, wie nützlich die Grundlagen der Kooperation in der Vergangenheit waren. Mitgefühl und das Streben nach emotionaler Verbundenheit werden genauso sicher schwinden wie das Sehvermögen bei höhlenwohnenden Fischen.»

SARAH BLAFFER HRDY[1]

TEIL 2

Die Entfremdung des Umsorgens

«Gossip Girl hier. Deine einzig wahre Quelle für das skandalöse Leben der Elite Manhattans. Wer ich bin? Das ist ein Geheimnis, das ich nie preisgeben werde. Du weißt, dass Du mich liebst. Xoxo, GossipGirl» Vielleicht gehörst auch du zu den Zigtausenden Personen, denen dieses Intro aus der Serie «Gossip Girl» rund um das Jahr 2010 bekannt ist. Grob ging es darin darum, dass ein anonymer Blog von jemandem namens «Gossip Girl» Gerüchte und Ereignisse seines Umfeldes bloggte, also Klatsch und Tratsch anonym verbreitete. Letztlich stellte sich heraus, dass hinter dem Blog kein «Girl», sondern eine der männlichen Hauptpersonen stand, die all die Geschichten in Umlauf brachte. Wer hätte das gedacht?

Klatsch und Tratsch schreiben wir für gewöhnlich Mädchen und Frauen zu, wie wir es in Begriffen wie «Zickenkriege» oder «Mommywars» zum Ausdruck bringen: Wir haben das Bild verinnerlicht, Frauen würden sich gegenseitig bekriegen und immer in Konkurrenz zueinander stehen. Gerade am englischen Begriff «Gossip» können wir allerdings nachzeichnen, dass es sich um ein Konstrukt handelt, das mit der Zeit aufgebaut wurde und gezielt das Miteinander von Frauen unterlaufen sollte. Die emeritierte Professorin für politische Philosophie und Women Studies Silvia Federici führt in ihrem Buch «Hexenjagd» dazu aus, dass das Wort «gossip» sich in der ursprünglichen Bedeutung aus «God»

(Gott) und «sibb» (verwandt) bildete, also so etwas wie Patin bedeutete, und im Laufe der Zeit ausgedehnt wurde auf die bei einer Geburt anwesenden Personen und auch Freundinnen: Wir haben es also eigentlich mit einem wunderschönen Wort für die Verbundenheit unter Frauen zu tun. Frauen waren es, die durch ihr Miteinander, ihre Gespräche und mündliche Weitergabe Wissen teilten, eine kollektive Identität schufen durch das Erinnern und Erzählen und so das Gefühl der Zusammengehörigkeit erhielten. Diese Verbundenheit war bis zum 16. Jahrhundert noch stark und stützte Frauen in ihrem Sein und ihrer (Erwerbs-) Tätigkeit. Wie also konnte es dazu kommen, dass ein eigentlich so positives Wort eine so negative Bedeutung bekam? «Die Satire bereitete den Weg für, wie man ohne Übertreibung sagen kann, einen Krieg gegen Frauen, vor allem die der unteren Klassen, was sich in den steigenden Zahlen der Angriffe auf Frauen als ‹zänkische Weiber› und dominante Ehefrauen sowie der Anklagen wegen Hexerei widerspiegelt.»[2] Selbstbestimmte und miteinander verbundene Frauen wurden in satirischen Gedichten und Zeichnungen zunehmend negativ als Herrscherinnen und Unterdrückerinnen ihrer Ehemänner dargestellt. Gossip wurde so mehr und mehr aus seinem positiven Kontext gelöst und zu einer schlechten Eigenschaft stilisiert, die vermieden werden musste. Das ging bis hin zum Einsatz des Folterinstruments «gossip bridle» (Tratsch-Knebel): eine Art Zaumzeug aus Stahl, das am Kopf der Frau angebracht wurde und mit einem etwa 5 cm langen Mundknebel, der mit einer Metallplatte voller Dornen bestückt war, in den Mund hineinreichte und von oben auf die Zunge drückte, sodass ein Sprechen nicht möglich war – buchstäblich wurde so die «Zunge im Zaum» gehalten. Der als Tratsch diffamierte Austausch und die in Verruf geratene Gemeinschaft unter Frauen wurden so unterbunden. Diese «Beifügung einer verunglimpfenden Bedeutung zum Wort für Freundschaft unter

Frauen diente dazu, die weibliche Geselligkeit zu zerstören, die es im Mittelalter gegeben hatte, als die meisten von Frauen ausgeübten Tätigkeiten kollektiver Natur waren und zumindest in den unteren Schichten die Frauen eine engverknüpfte Gemeinschaft bildeten, deren Kraft in der Moderne ihresgleichen sucht».[3]

Diese Veränderung des Miteinanders unter Frauen trägt sich bis heute fort, und «Zickenkriege» sind immer wieder ein beliebtes Bild in Texten, Filmen, Serien. In der feministischen Literatur wird oft darauf hingewiesen, dass das Patriarchat Frauen dazu gebracht hat, sich patriarchale Strukturen zunutze zu machen und sich anzupassen, damit sie selbst innerhalb des Systems eine sichere und bessere Position einnehmen können. Wir sprechen beispielsweise von «Pick me Girls»: Mädchen und Frauen, die männliche Bestätigung suchen, indem sie sagen und zeigen, dass sie nicht wie «typische» Frauen sind, und sie auf diese Weise abwerten. Auch in der Arbeitswelt, gerade in Führungspositionen, ist oft eine Anpassung an einen patriarchalen Habitus festzustellen: Als Elisabeth Schwarzhaupt 1961 als erste Frau in der Bundesrepublik ein Bundesministerium übernahm, erklärte ihr Konrad Adenauer auf ihren Wunsch hin, «Minister*in*» genannt zu werden: «In diesen Kreisen sind auch Sie ein Herr.» Lena Marbacher, Co-Founderin des Wirtschaftsmagazins «Neue Narrative» erklärt daher: «Wenn Organisationsstrukturen Gleichberechtigung ermöglichen sollen, müssen sie mit der patriarchal organisierten Hierarchie der Pyramide brechen. Deshalb reicht es nicht, Frauen, Menschen mit Behinderung, BIPoC oder queere Menschen in Führungspositionen pyramidaler Unternehmen zu bringen. Denn sie stützen dort kraft ihres Ranges dieselbe patriarchale Hierarchiestruktur, unter der sie gesellschaftlich leiden.»[4] Anhand des «gossip bridle» und anderer Vorgehensweisen – gerade in der Zeit der «Hexenverfolgung» – zur Unterbindung des Miteinanders von Frauen wird klar, wie diese Anpassung und

Etablierung patriarchaler Herrschaftssysteme durch Gewalt erfolgte: Entsolidarisierung unter Frauen wurde zum Selbstschutz.

>>Instagram-Nachricht:
«Ich finde, Solidarität unter Frauen kommt immer noch nicht ausreichend vor. Gerade im beruflichen Leben habe ich das Gefühl, dass eher immer noch ‹Wettkämpfe› ausgetragen werden. Trotzdem habe ich auch mega viel Women Support erhalten, aber eben nur von einem Teil der Kolleginnen. Das ist natürlich ein subjektives Empfinden und bezieht sich auf die Arbeit. Und auch hier muss man natürlich beachten, dass ein Teil dazu beiträgt, dass Frauen auf Wettbewerb untereinander setzen, ja gesellschaftlich geprägt ist. Da müssen wir halt dranbleiben und dagegen ankämpfen.»

Wir wurden dem Miteinander Stück für Stück entfremdet. Am Beispiel des Wortes «gossip» ist dies besonders eindrücklich für das Miteinander unter Frauen zu sehen. Doch Verbindung und Miteinander sind ein in uns angelegtes Bedürfnis, das bis hinein in unsere biologischen Wurzeln reicht. Nicht nur, dass wir das Umsorgen, Herstellen und Aufrechterhalten von Bindung besonders in die Hände von Mädchen und Frauen gelegt haben – die Entfremdung vom Miteinander hat diese Aufgabe heute außerdem zu einer individuellen Aufgabe gemacht. Wir sehnen uns aber nach «dem Dorf», nach Unterstützung, Austausch, gegenseitiger Hilfe, während wir uns alle kümmern – jede*r für sich. Wenn wir abends durch die Straßen einer großen Stadt gehen, können wir uns fragen, wie viele Mütter gerade hinter den erleuchteten Fenstern allein, erschöpft und müde ihre Babys und Kleinkinder füttern, sie baden und wickeln, ihnen Gute-Nacht-Geschichten erzählen, bei ihnen im oder am Bett bleiben, bis sie eingeschlafen sind. In jeder Wohnung für sich. Einsam, sich nach Verbindung und Unterstützung sehnend, aber dennoch in der Einsamkeit gefangen, weil wir gelernt haben, dass es so sein muss, dass Familie eben so aussieht. Und wir können uns fragen, wie viele Männer gerade vereinzelt ihre Sorgen tragen in diesen Wohnungen und sich eigentlich gerne an eine andere Schulter anlehnen, vielleicht weinen und getröstet werden würden, aber dennoch allein sitzen und «die Sache mit sich ausmachen», weil auch sie gelernt haben, dass das so richtig wäre als Mann. Wie viele Kinder liegen hinter diesen Fenstern in Betten, haben sich die Bettdecke bis zur Nase gezogen und horchen ängstlich in die Nacht, ob da nicht doch ein Monster lauert, und wollen eigentlich zu Mama oder Papa ins Bett schlüpfen, aber sollen doch jetzt endlich lernen, allein einzuschlafen.

So wie es entscheidende Einflüsse auf das Miteinander unter Frauen gab, gab es auch allgemeine Einflüsse, die sich auf das Umsorgen ausgewirkt und dazu geführt haben, dass es eine zunehmende Aufteilung des Umsorgens innerhalb des binären Geschlechtersystems gab. Gleichermaßen wurde ein Teil des Umsorgens entfremdet, das Umsorgen aus unserem Alltag entfernt. Und für jene Personen, die Care-Arbeit verrichten, wurde die Sorgearbeit zu einer persönlichen, individuellen Aufgabe statt einer Gemeinschaftätigkeit. Gleichzeitig werden jene, die in diesen Strukturen aufwachsen, selbst in der Entwicklung ihres Gemeinschaftssinns beeinträchtigt.

Vom Miteinander zum Gegeneinander

Viele von uns verspüren den Wunsch nach einem Miteinander, das uns gegenseitig trägt. Wir träumen «vom Dorf», in dem wir uns alle gegenseitig unterstützen. Es erscheint uns utopisch, dass es das geben könnte. Schließlich haben viele von uns negative Erfahrungen im Miteinander gemacht – nicht nur in Bezug auf Solidarität unter Frauen, sondern generell in Bezug auf Solidarität, Unterstützung und Miteinander. Die Erfahrungen in der Corona-Pandemie, gerade als Elternteil, haben das gelegentlich noch verstärkt. Wir haben das Vertrauen in die Politik zu großen Stücken verloren, aber auch ein wenig in das Miteinander, weil es durch die Krise in vielen Familien und Freundschaften an den ein oder anderen Stellen Zerwürfnisse gab.

Es sind aber nicht nur die negativen persönlichen Erfahrungen, die wir machen, sondern auch die Geschichten, die uns prägen und die gleichsam Einfluss nehmen auf unser Handeln und das Handeln anderer. Wir (und unsere Kinder) wachsen in einer Welt auf, in der Wettbewerb und Konkurrenz seit vielen Generationen betont wird: «Nur die Harten kommen in den Garten», «Der Mensch ist dem Menschen ein Wolf», «Die Hölle, das sind die anderen». Wir bekommen noch immer vermittelt, dass Menschen von Natur aus egoistisch, aggressiv und unkooperativ wären. Frans de Waal, Professor für Psychobiologie und Direktor des Living Links Center, eines Zentrums zur Erforschung der Evolution von Menschenaffen und Menschen, beschreibt diese in uns verankerte Denkweise als «Fassadentheorie»:[5] Ihr gemäß hätten Menschen eine dünne moralische Fassade, die durch Kultur und Zivilisation entstanden sei und den eigentlichen egoistischen und destruktiven Kern überdecke, der jedoch in Krisensituationen und unter Druck aufbrechen und die Oberhand gewinnen würde.

Denken wir einen Moment darüber nach: Wie sieht das Menschenbild aus, das du in dir trägst? Gehst du davon aus, dass Menschen im Grunde gut sind, kooperativ, unterstützend? Oder nagt vielleicht ein Zweifel an dir, der dich zur Vorsicht mahnt? Im ersten Teil des Buches haben wir bereits gesehen, dass unsere biologische Voreinstellung auf das Miteinander und Unterstützung ausgerichtet ist. Dennoch scheint dies in unserer alltäglichen Praxis anders zu sein. Wie kann das sein? Was prägt unsere Gedanken, Vorstellungen, unser Handeln dahingehend, dass wir von diesem inneren Bedürfnis abweichen? Was überlagert dieses in uns angelegte Miteinander – und warum?

Die alltägliche Vorführung des schlechten Menschen

Im Jahr 2001 konnte man in deutschen Kinos Moritz Bleibtreu in «Das Experiment» dabei zugesehen, wie er als «Tarek» an einem Versuch teilnimmt, bei dem Menschen per Zufall in Gefangene und Wärter eingeteilt werden und die Situation innerhalb weniger Tage eskaliert bis hin zum Mord. Der ursprüngliche Untertitel «beruht auf einer wahren Begebenheit» wurde später nach einer Klage entfernt, da der Film zwar das Stanford-Prison-Experiment von 1971 zum Vorbild hatte, aber wesentlich darüber hinausging – weder Mord noch sexuelle Gewalt kamen im realen Experiment vor. Und selbst das amerikanische Versuchsvorbild wird in der Wissenschaft schon seit Jahrzehnten in Hinblick auf die Methodik und Aussagekraft kritisiert, da die Forschenden in den Versuch eingegriffen haben und die Wärter über das gewünschte Ziel des Experiments informiert gewesen sein sollen. Diese methodischen Mängel lassen es zu, das Ergebnis in Zweifel zu ziehen. Ähnlich verhält es sich auch mit einer anderen so vielen Menschen bekannten Geschichte: «Der Herr der Fliegen». Hier stürzt ein mit einer Gruppe sechs- bis zwölfjähriger Jungen besetztes Flugzeug ab, die dann auf einer Südseeinsel allein überleben müssen und dabei zunehmend in einen gewalttätigen Konflikt miteinander geraten. Die Geschichte des britischen Lehrers und Autors William Golding um die im Menschen angeblich schon als Kind manifestierte Gewaltbereitschaft war nicht nur als eigenständiges Buch, das in mehr als 30 Sprachen übersetzt wurde, und als Verfilmung ein Erfolg, sondern wurde auch zum Vorbild für Serien wie «The Tribe» oder «Lost». Der Autor selbst erhielt 1983 den Nobelpreis «für seine Romane, die mit der Anschaulichkeit realistischer Erzählkunst und der vieldeutigen Allgemeingültigkeit des Mythos menschliche Bedingungen in der heutigen Welt beleuchten».[6] Eine reale Situation, ähnlich der, wie Golding sie sich ausgedacht hatte, zeigt jedoch, dass die Geschichte um den «Herr der Fliegen» wahrscheinlich viel weniger Allgemeingültigkeit hat, als wir denken: Der Autor und Journalist Rutger Bregman hat sich auf die Suche begeben nach der Antwort auf die Frage, wie sich Kinder in einer solchen Situation *wirklich* verhalten würden, und ist dabei auf eine entsprechende, tatsächlich passierte Geschichte gestoßen: 1965 strandeten sechs Jungen auf der kleinen, unbewohnten Insel 'Ata im Süden des Tonga-Archipels. Erst nach über 15 Monaten wurden sie dort gefunden und gerettet. In dieser Zeit hatten sie sich nicht bekriegt und entzweit, sondern einen Gemüsegarten angelegt, Hühnerställe gebaut, dafür gesorgt, dass das Feuer nicht erlischt, Versorgungsdienste eingerichtet und jeden Tag mit Singen und Gebeten begonnen und beendet.[7] Doch es ist nicht diese Geschichte, die erzählt wird, wenn es darum geht, wie Menschen im Grunde sind. Denn die anderen Erzählungen, über Jahrzehnte kultiviert, haben sich uns eingeprägt: Menschen seien grundsätzlich schlecht, und das zeige sich schon im Kindesalter. Auch die noch immer in der Ratgeberliteratur kultivierte Angst vor den «Tyrannenkindern» steht unter anderem in der Tradition dieses Denkens und der Fehlannahmen um unser Menschenbild. Es braucht nur einen kleinen Tropfen, der das Fass zum Überlaufen bringt, und Menschen zeigen das wirklich Böse in ihnen, werden zum Tier, jenseits aller Kultur.

Die Fassadentheorie ist tief in uns eingepflegt worden. Wir begegnen ihr in modernen Geschichten und Serien, die sich selbst wiederum aus älteren Geschichten speisen und auf Theorien fußen, die vor langer Zeit aufgestellt und immer wieder rezipiert wurden. Selbst im Geschichtsunterricht in den Schulen finden wir die Fassadentheorie indirekt wieder im Lernstoff, wenn die Chronologie der Geschichte anhand der negativen Etappen von Kriegen und Krisen erlernt wird, während beispielsweise der Blick nicht auf die positive Entwicklung der Menschheit fokussiert wird: Welche friedlichen Gesellschaften gab es im Laufe der Zeit, und wie erfolgte die Organisation friedlichen Zusammenlebens jenseits von Hierarchien? Es gibt für all dies und darüber hinaus Beispiele, aber wir richten den Blick nur auf die Destruktivität der Menschheit. Dabei ist für die positive Entwicklung und die Schaffung eines Bewusstseins, wie es anders gemacht werden kann, ein Blick auf erfolgreiche andere Entwicklungen hilfreich, auch wenn zweifellos gerade in der deutschen Geschichte ein kritischer Umgang mit der Vergangenheit wichtig ist.

Schauen wir beispielsweise auf Charles Darwin, so haben wir in der Schule gelernt, dass er einer der größten Forscher des 19. Jahrhunderts war, der die Abstammungslehre formulierte und sie durch seine Thesen des «struggle for life» und «survival of the fittest» erweiterte. Kind seiner Zeit der Industrialisierung, des Bevölkerungszuwachses und des Elends, hat Darwin seine Theorie auch auf den Kampf «menschlicher Rassen» angewandt. Dieses Gedankengut wurde im Deutschland der Jahrhundertwende ehrgeizig aufgegriffen und etwa von Ernst Haeckel weiter vorangetrieben. Seine Theorien und Überlegungen stützten zusammen mit denen weiterer Wissenschaftler der «Deutschen Gesellschaft für Rassenhygiene» später das rassische und völkische Gedankengut der Nationalsozialisten. In der Medizin führte das zur Konzentration darauf, welche Menschen ein Recht auf Leben haben sollten und welche nicht, ein Gedankengut, das die Euthanasie und Auslöschung «minderwertiger Rassen» begründete, wie sie die Nationalsozialisten praktizierten. Man betrachtete Krieg außerdem als notwendig, um eine starke Bevölkerung zu gewährleisten.[8] Der Grundgedanke des «Rechts des Stärkeren», des Wettstreits und der Abhärtung zum allgemeinen Vorteil blieben auch nach dem Ende des Zweiten Weltkrieges in uns verankert. Was vielen Menschen aus dem Schulwissen über Darwins Theorien im Kopf geblieben ist, sind «der Kampf um das Dasein» und das «Überleben der Geeignetsten», also eine Fokussierung darauf, dass es in der Evolution nicht um das Miteinander, sondern das Gegeneinander geht. Wir finden diese Denkweise bei Weitem nicht nur in rechtem Gedankengut und rechter Propaganda, sondern subtil in Erziehungsratschlägen, wie Kinder so begleitet werden können, dass sie durchsetzungsfähiger und stärker sind. Wir finden sie in Debatten um Früherkennung und Präimplantationsdiagnostik und in Aussagen zum chemischen, technologischen oder genetischen Körpertuning, aber auch in unserer gesamten Selbstoptimierungskultur: schneller, besser, schöner, kräftiger, weiter als Vorteil gegenüber anderen. Stillstand erscheint uns auf vielen Ebenen als falsch und muss vermieden werden. Wir sind immer ungeduldig voranschreitend, FOMO (Fear of missing out) ist der beständige Begleiter unseres Lebens. Wenn wir allerdings einen Moment innehalten würden, könnten wir uns die Frage stellen: Ist Evolution auf ein Ziel ausgerichtet? Denn so verhalten wir uns mit unserer Selbstoptimierungskultur – als würden wir uns auf ein bestimmtes Ziel hin optimieren. Dabei ist das, was optimal ist, abhängig von den jeweiligen Rahmenbedingungen, und diese ändern sich über die Zeit und mit ihnen auch das, was die beste Anpassung sein könnte. Und mehr noch: Hätten wir als Menschheit andere Wege eingeschlagen, würden wir vielleicht heute an einem ganz anderen Punkt stehen.

Wir laufen nicht auf ein bestimmtes Ziel zu, und es ist nicht der beständige Kampf, der uns voranbringt. Selbst für die Pflanzenwelt beschreibt der Förster und Autor Peter Wohlleben in seinem Buch «Das geheime Leben der Bäume» die Kooperation in der Flora. Wir Menschen sind umso mehr soziale Wesen.

Darwin und die Anhänger seiner Theorie waren keineswegs die Einzigen, die das Handeln und die Entwicklung des Menschen falsch interpretierten. Nach und nach setzt sich durch moderne Forschung ein ganz anderes Bild unserer Geschichte zusammen. In ihrem umfassenden Buch «Anfänge» zeigen David Graeber und David Wengrow auf, dass «das vorherrschende ‹große Bild› der Geschichte, das von den modernen Anhängern von Hobbes und Rousseau gleichermaßen geteilt wird, so gut wie nichts mit den Fakten zu tun hat. [...] Heutzutage wird diese Erläuterungsgeschichte meist eingesetzt, um uns davon zu überzeugen, das System, unter dem wir leben, sei zwar ungerecht, wir könnten aber realistischerweise nicht mehr als ein wenig und recht bescheiden daran herumbasteln.»[9] Wir hängen also einer Geschichtsbetrachtung und damit tief verinnerlichten Glaubenssätzen an, die nicht nur nicht wahr sind, sondern uns auch nicht guttun und Fortschritt und Veränderung behindern.

Wie Sorge mit Gewalt verbunden wurde

Es gab und gibt Kulturen, in denen das Geschlecht nicht bedeutsam für die Rollenzuordnung ist bzw. die in anderen Rollenaufteilungen leben, als wir es tun. Die Soziologieprofessorin Oyèrónkẹ́ Oyěwùmí beschreibt beispielsweise, dass vor der Kolonisierung der Yoruba durch Europäer*innen die Kategorie «Frau» nicht existierte und die soziale Hierarchie durch das Alter bestimmt war.[10] Die Aufteilung in ein binäres System ist nicht natürlich, sondern ein Konstrukt (wir werden uns weiter unten noch mehr damit beschäftigen, was Aufteilungen in unterschiedliche Gruppen mit uns machen). Aus vielen anthropologischen Forschungen geht hervor, dass es lange Zeit nach dem Beginn der Menschheit egalitärere Strukturen gab. Und es gab und gibt Kulturen, in denen Gewalt gegen Kinder nicht stattfindet und die eine Art gefunden haben, innerhalb ihrer Gruppe ohne Gewalt miteinander zu leben. (Auch das werden wir an anderer Stelle noch genauer betrachten.)

Im Sinne unserer Beschäftigung mit der Entfremdung des Umsorgens müssen wir einen Blick auf den Zusammenhang zwischen dem Patriarchat, Care und Gewalt werfen. Wann genau das Patriarchat seine Anfänge nahm, ist nicht exakt festzulegen, und es gibt verschiedene Theorien dazu. Aktuell wird davon ausgegangen, dass externe Gewalt und der familiäre Stellungswandel der Frau eng zusammenhängen. Die Grundlage unserer Rechtsordnung liegt bereits im Römischen Reich, und ihre sozialen Strukturen prägen unser Leben bis heute. Bereits hier hatte der pater familias die Verfügungsgewalt über das Leben von Frau, Kindern und Sklav*innen. Die Einbindung der Sklav*innen in die Familie manifestiert sich in der ähnlichen Herkunft der Worte *familia* für Familie, *famulus* für Haussklave. Sklav*innen waren für jegliche fürsorgende Tätigkeiten zuständig, auch die Erziehung der Kinder, da die Frauen in Haushalten mit Sklav*innen sich davon mit der Zeit distanzierten. Hatten Familien keine Sklav*innen, waren die Ehefrauen hierfür weiter zuständig. Sklav*innen waren auch für die Bildung der Kinder zuständig, viele arbeiteten als Elementarschullehrer*innen, ohne dafür aber gesellschaftliches Ansehen zu genießen. Für die Erziehung der Kinder durfte vonseiten der Sklav*innen Gewalt angewendet werden, obwohl sie eigentlich einen wesentlich niedrigeren Rang hatten als die Kinder. Gleichzeitig waren die Sklav*innen der Besitz des Hausherrn, der das Recht hatte, sie zu foltern, zu vergewaltigen, zu verstümmeln und zu töten. Laut der Anthropologen Graeber und Wengrow ist das Römische Reich der Zeitpunkt, an dem als Konsequenz dessen, dass es willkürlich zu ersetzende dienstbare Menschen gab, die in Krieg und Sklaverei als Eigentum verwendet wurden, das Potenzial für willkürliche Gewalt «in die intimste Sphäre sozialer Beziehungen [eindrang] – auch in die Beziehungen der Fürsorge, die das häusliche Leben überhaupt ursprünglich ermöglichen».[11] Rom trieb, so erklären sie weiter, die Verflechtung von Gewalt und Fürsorge zu einem neuen Extrem, das uns bis heute in den sozialen Strukturen prägt. Die patriarchale Familie des erfolgreichen, machtvollen Römischen Reiches diente fortan als Vorlage für die absolute Macht der Könige, wie auch umgekehrt die Herrschaftspraxis des Königs die Vorlage für das Familiensystem wurde, wie König Jakob I. von England 1598 erklärte: «Wie der Zorn und die Zurechtweisung des Vaters gegen jedes seiner Kinder, das sich vergeht, eine väterliche, durch Mitleid gemilderte Züchtigung sein soll, solange noch irgendeine Hoffnung auf Besserung bei ihnen besteht, so soll auch der König gegen jeden seiner Untertanen, der sich vergeht, auf diese Weise handeln.»[12] Hier finden wir den Grundgedanken eines furchtbaren, auf Macht und Herrschaft aufbauenden Glaubenssatzes: Wir müssen Gewalt aus Liebe anwenden. Bis heute hat diese Überzeugung in der westlichen Kultur bei der Erziehung von Kindern, aber auch in Paarbeziehungen Gültigkeit. Wie viele denken, Kinder könnten nur durch eine strenge Hand erzogen werden, weil sie im Grunde schlecht wären und erst durch Erziehung und, wenn nötig, Gewalt zu anständigen Menschen gemacht würden? Wie viele nehmen an, ihnen damit einen Gefallen zu tun, sie fürs Leben zu stärken? Die so aufgewachsenen Menschen verinnerlichen, dass Liebe und Gewalt zusammenhängen und tragen dies auch in Partnerschaften fort: Sie ertragen oder praktizieren emotionale oder psychische Gewalt in dem Glauben, so würde Liebe aussehen, weil es das Konzept von Liebe ist, das sie erlernt haben.

Die verstorbene Literaturwissenschaftlerin und intersektionale Feministin bell hooks schreibt dazu: «Vielen Menschen fällt es schwer, eine Definition von Liebe zu akzeptieren, die besagt, dass in einem Kontext, in dem es zu Misshandlungen kommt, keine Liebe möglich ist.»[13] Innerhalb einer heteronormativen Paarbeziehung sind – auch hier weiterhin ganz im Sinne der patriarchalen Struktur – die Fürsorgeaufgaben und das Empfangen von Liebe ebenfalls ungleich angelegt: Nicht nur, dass Frauen wesentlich öfter Opfer von Partnerschaftsgewalt sind – auch hier oft im Namen der Liebe, wenn beispielsweise gewaltvolle Eifersucht als Zeichen von Liebe deklariert wird –, sind sie auch jene, die sich mehr um das Wohlergehen der Beziehung kümmern und mehr Sorge für Mitglieder der Familie tragen, wie wir bereits gesehen haben.

Auch an dem oben beschriebenen «gossip bridle» sehen wir, wie furchtbare Gewalt innerhalb einer Paarbeziehung zu erzieherischen Maßnahmen angewendet wurde. In den folgenden Jahrhunderten der systematischen Verfolgung und Ermordung von Frauen ging es nicht darum, einfach irgendwelche esoterischen Kräuterfrauen hinzurichten. Es ging um die Durchsetzung patriarchaler Gewalt und die Sicherungen der Machtverhältnisse. Die schon erwähnte Silvia Federici fasst in ihrem Buch «Hexenjagd» Indizien zusammen, die darauf hinweisen, dass in England ein Zusammenhang zwischen der Verfolgung von Frauen, Armut bzw. wirtschaftlichen Veränderungen und Landeinhegungen bestand: Es kam zu einer Privatisierung von Landflächen, bei denen Landbesitzer*innen und wohlhabende Bäuerinnen und Bauern Land umzäunten und die bisher dort lebenden, armen Menschen vertrieben. Gerade ältere Frauen verloren so ihre Lebensgrundlage. Jene Frauen, die illegal für ihr Überleben sorgten, aber auch jene, die sich widersetzten, vielleicht sogar andere verfluchten, wurden verfolgt. Ganz besonders aber wurden Frauen verfolgt, die dem neuen christlichen, keuschen und sittsamen Frauenbild widersprachen. «Mit der Hexe bestraften die Machthaber*innen gleichzeitig den Angriff auf das Privateigentum, sozialen Ungehorsam, die Verbreitung des Magieglaubens, der die Existenz einer Macht voraussetzte, die sie nicht kontrollieren konnten, sowie die Abweichung von der Norm, nach der nun das Sexualverhalten und die Fortpflanzung unter staatlicher Kontrolle standen.»[14] Auch die Unterbindung der sozialen Kontakte von Frauen muss unter wirtschaftlichen Interessen betrachtet werden, bedeutete eine Abschirmung aus der Geselligkeit doch mehr Arbeitszeit und stärkere Arbeitsdisziplin. Die Zahlen zur Hexenverfolgung unterscheiden sich stark. Es wird davon ausgegangen, dass zwischen 1450 und 1750 in West- und Mitteleuropa etwa 100 000 Menschen, davon 80 000 Frauen hingerichtet wurden.[15] Allein zwischen 1587 und 1593 wurden rund um Trier 368 Frauen hingerichtet, ganze weibliche Linien ausgelöscht, und in zwei Ortschaften blieb nur eine einzige Frau am Leben.[16]

Die Hexenverfolgungen waren eine Frage der Macht und ein Mittel, das ein ohnehin schon bestehendes patriarchales System noch weiter stützte und Gewaltausübung als Schutz und vermeintliche Fürsorge zum Wohlergehen des Volkes und Staates zelebrierte.

Im Grunde gut, aber trotzdem zu Schlechtem fähig

Wenn wir aber im Grunde gut sind, wie konnte etwas wie die Hexenverfolgung mit ihren furchtbaren Foltermethoden über Jahrhunderte stattfinden? Wie konnte es zu Verbrechen wie der Shoa kommen, dem Holodomor, den Geneziden an Angehörigen des Tutsivolkes in Ruanda, der Herero in Namibia, den Armeniern, den Verbrechen gegen die indigenen Nationen in Amerika und vielen anderen? Wie kann das sein, wenn doch das Gute in uns angelegt ist, das Miteinander? Es mag uns sogar unethisch erscheinen, im Angesicht dieser furchtbaren Ereignisse davon zu sprechen, Menschen seien im Grunde gut. Die Antwort ist so schlicht, dass sie möglicherweise unbefriedigend wirkt. Wir sind im Grunde gut, aber wir können Schlechtes tun. Und wir können nicht nur: Wir haben es getan im Laufe der Menschheitsgeschichte und tun es aktuell und werden es auch wahrscheinlich in Zukunft tun. Aber zweifellos stehen den furchtbaren Gräueltaten der Menschheitsgeschichte positive Geschichten des Miteinanders gegenüber. Hier brauchen wir beim Suchen nach Antworten Ambiguitätstoleranz: die Fähigkeit, «Vieldeutigkeit und Unsicherheit zur Kenntnis zu nehmen und ertragen zu können».[17]

Antworten darauf, wie es zu den großen Gräueln unserer Menschheitsgeschichte kommen konnte, finden wir in der neurobiologischen Forschung. Der Biologe und Professor für Verhaltensphysiologie und Entwicklungsneurobiologie Gerhard Roth erklärt, was uns Menschen Böses tun lässt: Die Tendenz zu einem moralisch unerwünschten Verhalten erwachse aus dem Zusammenwirken von anlagebedingten und umweltbedingten Faktoren, also Temperament und Sozialisation. Oft gebe es im Temperament eine bestimmte Prädisposition, die durch ungünstige Umweltbedingungen dazu führe, dass der Mensch etwas Schlimmes tue, manchmal seien es aber auch insbesondere die Umweltbedingungen, die jemanden auf die schiefe Bahn kommen ließen.[18] Wichtig daran ist, besonders für unsere weiteren Betrachtungen, dass ein sogenanntes «problematisches» Temperament teilweise kompensiert werden kann – in der Kindheit. Kindheitserfahrungen und das richtige Umsorgtwerden in der Kindheit sind enorm wichtig für unser Sozialverhalten – das gilt für alle, besonders aber dann, wenn ein Kind ein sogenanntes «problematisches» Temperament mit ins Leben bringt. Diesen Sachverhalt bestätigt auch die Neurobiologin Dr. Nicole Strüber.

Sie führt dazu beispielsweise aus, dass ein Gen für die Bindungsstelle des Dopamins in verschiedenen Varianten vorliegen kann, was die Wirksamkeit dieses Botenstoffs, der für Motivation und Antriebssteigerung zuständig ist, beeinflusst: «Kinder mit der 7R-Variante haben im Alter von vier Jahren mehr Probleme mit aggressivem Verhalten als andere Kinder und fallen durch ein 10-fach höheres Risiko auf, eine problematische Form von Bindungsbeziehung mit der Mutter zu entwickeln.»[19] Damit ein solches Kind dennoch eine sichere Bindungsbeziehung und ein gutes Selbstbild verinnerlichen kann, ist es auf besondere Unterstützung im Umgang mit Aggression angewiesen, und begleitende Bezugspersonen brauchen viel Energie und ebenfalls Unterstützung, damit diesem Kind in der Art beigestanden werden kann, wie es das braucht, um einen guten und sozial verträglichen Umgang mit dem eigenen Wesen zu erlernen.

Es gibt Einflussfaktoren auf Menschen, die das Gute, die «Menschlichkeit», das Miteinander ausheblen und sie dazu verleiten, gegen die in uns angelegte Kooperation und das Miteinander zu arbeiten. In einem Krieg gibt es sicherlich einige Menschen, bei denen die oben genannten Faktoren von Anlage und Umwelt zusammenkommen. Roth schreibt beispielsweise über Hitler und Stalin in Zusammenhang mit einer «antisozialen Persönlichkeitsstörung mit psychopathischen Zügen». Aber wie kann es sein, dass so viele Menschen einen Krieg führen, darin morden und vergewaltigen, und ein verbrecherisches Regime unterstützen? Die Frage ist nicht abschließend geklärt. Auch hier mag Erziehung hineinspielen, aber auch die Aussicht auf nachhaltigen Machtgewinn, finanzielle Gewinne in Zusammenhang mit einer schnellen Gewöhnung an Verrohung. Rutger Bregman führt hier beispielsweise an, dass viele der furchtbaren Gräueltaten aus der Distanz angeordnet wurden. Wer den Krieg anordne, sei meist eine andere Person als die, die ihn ausführe.

Das schon erwähnte Oxytocin, das für den Beziehungsaufbau und Verbindungen zuständig ist, wirke bei uns nahestehenden Menschen, so Bregman. Wir würden mitfühlen mit jenen, die wir kennen, die zu unserer sozialen Gruppe gehören. Darüber hinaus werde es schwierig. Und mehr noch: «Wir setzen unsere Lieben ins rechte Licht und werden blind für die Perspektive unserer Gegner, die außerhalb unseres Blickfeldes stehen. [...] Empathie und Fremdenfeindlichkeit sind zwei Seiten derselben Medaille.» Soldaten, so belegt Bregman anhand verschiedener Quellen wie der Studien des Militärsoziologen Morris Janowitz, hielten im Krieg den Krieg aufrecht aufgrund von Kameradschaft,[20] ebenso wie terroristische Vereinigungen und Attentäter oft ein «Bund von Brüdern» seien. Das bietet uns keine Entschuldigung für Verbrechen, bringt uns aber der Klärung des menschlichen Antriebs näher. Krieg und Völkermord sind letztlich nicht – wie wir durch die Fassadentheorie vermittelt bekommen – ein Teil oder Bestreben des Menschen. Die Anthropologen Graeber und Wengrow halten fest: «Es gibt keinen realen Grund zu der Annahme, Krieg habe schon immer existiert. [...] Die Ermordung ganzer Bevölkerungsgruppen [...] [ist] keineswegs ursprünglich, und wir sollten nicht annehmen, sie wäre [...] in irgendeinem Sinn ein fester Bestandteil der menschlichen Psyche.»[21]

Wir müssen zugestehen und aushalten: Auch wenn wir sozial angelegte Wesen sind, sind nahezu alle Menschen dazu fähig, Schlimmes zu tun, wenn Druck und/oder Motivation groß genug sind. Wir sind als Menschen komplex. Wir sind nicht «nur gut» und auch nicht «nur böse». Unsere Grundeinstellung ist auf das Soziale und das Miteinander ausgerichtet, aber sie ist störanfällig. Und gerade deswegen ist es so wichtig, dass wir uns die Lebensbedingungen ansehen, die beeinflussen, in welche Richtung wir tendieren. Dabei rücken ganz besonders Erziehung und Kindheit in den Fokus.

Die Entdeckung der Kindheit und ihre Folgen für das Miteinander

«Ich komme aus meiner Kindheit wie aus einem Land», erklärt der schon erwähnte Autor des «Kleinen Prinzen» Antoine de Saint-Exupéry. Kindheit prägt uns und unseren Blick auf Gemeinschaft und auf das Miteinander. Wir wachsen in Abhängigkeit zu anderen Menschen auf und entwickeln in der Kindheit innere Bilder über uns und die Vorstellungen unseres Platzes in der Gesellschaft. Viele Fragen, die wir uns als Erwachsene zu Beziehungen und Gemeinschaft stellen, gehen zurück auf unsere Kindheitserfahrungen: Fragen zum Umgang miteinander, mit unseren Kindern, mit unseren älter werdenden Eltern.

Aber was ist Kindheit, und was macht diese Zeit zu einem so prägenden Abschnitt unseres Lebens? Je nachdem, welches Alter wir betrachten, wird die Antwort auf diese Frage anders ausfallen. Dass wir überhaupt von Kindheit als einer Phase im Leben des Menschen sprechen, die sich auf das weitere Leben auswirkt und wichtige Grundlagen für das weitere (Er)leben bildet, ist in Anbetracht der Menschheitsgeschichte noch nicht lange so: 1762 erschien das reformpädagogische Hauptwerk Jean-Jacques Rousseaus «Émile oder Über die Erziehung», das Kindheit als eigenständige und bedeutsame Lebensphase eines Menschen anerkannte und nach der Französischen Revolution einen wichtigen Einfluss nahm darauf, wie Kindheit betrachtet wurde. Die Geschichte der Kindheit war, wie der Sozialwissenschaftler Lloyd deMause in seinem Sammelband «Hört ihr die Kinder weinen? Eine psychogenetische Geschichte der Kindheit» zusammenträgt, über viele Jahrhunderte ein wirklich dunkles Kapitel voller Gewalt, Arbeit, Anpassung und Formung. Und selbst heute ist das, was wir als Kindheit beschreiben, höchst unterschiedlich: Eine Kindheit heute im Jemen ist eine andere als beispielsweise in München-Neuhausen-Nymphenburg. Kindheit war und bleibt ein Konstrukt, das Umwelteinflüssen, Kultur und Gesellschaft unterliegt. Kindheit ist, so wie wir sie heute betrachten, die Zeitspanne von der Geburt bis zur Pubertät. Das sagt aber noch nichts über den Inhalt aus. Was wir mit «Kindheit» verbinden, sind die Erfahrungen, die wir in dieser Zeitspanne gemacht haben bzw. jene Erfahrungen, die heutige Kinder in unserem Wahrnehmungsbereich machen.

Wenn wir uns damit beschäftigen wollen, was Kindheit ausmacht und wie in ihr unsere inneren Bilder und unser Verständnis von Gemeinschaft geprägt werden, müssen wir weniger danach fragen, was *Kindheit ist,* sondern vielmehr danach, was *Kinder* für ein gesundes Aufwachsen *brauchen.* Wir müssen uns von dem Gedanken lösen, dass das, was wir selbst erfahren haben oder heute in unserer Gesellschaft als Status quo wahrnehmen, die richtige Antwort ist, einfach nur, weil es eben die uns bekannte Antwort ist. Wir müssen uns lösen von allem «Hat mir ja auch nicht geschadet» oder «Das war eben schon immer so» und noch einmal wirklich neu und möglichst frei darauf blicken, was Kinder von sich aus eigentlich brauchen – und vielleicht auch darauf, was wir eigentlich gebraucht hätten. Möglicherweise finden wir dann heraus, dass wir Antworten darauf gefunden haben, was *wir* als Kindheit definieren, diese Antworten aber vielleicht gar nicht das sind, was Kinder wirklich benötigen, sondern vielmehr unserer erwachsenen Vorstellung eines Konzepts von Kindheit entsprechen. Sie sind eine Theorie, eine Idee, ein pädagogischer Ansatz, die unter gesellschaftlichen und wirtschaftlichen Einflüssen und pädagogischen Strömungen entstanden sind. Es sind Antworten, die damit immer in Zusammenhang stehen.

Wie Familie zur Insel wurde

Sosehr es richtig und wichtig war, dass wir die Kindheit als elementaren Bereich der menschlichen Entwicklung erkannt haben, dass es eine UN-Kinderrechtskonvention gibt, die weltweit ein gutes Aufwachsen von Kindern ermöglichen soll, und wir heute wissen und versuchen durchzusetzen, dass Kinder ohne physische und psychische Gewalt aufwachsen sollen, haben wir bei all diesen Betrachtungen dennoch einen Fehler gemacht, der Eltern an vielen Orten der Welt auf die Füße fällt. Deutsche, französische, amerikanische Eltern sitzen zu Hause und fragen sich: Warum spielt mein Kind nicht allein? Wie kann und soll ich mit meinem Kind spielen? Muss ich überhaupt mit meinem Kind spielen, auch wenn ich eigentlich keine Freude daran habe oder es nicht schaffe, die Weltsicht eines 4-jährigen Kindes mental zu übernehmen? Was mache ich den ganzen Tag mit meinem Kind? Wie schaffe ich all das, was ich zu erledigen habe, und dazu, mir auch noch Quality time mit meinem Kind zu nehmen? Wie geht das in eins? Warum bin ich eigentlich so unendlich erschöpft von Care, wo uns doch immer gesagt wird, wie wunderbar das Leben mit Kindern ist? Wir loben oder drohen, damit das Kind dieses tut oder jenes auf keinen Fall, und beides funktioniert oft nicht so richtig, warum nur? Die Antwort auf all diese Fragen läuft zusammen in einem Aspekt: Im Zuge des Erkennens der Bedeutung der Kindheit haben wir Kindheit zu einer Insel gemacht, herausgelöst aus dem Alltagsleben, aufgeladen mit Förderung, Erlebnis-Inseln und Behandlung statt Miteinander. Und dass wir dieses Miteinander aus der Kindheit verdrängt haben, wirkt sich gleichermaßen auf Elternschaft aus und verkompliziert diese an vielen Stellen, genauso wie auf das Erlernen und Leben von Miteinander später im Erwachsenenalter.

«Am auffälligsten ist, dass Eltern in vielen Jäger- und Samm-

111

lerkulturen eine Beziehung zu ihren kleinen Kindern aufgebaut haben, die sich deutlich von der unterscheidet, die wir hier in den USA pflegen – eine Beziehung, die auf Kooperation statt auf Konflikt, auf Vertrauen statt auf Angst und auf individuellen Bedürfnissen statt auf standardisierten Entwicklungsmeilensteinen beruht»[22], beschreibt die Redakteurin und Radio-Korrespondentin Michaeleen Doucleff den Unterschied, den sie zwischen amerikanischen Familien und Jäger-Sammler-Gesellschaften auf ihrer Recherchereise festgestellt hat. Damit zeigt sie einen Teil der Kernprobleme auf, die wir hierzulande – und in vielen anderen Industrienationen – mit der Begleitung von Kindern haben. Das ist nicht neu: Schon der Reformpädagoge Hartmut von Hentig[23] bestätigt im Vorwort zu «Geschichte der Kindheit», dem aufsehenerregenden Buch des Historikers Philippe Ariès, dessen kritischen Blick auf die Entwicklung der Kindheit: «Meine Hypothese ist: die ständige Vermehrung der pädagogischen Maßnahmen hilft den Kindern (und Jugendlichen) nicht nur nicht, sie erzeugt einen Zustand besonderer Anfälligkeit und Ausgeliefertheit; mehr Institutionen und mehr Informationen belehren nur darüber, wie man mit diesen, nicht wie man *mit sich* und *seiner* Welt lebt. Die Kinder bauen sich Höhlen inmitten des Chaos. Eine geordnete oder ordnende Gemeinschaft gibt es nicht. Alles, was jenseits der Kleinstgruppe geschieht, ist abstrakt und feindlich. Der Übergang von hier zur ‹Gesellschaft› draußen ist unvermittelt und macht die Kleinstgruppe unglaubhaft und funktionslos, die Gesellschaft unheimlich und sinnlos.»[24] Hentigs kritische Sicht auf Kindheit als Fernsehkindheit, als pädagogische Kindheit, als Schulkindheit, als Zukunftskindheit, als Stadtkindheit und Kinder-Kindheit hat er 1975 formuliert – viele der Menschen, die dieses Vorwort und auch das Buch von Ariès lesen, sind daher bereits mit der von ihm so beschriebenen Kindheit aufgewachsen, die unseren eigenen Blick auf Kindheit geprägt hat. Wenn wir die heutigen Probleme des Sorgens und Miteinanders verstehen wollen, kommen wir nicht umhin, die heutige und die selbst erlebte Kindheitskultur und darin vermittelte Werte infrage zu stellen.

Nehmen wir traditionell lebende Jäger*innen-Sammler*innen-Gesellschaften als Vorbild für heutige Erziehung, laufen wir schnell Gefahr, einen romantisierten, idealisierten Blick darauf zu werfen, ganze Völker als naiv-unschuldig darzustellen und bestehende Probleme oder auch die Notwendigkeiten, die zu einem bestimmten von uns als besonders positiv interpretierten Verhalten führen, nicht wahrzunehmen. Dennoch kann uns eine Auseinandersetzung damit helfen: Schon im ersten Teil des Buches sind wir auf die «environmental mismatch theory» gestoßen und auf die Annahme, dass wir in unserer biologischen Ausstattung nicht an die neokulturelle Entwicklung angepasst sind. Diesen Gedanken wollen wir weiter verfolgen in Hinblick auf Erziehungsverhalten und die daraus ableitbaren Folgen. Es scheint, dass es schon seit Jahrhunderten Besonderheiten in der Begleitung von Kindern gibt, die in indigenen Kulturen den Bedürfnissen von Kindern mehr entsprechen. So schrieb schon Benjamin Franklin, einer der Gründerväter der Vereinigten Staaten, in einem Brief: «Wenn ein indianisches Kind unter uns aufgewachsen ist, unsere Sprache gelernt hat und an unsere Sitten gewöhnt wurde, so kann es, wenn es zu seinen Verwandten geht und einen indianischen Streifzug mit ihnen macht, nicht überredet werden, jemals zurückzukehren. Und dass dies nicht nur für Indianer, sondern für alle Menschen natürlich ist, wird dadurch deutlich, dass auch Weiße beiderlei Geschlechts, wenn sie jung von Indianern gefangen genommen werden und eine Weile unter ihnen gelebt haben, selbst wenn sie von ihren Freunden freigekauft und mit aller vorstellbaren Freundlichkeit behandelt werden, um sie zum Bleiben bei den Engländern zu bewegen, schon nach kurzer Zeit genug von unserer Art zu leben haben und von der Sorge und der Mühe, die zu ihrer Aufrechterhaltung nötig sind, sodass sie bei der ersten Gelegenheit wieder in die Wälder fliehen, von wo sie niemand zurückholen kann.»[25] Die Anthropologen Graeber und Wengrow begründen dies damit, dass nach ihren Erkenntnissen die sozialen Bindungen unter den amerikanischen Ureinwohnern besonders intensiv waren und Menschen dort Fürsorge, Liebe und Glück erlebten, wie es in europäischen Gemeinschaften so nicht vorkam.[26]

In seinem Buch «Geschichte der Kindheit», aus dessen Vorwort oben bereits zitiert wurde, beschreibt der Historiker Philippe Ariès die Entwicklung einer spezifischen Kindheit im 16./17. Jahrhundert, die zunehmend von der Welt der Erwachsenen abgegrenzt wurde. Ein sehr eindrückliches Beispiel hierfür ist die Entwicklung und Nutzung des Hauses als Ort des Zusammentreffens: Während das Haus lange als Gebäude des Zusammentreffens galt mit Räumen, die gemeinsam genutzt wurden, entwickelten sich im 18. Jahrhundert spezielle Räume für einzelne Funktionen, wie auch das Kinderzimmer, das sich aber erst nach und nach in alle Schichten ausbreitete. Familie zog sich zurück in die Privatheit. Die Biedermeierzeit in der ersten Hälfte des 19. Jahrhunderts drückt diesen Rückzug des Bürgertums in das Privat- und Familienleben innerhalb der eigenen vier Wände in besonderer Weise aus, als das Miteinander nicht mehr natürlich, sondern durch besondere Veranstaltungen wie Kaffeekränzchen oder musikalisches Zusammenkommen stattfand.

Zusammen mit pädagogischen und psychologischen Annahmen darüber, wie Kinder optimal gefördert und «behandelt» werden können, wurde Kindheit zu einem pädagogischen Ort. 1840 gründete Friedrich Fröbel den ersten Kindergarten als Stätte, in der Kinder ihr persönliches Potenzial entfalten sollten, und das pädagogische Spielzeug hielt Einzug in die Kinderzimmer. Auch die Entwicklung des Kinderzimmers als Ort außerhalb des sonstigen Lebens steht in Zusammenhang mit gesellschaftlichen Veränderungen, da der öffentliche Raum unter anderem durch den zunehmenden Straßenverkehr zum Spielen zu gefährlich wurde. Kinder wurden zu ihrem Schutz und zur Förderung aus der Öffentlichkeit ausgeschlossen. «Indem Kindheit durch eigens für Kinder inszenierte Räume verinselt wird, wird diese Lebensphase tendenziell von der übrigen Gesellschaft abgekoppelt. Kindheit wird – im übertragenen wie im konkreten Sinne – nach Innen und Außen geschlossen und oft genug auch verschlossen. In ihren kindzentrierten, elementarpädagogischen und schulischen Räumen stellen diese Inseln künstlich geschaffene Gegenstücke zum offenen und unbestimmten Meer, im konkreten Sinne: der Gesellschaft dar», schreibt die Professorin Sabine Seichter über die «Verbannung auf die pädagogische Insel».[27] Diese Verbannung aus der Öffentlichkeit macht sowohl etwas mit dem Kind als auch mit den Bezugspersonen in Hinblick auf das Miteinander: Die «Straßensozialisation» in altersgemischten Gruppen von mehreren Kindern in der Umwelt von Kindern findet nicht mehr statt. Soziale Erfahrungen werden nun vorwiegend in altershomogenen Gruppen gemacht, oft unter Aufsicht und mit Anleitung von Erwachsenen. Selbst der Spielplatz als Ort des Zusammentreffens verschiedener Kinder ist heute durch die Begleitung und Überwachung von Erwachsenen gekennzeichnet, was Einfluss auf die individuelle Entwicklung des Kindes nimmt. Gleichzeitig führt der Rückzug der Kinder aus dem öffentlichen Raum zu einer Entfremdung der Erwachsenen gegenüber Kindern und dem Verständnis ihres natürlichen kindlichen Wesens: Kinder werden als lästig empfunden in einer Öffentlichkeit, die nur für Erwachsene gestaltet und auf diese ausgerichtet ist. Das Kind wird zu einem Fremd- und Störfaktor, was auch nahe Bezugspersonen, insbesondere Mütter als in der Mehrheit versorgende Elternteile, aus dem öffentlichen Leben ausschließt, wobei dieser Ausschluss wiederum dazu führt, dass auch Elternsein aus der Öffentlichkeit gedrängt wird: Die immer wieder auftauchenden Empörungen über öffentlich Stillende[28] sind dafür ein Anzeichen, ebenso wie Zugangsverbote zu Restaurants für Kinder[29] (und damit ggf. für Eltern mit Kindern).

>>Instagram-Nachricht:
«Ich will gar nicht in den vorhandenen Öffentlichkeiten unterwegs sein mit meinen Kindern, weil sie keinen Raum für (Familien) Erwachsene mit Kindern bieten, der ohne Verkauf/Dienstleistungen funktioniert. Ich wünsche mir öffentliche, zweckfreie Begegnungsräume. Das können Plätze, halb offene Räume sein, die zum Verweilen und Sich-Begegnen einladen. Moderne Wasserstellen, Backhäuser und Badehäuser, die evtl. durch ehrenamtliches Engagement gestützt werden dürfen, aber in ihrer Grundstruktur erst einmal frei zugänglich sind.»

Diese Verdrängung führt dazu, dass die nicht Kinder versorgenden Menschen nicht wissen und verstehen, wie Kinder sind, was sie brauchen. Die breite Varianz kindlichen Verhaltens und menschlicher Temperamentsdimensionen, die Kinder noch ungezügelt zeigen und in Auseinandersetzung mit der Umwelt zu Persönlichkeitseigenschaften entwickeln, ist vielen Menschen fremd geworden. Menschen reagieren verärgert über den Lärm von Kindern, ihr Bedürfnis, die Welt anzufassen, um sie zu begreifen, wie auch auf wütende Kinder im öffentlichen Raum. Es werden immer neue Bezeichnungen für die «Besonderheiten» von Kindern erfunden, die aber eigentlich die normale Spanne kindlichen Verhaltens außerhalb des klinischen Bereiches abbilden: Wir sprechen von «Orchideenkindern», «Löwenzahnkindern», «gefühlsstarken Kindern», um Kinder zu beschreiben, die in bestimmten Temperamentsdimensionen an den Randbereichen der Verhaltensskala liegen. Wir erklären Kinder als «zickig», weil sie für ihre Bedürfnisse einstehen – wobei gerade jungen Mädchen das noch immer abgesprochen wird, und weinende Jungen sind noch immer «Heulsusen», weil sie diese Art der Gefühlsäußerung nicht zeigen dürfen. Menschen kommen mit einer großen Wesensvarianz in das Leben, aber wenn wir nur eine bestimmte, sozialisierte, erwachsene Personengruppe im öffentlichen Raum wahrnehmen, erscheint uns alles davon abweichende als Störung. Durch die öffentliche Homogenisierung von Kindheit und das Ausgehen davon, dass es «das Kind» gibt, wird gleichzeitig das Begleiten von Kindern erschwert. Wie soll Erziehung eigentlich individueller Personen gelingen, für die es aber nur einheitliche Konzepte gibt?

Kindergarten und Schule als Inseln der Kindheit

Um das Problem der Verinselung zu verstehen, benötigen wir erneut Ambiguitätstoleranz. Denn diese Insel-Orte können sowohl gut als auch schlecht für Kinder und das Miteinander sein. Deswegen müssen wir zwiespältige Gefühle in unserer Auseinandersetzung damit aushalten, um mit ihnen umgehen und sie reflektieren zu können.

Blicken wir zunächst auf die Zahlen: 35,5 Prozent der unter 3-jährigen Kinder sind im Frühjahr 2022 in Kindertagesbetreuung, wobei es einen deutlichen Unterschied zwischen Ost- (53,3 Prozent) und Westdeutschland (31,8 Prozent) gibt.[30] Bei der Gruppe der 3- bis 6-jährigen Kinder sind es bereits 91,7 Prozent. Der Bedarf an Kinderbetreuung ist dabei größer als das Angebot: Für das Jahr 2023 geht die Bertelsmann Stiftung davon aus, dass 384 000 Plätze in Kindertageseinrichtungen fehlen werden, insbesondere aufgrund der fehlenden Personalausstattung.[31] Neben der Platzfrage gibt es seit Jahrzehnten eine Qualitätsfrage: «Trotz massivem Kita-Ausbau zeigt sich seit Jahren dasselbe Bild: Im Westen gibt es zu wenig Plätze und im Osten betreut eine Fachkraft zu viele Kinder», schreibt der Pädagoge Dr. Martin Textor 2022, und weiter: «Trotz der Investitionen in zusätzliche Kita-Plätze und Personal sind die Bedingungen für die pädagogische Arbeit vielerorts noch immer unzureichend. In einem Großteil der Kitas sind die Personalschlüssel und die Gruppengrößen nicht kindgerecht. Während sich die Personalschlüssel zwischen den Bundesländern langsam annähern, unterscheidet sich das Qualifikationsniveau des Personals noch stark. Viele Kitas in Deutschland können ihren Bildungsauftrag nicht oder nur eingeschränkt umsetzen.»[32] Laut Studie des Deutschen Kitaleitungskongresses 2022 haben 57 Prozent der Kitaleitungen im U3-Bereich angegeben, dass der Erzieher*innen-Kind-Schlüssel schlechter ist als wissenschaftlich empfohlen, im Ü3-Bereich sind es sogar 74 Prozent.[33] Es gibt Kinder, die von der Betreuung in Kindertageseinrichtungen profitieren, dort sichere Bezugspersonen und eine gute Pflege, Versorgung und bessere Unterstützung der Bildung finden, als sie zu Hause gewährleistet werden kann. Gerade in der Pandemie wurde deutlich, welche erheblichen Nachteile es für die betreffenden Kinder hat, wenn sie Kita und Schule nicht als gewaltfreien Schutzraum bzw. Ort der Versorgung von Grundbedürfnissen wie der Verpflegung zur Verfügung stehen haben. Dennoch ist die fehlende Prozess-, Struktur- und/oder Orientierungsqualität ein Problem für das Erleben und die Entwicklung von Kindern in ihrer Gesamtheit. Der Bindungsforscher Prof. Dr. Karl-Heinz Brisch warnte daher schon 2014 in Bezug auf die schlechte Qualität in Kindertageseinrichtungen: «Dauerstress schadet dem Gehirn, und dieser Stress stellt sich schnell ein, weil es an ausreichend beständigem emotionalem Kontakt fehlt. Natürlich kann keine Erzieherin mit sechs oder acht unter 3-Jährigen emotional ausreichend in Kontakt sein. Das geht einfach nicht bei diesem Personalschlüssel und dauerndem Personalwechsel. Damit wird der Mangel an Zuneigung für die Kleinen zur Alltagserfahrung. Das müsste man dringend, dringend, dringend ändern.»[34]

Betrachten wir die Betreuungszeiten, sehen wir, dass vor der Pandemie im Jahr 2014 Kinder unter drei Jahren eine Betreuungszeit von durchschnittlich 37,6 Stunden pro Woche hatten. Diese Zahl trägt sich nahezu gleich in die Schulzeit fort: «Kinder und Jugendliche in Deutschland arbeiten im Schnitt mehr als 38,5 Stunden pro Woche in oder für die Schule – und damit ähnlich viel wie Erwachsene in Vollzeitjobs», erklärt UNICEF 2012.[35]

Kita und Schule haben zwar offiziell einen Bildungsauftrag, aber sie stehen auch in der Aufgabe, eine Betreuung für das nachwachsende Humankapital zu bilden, während die Eltern erwerbstätig sind. Kinder brauchen eine Betreuung, während Eltern ihrer Arbeit nachgehen – der Bedarf an Halbtagsbetreuung ist laut Kinderbetreuungsreport 2021 rückläufig, während der Bedarf an erweiterten Halbtags- oder Ganztagsplätzen in der Gruppe U3 gestiegen ist.[36] Schon in der Erhebung aus dem Jahr 2020 wurde dabei festgestellt, dass die Vollzeiterwerbstätigkeit der Mutter den stärksten Zusammenhang mit dem Bedarf der Familie nach einem Ganztagsplatz aufweist.[37] Dies bestätigt unsere Beobachtung aus dem ersten Teil dieses Buches, dass weibliche Familienmitglieder mehr Care-Aufgaben übernehmen. Wenn sie erwerbstätig sind, muss die Sorge ausgelagert werden. Mit dem Ziel, den Anteil von Frauen am Arbeitsmarkt zu erhöhen, erklärte 2022 Bundeskanzler Olaf Scholz: «Damit das hinhaut, müssen wir aber Ganztagsangebote in Krippen, Kitas und Schulen ausbauen.»[38] Sabine Seichter erklärt hierzu: «Gesellschaftlich organisierte und dann als pädagogisch gelabelte Einrichtungen wie Kindergarten und Schule können […] unbesehen als totale Institutionen zum (scheinbaren) Wohle der Schutzbedürftigen und zur Fürsorge des Kindes und gleichzeitig auch aus utilitaristischen Zwecken für die Gesellschaft verstanden werden.»[39] Auch hier brauchen wir Ambiguitätstoleranz: Es bestehen verschiedene Interessensbereiche für die Betreuung von Kindern, die sich gegenseitig beeinflussen. Wichtig ist dabei allerdings, dass der wirtschaftliche Faktor nicht über den individuellen gestellt wird, da ein rein quantitativer Ausbau aus wirtschaftlichen Gründen, beispielsweise zur Vermehrung der Frauenerwerbstätigkeit, sich qualitativ nachteilig auswirken kann auf die Kinder. Die Folgen einer solchen nachteiligen Wirkung, gerade auch auf die psychische Entwicklung der Kinder und später Erwachsenen, sind allerdings besonders langfristig zu sehen, während die quantitativen Wirkungen kurzfristig abzusehen sind. Eine Umfrage des Bayerischen Rundfunks unter 76 Kita-Aufsichtsbehörden ergab 2022, dass die Meldungen körperlicher oder seelischer Gewalt im Vergleich zum Vorjahr deutlich gestiegen sind, was auf Personalmangel und Unterbesetzung zurückgeführt wird. Das wirkt sich auf das physische und psychische Wohlergehen der Kinder und zugehörigen Familien aus. Schlechte Betreuungsstrukturen, in denen Kinder viel Zeit verbringen, wirken sich aber auch auf die Entwicklung des Miteinanders aus, wie wir gleich noch sehen werden. So wie Erfahrungen von psychischer und physischer Gewalt sich darauf auswirken können, wie wir uns selbst wahrnehmen und wie wir mit anderen Menschen umgehen, ob wir mit einem Grundvertrauen offen auf neue Menschen zugehen oder vorsichtig-distanziert bis argwöhnisch gegenüber anderen sind.

Freizeitaktivitäten als Inseln des überwachten und angeleiteten Miteinanders

Neben der institutionellen Betreuung in Kita und Schule verbringen Kinder zusätzlich Zeit bei Kursen für musikalische, kreative oder sportliche Betätigung: 2020 waren 7,3 Millionen Kinder im Alter von 0 bis 18 Jahren in einem Sportverein angemeldet.[40] Hinzu kommen je nach finanziellen Möglichkeiten der Eltern noch private Kurse zum Erlernen eines Musikinstrumentes, Töpferkurse für Kinder, private Schwimmkurse etc. Und so gut und wichtig es ist, dass Kinder den Zugang zu vielfältigen Angeboten haben, um sich zu erproben und Neues kennenzulernen, sind all diese Angebote doch Gruppenangebote, in denen Kinder durch eine erwachsene Person angeleitet werden zu bestimmten Tätigkeiten und das freie Ausprobieren und freies Miteinander weniger im Vordergrund stehen, während gleichzeitig Eltern und andere Familienangehörige weniger mit ihren Kindern und Kinder mit ihren Geschwistern zusammen sind. Viele Eltern glauben, dass die Vermittlung von kognitivem Wissen in der frühen Kindheit ihren Kindern einen Entwicklungsvorsprung gibt, ein Vorteil für die Zukunft ist. Dies gerade auch deswegen, weil viele westeuropäische Familien heute deutlich weniger Kinder bekommen als zu früheren Zeiten und an anderen Orten und dass der Wunsch, eine eigene oder die wenigen eigenen Kinder intensiv zu fördern, dadurch besonders ausgeprägt ist. Auch hier sind wir wieder bei dem Gedanken, der letztlich auf Konkurrenz und Wettbewerb fußt, Kinder für die Zukunft zu stärken und ihnen einen Vorteil zu verschaffen. Dabei übersehen diese Eltern, dass kognitives Wissen nicht (allein) der Garant für eine erfolgreiche, glückliche Zukunft ist, sondern – wie wir gesehen haben – das Miteinander und das Soziale unsere Motivation beeinflussen und uns Wohlbefinden versprechen. Ein weiterer Nachteil dieses

Fördergedankens ist, dass das Kind nicht in seinen aktuellen Bedürfnissen, Wünschen und Entwicklungsaufgaben gesehen wird, sondern beständig nur aus der Perspektive des zu entwickelnden Menschen: Das Kind muss aber nicht erst werden, es ist ja schon. Während der Blick der Erwachsenen auf die Stärkung für die ungewisse Zukunft gerichtet ist, werden der Istzustand des Kindes und sein Erleben in der Kindheit übersehen. Unser Blick ist so sehr auf die Zukunftsfähigkeit ausgerichtet, dass wir die Bedeutung der aktuellen Begleitung und des Entsprechens dessen, was das Kind in der frühen Kindheit dringend benötigt, vor lauter Zukunftsangst nicht sehen. Was Kinder in der frühen Kindheit brauchen, ist der Erfahrungsraum des Miteinanders, des sozialen Lernens, der Freiheit zur persönlichen Entfaltung auf Basis des eigenen Seins und der eigenen Temperamente. Die Auslagerung und Verinselung der Kindheit ist nicht nur eine Strukturfrage, sondern auch eine Frage des sozialen Miteinanders.

Kinder brauchen Kinder?

Die Bedeutung von Kita, Schule und Freizeitaktivitäten wird oft mit Sätzen wie «Kinder brauchen Kinder» erklärt, und tatsächlich ist das Miteinander untereinander für Kinder enorm wichtig. In der klassischen Bindungstheorie und -forschung, die zwar einen Anspruch auf Allgemeingültigkeit erhebt, aber stark auf den Mainstream Westeuropas und Nordamerikas ausgerichtet ist, sind sowohl Forschungen zu Bindungsbeziehungen zwischen Geschwistern als auch zwischen nicht verwandten Kindern noch viel zu wenig vertreten. Dies mag Folge der Entwicklungen des Miteinanders unter Kindern hierzulande sein: Was es nicht gibt, gerät nicht in die Betrachtung der Forschung. Dabei werden in vielen Kulturen Kinder von Betreuungsnetzwerken betreut, in denen Erwachsene wie Kinder vertreten sind. Der Anthropologe Gabriel Scheidecker hat beispielsweise in den Dörfern im Süden Madagaskars erfahren, dass dort die 5-jährigen Kinder die wichtigsten sozialen Partner*innen für Babys und Kleinkinder sind. Aber auch in Kamerun und in ländlichen Gebieten Indiens sind Kindergruppen in besonderer Weise bedeutsam für die Sozialisation.[41] Und trotz unserer Feststellung, dass insbesondere Mädchen hierzulande auch in die Betreuung jüngerer Geschwisterkinder eingebunden sind, haben viele Erwachsene eine Abneigung gegenüber der Vorstellung von Kindergruppen ohne Aufsicht oder überhaupt der Vorstellung, dass zwischen (nicht verwandten) Kindern starke Bindungsbeziehungen entstehen. Selbst die Eingewöhnung im Kindergarten ist besonders darauf ausgerichtet, dass sich das neu hinzukommende Kind insbesondere an die neue professionelle, erwachsene Bezugsperson bindet, und wesentlich weniger darauf, dass es intensiv Kontakt aufnimmt zu anderen Kindern und mit diesen eine positive Kooperationsgemeinschaft entwickelt – und das, obwohl wir das Kind doch aufgrund unserer Annahme «Kinder brauchen Kinder» in die institutionelle Betreuung geben. Tatsächlich können Freundschaftsbeziehungen die Eingewöhnung in die außerfamiliäre Kinderbetreuung erleichtern, aber diese Beachtung der Kind-Kind-Beziehung passt nicht in unser hierarchisches System von Beziehungsstrukturen, in denen ältere Menschen als bedeutsamer gelten als jüngere. Ist die Kindergartenzeit vorbei, gehen oft auch die dort entwickelten Bindungen zu anderen Kindern, die nun andere Schulen besuchen, wie auch den betreuenden Bezugspersonen zu Ende. – Lassen wir diesen Bindungsabbrüchen eigentlich die angemessene Bedeutung aus Sicht des Kindes zukommen? So viel wir auch über die Verlässlichkeit von Bezugspersonen sprechen, haben wir eine klare Hierarchie in unseren Köpfen: Wichtig sind zunächst die Eltern, vielleicht auch andere nahe Verwandte, dann außerfamiliäre Betreuungspersonen und vielleicht irgendwo ganz zuletzt andere Kinder. Aus diesem Gedanken heraus – und auch durch unsere Abwesenheit von der Erfahrungswelt des Kindes im Kindergarten, in der das Kind jeden Tag viele Stunden mit den immer gleichen Kindern zusammen ist – gehen wir mit dem Abbruch dieser Kinderbindungen ziemlich leichtfertig um, feiern den Schulbeginn und fordern ein, dass sich das Kind nun in der Schule gut einbringt. Reden wir wirklich ausreichend über den Abbruch der vorherigen Beziehungen? Geben wir den Gefühlen des Kindes genug Raum? Was machen dieses abrupte Ende und der Neuanfang in einer anderen Gruppe mit anderen Kindern und Erwachsenen eigentlich mit dem Kind?

Richtiger wäre es in Bezug auf das oben angeführte Postulat, dass Kinder Kinder bräuchten, wenn wir sagen würden: «Kinder brauchen andere Menschen», denn auch wenn Kinder wichtig sind, brauchen Kinder für ihre Entwicklung das Miteinander mit Menschen unterschiedlicher Altersgruppen, und auch altersgemischte Kindergruppen sind von Vorteil. Eine breite Altersmischung finden wir nur selten in institutionellen Einrichtungen für Kinder und umso weniger, wenn es um die Erwachsenen geht, mit denen Kindern zusammen sind. Natürlich gibt es in einigen Kitas generationsübergreifende Projekte für Kinder und alte Menschen, aber kein alltägliches, normales Zusammensein.

>>Instagram-Nachricht:
«Als älterer Mensch erlebe ich das Unterstützen der Care-Arbeit bei Freunden, die ihre Kinder und Enkel in der Nähe haben. Für die Älteren ist es Freude, Anerkennung und Anstrengung zugleich. Als Mutter hatte ich Großeltern nicht in der Nähe. Dafür funktionierte Kinderbetreuung im gleichaltrigen Freundeskreis. Ich finde es sehr wichtig, dass Kinder ältere Menschen erleben, möglichst oft und vielfältig.»

Alte Menschen werden einerseits selbst wie Kinder in feste Institutionen gesteckt, andererseits ist gerade die Verbindung zwischen diesen institutionalisierten Gruppen gering. Das ist – wenn wir die Bedürfnisse der Kinder weiterdenken, nämlich außerhalb der Zone von Kindheit – ein besonders schwerwiegendes Problem: Der Anteil junger Menschen an der Gesamtbevölkerung sinkt, gleichzeitig haben diese jungen Menschen kein Wahlrecht, während ältere Generationen wesentlich mehr Wahlberechtigte stellen. Diese lehnen aber mit steigendem Alter ab, sich für die Klima- und Naturschutzinteressen junger Generationen einzusetzen: Die 30- bis 39-Jährigen berücksichtigen diese Interessen noch etwa zu 40 Prozent, die 40- bis 49-Jährigen zu 36 Prozent, die 50- bis 64-Jährigen nur noch zu 30 Prozent und die über 65-Jährigen nur noch zu 27,9 Prozent.[42] Die Zukunftsaussichten der folgenden und auch aktuellen Generation sind durch die Klimakrise stark bedroht. Eine Absenkung des Wahlalters auf null, d. h. ein Wahlrecht ab Geburt[43], könnte hier die politischen Interessen der heutigen Kinder und Jugendlichen besser berücksichtigen. (Im dritten Teil werde ich noch ausführlicher darauf eingehen.) Daneben aber ist ein größeres Verständnis der älteren Generation nicht durch theoretische Aufklärung, sondern durch empathische Beziehungsarbeit ein sinnvoller Weg, um für die Bedürfnisse und Probleme der Zukunft und der folgenden Generationen zu sensibilisieren. Und das ist nur durch eine stärkere Vernetzung zu erreichen. Ganz im Sinne des Bindungssystems brauchen Kinder Erwachsene als Schutz, auch in Bezug auf die Lebensfähigkeit in zukünftigen Jahren. Dieses Bindungssystem funktioniert, wie wir gesehen haben, in wechselseitiger Wirkung, weshalb Kinder und alte Menschen Beziehungszeit miteinander brauchen.

Selbst innerhalb des Betreuungssystems für Kinder sind die Institutionen meist komplett homogen organisiert. Das hat sicherlich auch damit zu tun, dass heterogene Kindergruppen aufwendigere Rahmenbedingungen benötigen, wie andere Raumgestaltung, mehr und gut ausgebildetes Personal und ein gutes Konzept, um sowohl die Jüngsten als auch die Ältesten gut im Blick zu behalten und gruppendynamische Prozesse gut zu regulieren sowie Entwicklungsdefizite aufgrund der Altersmischung nicht zu übersehen. Gemischte Gruppen haben aber den Vorteil, dass es mehr Kontinuität für Kinder in ihren Bindungsbeziehungen innerhalb der Gruppe gibt, Kinder füreinander Vorbilder sein können im Spiel, im Lernen, im Lösen von Konflikten und in empathischen Begegnungen. Es kann außerdem mehr Entwicklungsanreize und Förderung der Selbstwirksamkeit geben sowie weniger Konkurrenz um einzelne Spielthemen, weil durch die Altersmischung eine breitere Varianz an Interessensgebieten vorhanden ist und ein Anreiz geschaffen werden kann dafür, von den etwas weiter in der Entwicklung vorangeschrittenen Kindern zu lernen. Der sowjetische Psychologe Lew Wygotski beschrieb schon 1987, wie wichtig für die Entwicklung von Kindern die Herausforderungen der «Zone der nächsten Entwicklung» sind.[44] Innerhalb der eigenen Zone lernt das Kind nichts Neues. Durch Impulse, die ein wenig, aber nicht zu herausfordernd sind, kann Neues erlernt werden. In homogenen Gruppen fallen viele dieser Möglichkeiten weg, und das pädagogische Personal ist besonders bei kleinen Kindern viel mit Pflegeroutinen beschäftigt, um nacheinander alle Kinder zu versorgen. Dabei ist gerade in dieser Zeit ein Zusammensein mit der Vielfalt von Gesellschaft sinnvoll. Während der sekundären Sozialisation, also der Sozialisation außerhalb der Kernfamilie, lernen Kinder das gesellschaftliche Verhalten: wie wir miteinander umgehen, wie wir miteinander sprechen außerhalb der Familie, um Teil der Gemeinschaft zu sein und damit «Zuneigung und Hilfsbereitschaft anderer Menschen erhalten bleibt, mit denen wir nicht verwandt oder zusammen aufgewachsen sind», wie es der Hirnforscher Prof. Dr. Gerhard Roth beschreibt.[45] Das Kind gleicht das, was es bisher innerhalb der Kernfamilie gelernt und verinnerlicht hat, damit ab, welche Bedingungen außerhalb gelten und welche Normen und Gesetze es gibt. Hier entwickelt sich Impulshemmung, Risikowahrnehmung, das bewusste Belohnungs- und Bestrafungsgedächtnis, kognitives und emotionales Verstehen. Selbst in den privaten Freizeitaktivitäten in Sportvereinen, aber auch anderen privaten Kursangeboten findet jedoch kaum Altersdurchmischung statt: Hier gibt es Tanzen für Kinder von 1 bis 3 Jahren, Tanzen für Vorschulkinder, Tanzen für Schulkinder, Malen und Basteln für die ganz Kleinen usw. Aus Sicht der Gestaltung möglicher Inhalte und der Erleichterung der pädagogischen Arbeit ist dies sinnvoll. Aus Sicht der Kinder, die durch Kita, Schule, Kurse wenig Zeit und durch Stadtplanung wenig Raum haben für das Zusammenkommen in durchmischten Gruppen draußen, ist es ein Verlust an Menschen, von und mit denen sie gemeinsam sozial lernen könnten.

Die altershomogene Gruppe in der frühen Kindheit entspricht nicht dem, worauf wir als Menschen ausgerichtet sind – ein weiteres Mismatch. Der Dorfcharakter, nach dem wir uns als Erwachsene sehnen, wird in keiner Phase und an keiner Stelle gelebt. Wir sind nur in «unserer» Gruppe zusammen. Je homogener diese Gruppe ist (in vielfacher Hinsicht), desto mehr prägt sie das frühe Bild des «Wir» eines Kindes – und das der «Anderen», die gefühlt nicht Teil der eigenen Gruppe sind. Dieses «Wir» und «Die» wird oft mit der «dunklen Seite» des Oxytocins in Verbindung gebracht. Die positiven Wirkungen des Oxytocins, die wir im ersten Teil des Buches betrachtet haben, wirken nämlich laut einer Untersuchung der Universität Amsterdam aus dem Jahr 2010 besonders innerhalb der eigenen Gruppe: Oxytocin erzeugt eine Voreingenommenheit zwischen Gruppen, hauptsächlich daher, weil es die Bevorzugung der eigenen Gruppe motiviert.[46]

Wie wir Empathie lernen (müssen)

Wir haben bereits gesehen, dass uns eigentlich alles im Leben zur Verfügung steht, um auf andere reagieren zu können, uns einzufühlen, im Miteinander zu leben. Diese Fähigkeit hat uns einen evolutionären Vorteil gebracht. Die Soziobiologin Prof. Dr. Sarah Blaffer Hrdy legt in ihrem Buch «Mütter und andere» dar, wie die knappen Ressourcen in der Steinzeit dazu führten, dass es sehr bedeutsam war, sich Fürsorge von anderen Personen sichern zu können, und auf dieser Basis der gegenseitigen Unterstützung Kooperation und Empathie ausgebildet wurden, die dann die Basis für die weitere Entwicklung des Menschen in Kultur und Technik bildete.

Während «Empathie» die Fähigkeit beschreibt, Gefühle anderer nachempfinden zu können, bezeichnet «Theory of mind» eine weitere wichtige Fähigkeit zur Beziehungsbildung. Gemeint ist damit das Vermögen, sich in die Gedankenwelt eines anderen hineinzuversetzen. Beide Fähigkeiten sind von enormer Bedeutung für das Zusammenleben. Wir kennen die Notwendigkeit von Empathie aus unseren nahen Beziehungen, zum Beispiel wenn es uns schlecht geht und wir eine nahestehende Person fragen: «Sag mal, merkst du nicht, wie es mir geht?» Neben dem eigentlichen Problem, das wir haben, eröffnet sich dann, wenn eine andere Person, von der wir Anteilnahme erwarten, nicht passend reagiert, ein Beziehungsproblem. Wir erwarten Mit-Gefühl, weil das für die Ausgestaltung von Beziehungen so wichtig ist. Auch wenn es in Beziehungen an der Fähigkeit mangelt, sich in die Gedankenwelt des anderen hineinzuversetzen, ergeben sich Beziehungsprobleme: «Weißt du nicht, woran ich alles denken muss, wenn wir in den Urlaub fahren wollen?» Sowohl die Theory of mind als auch die Fähigkeit zur Empathie sind daher für gelingende Beziehungen wichtig. Der Psychiater Prof. Dr. Joachim Bauer fasst die fünf wichtigsten Komponenten einer Beziehung folgendermaßen zusammen: 1. Sehen und Gesehenwerden, 2. gemeinsame Aufmerksamkeit gegenüber etwas Drittem, 3. emotionale Resonanz, 4. gemeinsames Handeln, 5. wechselseitiges Verstehen von Motiven und Absichten.[47] Sowohl die Theory of mind als auch Empathie sind in diesen Punkten wesentlich enthalten. Wie stark beides ausgeprägt ist, kann sehr unterschiedlich sein und hängt unter anderem von der Erziehung ab.

Schon Babys zeigen ein Verhalten, das wir als empathisch bezeichnen können: Sind mehrere Babys im Raum anwesend und eines von ihnen beginnt zu weinen, weinen viele andere mit. Auch das Nachahmen von Gesichtszügen der Bezugspersonen fällt in diesen Bereich und wird ausgelöst von Spiegelneuronen. Aber diese Spiegelneuronen ermöglichen uns nicht von Anfang an, auf alles anteilnehmend zu reagieren. Es sind Erfahrungen, die hier eine bedeutsame Rolle spielen, führt der niederländische Primatologe und Verhaltensforscher Frans de Waal aus: «Über dem Fundament der Ur-Anteilnahme können Lernen und Intelligenz immer komplexere Schichten anlegen, sodass die Reaktionen von zunehmender Urteilsfähigkeit geprägt sind, bis hin zu vollständig entwickeltem Mitgefühl.»[48] Die Gefühlsansteckung des Babys ist die erste Ebene, die sogenannte Ur-Anteilnahme, die zweite ist die Anteilnahme an anderen, die durch Trösten und spontanes Helfen gekennzeichnet ist, und die dritte Schicht ist die Übernahme der Perspektive des anderen und gezieltes Helfen/Eingehen. Für diese dritte Schicht, so de Waal, sind Kindheit, Jugend und Kultur entscheidend.

>>Instagram-Nachricht:
«Ich nehme es so wahr: Leider fördert die Gesellschaft durch ihre den Kapitalismus, das Patriarchat stützenden Konstrukte viel zu sehr eine Kultur der Missgunst, des Diskriminierens, des Bösen – sodass die Kooperationsfähigkeit der Kinder nicht gefördert, sondern im Kompetitiven, Egoistischen aufgelöst wird.»

In der Kindheit gibt es eine bedeutsame Entwicklung, die auf die Ausbildung der Empathie Einfluss nimmt, nämlich die Entwicklung des Selbst in Zusammenhang mit den Bindungserfahrungen. Dadurch, dass wir unsere eigenen Bedürfnisse erfassen und lernen, dass sie wichtig und beachtenswert sind, verstehen wir, dass dies auch für andere gilt. Das erscheint sehr logisch: Wenn ich beispielsweise gelernt habe, dass es hilfreich ist, wenn bestimmte Gefühle von anderen mit reguliert werden, beispielsweise durch das Trösten, dann kann ich dieses Verhalten auch anwenden, wenn ich spüre, dass eine andere Person traurig ist. Diese unsichtbaren Entwicklungen sind für uns oft schwer zu fassen, scheinen theoretisch und vielleicht sogar etwas esoterisch, wenn wir über die «Entwicklung des Selbst» sprechen. Vielleicht schenken wir diesen besonderen Entwicklungen deswegen so wenig Aufmerksamkeit. Tatsächlich passiert dabei aber organisch viel – auch wenn wir es nicht sehen: An den Vorgängen bei der Entstehung des Selbstbildes, des Selbstvertrauens und des Grundverhältnisses zu Mitmenschen sind Zentren im Inneren des Endhirns und des Zwischenhirns beteiligt.[49] Das Selbstbild ist also etwas, das tatsächlich in unserem Gehirn angelegt wird.

Und hier können wir direkt an die altershomogenen Kindergruppen anknüpfen, die wir eben betrachtet haben: In einer altershomogenen Gruppe von kleinen Kindern, denen nur wenige Bezugspersonen zur Verfügung stehen, wird es schwer, beispielsweise das Bedürfnis nach Regulation zu erfüllen. Dieses Defizit findet sich nicht nur in der institutionellen Kinderbetreuung, sondern auch in unseren Kleinfamilienmodellen, die nicht mehr der eigentlich benötigten Art des Umsorgens entsprechen: Studien haben gezeigt, dass bei steigender Anzahl von Kindern die Feinfühligkeit der Bezugspersonen abnehmen kann. Geschwisterstudien zeigen, dass die Gesamtzahl der Geschwister einen signifikanten Einfluss darauf nimmt, wie das Kind emotionale Wärme der Elternteile wahrnimmt: Je mehr Geschwisterkinder vorhanden sind, desto kälter wird das emotionale Klima erinnert.[50] Sarah Blaffer Hrdy geht in ihren Ausführungen in Bezug auf heutige Bindungsprobleme in Zusammenhang mit unserer modernen Art des Zusammenlebens noch einen Schritt weiter und erklärt: «Im Pleistozän erwarb jedes Kind, das das Glück hatte, heranzuwachsen, automatisch ein Gefühl emotionaler Sicherheit. Diejenigen, die keine fürsorglichen Mütter und auch keine Allomütter hatten, die feinfühlig auf ihre Bedürfnisse reagierten, dürften nur selten so lange überlebt haben, dass die emotionalen Auswirkungen einer Vernachlässigung zum Tragen kamen. Heute gilt dies nicht mehr, und die unbeabsichtigten Folgen entfalten sich in einer Art und Weise, die wir gerade erst zu verstehen beginnen.»[51] Das bedeutet nicht, dass heutigen Kleinfamilien davon abgeraten werden sollte, mehrere Kinder zu bekommen, oder wir in diese Welt überhaupt keine Kinder setzen sollten. Es sollte uns aber den Zusammenhang zwischen Stress und der Möglichkeit der emotionalen Verfügbarkeit noch einmal genauer vor Augen führen und ein weiteres Mal aufzeigen, dass die entwickelten Care-Strukturen nicht das sind, was wir Menschen brauchen.

Im Zusammenhang mit der großen Bedeutung der Gefühlsregulation für die Entwicklung des Selbst und darüber die Entwicklung des Miteinanders sollten wir noch einmal auf die Geschichte der Kindheit und der Erziehungsmethoden schauen: Auch wenn mittlerweile viele negative Erziehungsmethoden nicht mehr angewendet werden, ist die Co-Regulation von Gefühlen von Babys und Kleinkindern noch immer ein viel diskutiertes Thema und ein Bereich, in dem wir weiterhin in unserem geschichtlichen Erbe stecken. Schnell heißt es, Babys dürften nicht «verzärtelt» werden, man solle sie nicht «bei jedem Pups hochnehmen». Das trägt sich bis in die frühen Kinderjahre fort, wenn Kinder lernen sollen, nicht wütend zu sein, und für Wut statt Regulation durch die nahen Bezugspersonen Ausschluss aus der Gruppe erfahren, indem sie auf das Zimmer oder die stille Treppe sollen. Oder wenn ihnen erklärt wird, dass eine Verletzung nicht weh tut und sie nicht immer bei jeder Kleinigkeit heulen sollen. Erziehung heute ist noch immer voll von Abweisung, Zurückweisung und Unterdrückung von Gefühlen anstelle von Trost, Co-Regulation und Verständnis. – Begreiflich, wenn wir auf die Geschichte der Erziehung blicken und den Umstand, dass Erziehung eben auf das «Stark-Sein» ausgerichtet wurde. Das Gedankengut um die «emotionale Verzärtelung» ist auch heute noch in den Köpfen von Großeltern, Eltern, Lehrenden und Erzieher*innen verankert und leitet ihr sorgendes Handeln. Für die Entwicklung von Empathie ist dies allerdings keine gute Basis.

Es ist bereits angeklungen: Neben unserem geschichtlichen Erziehungserbe[52] ist auch der Stress unserer Zeit ein Problem für die Empathie. Stress wirkt sich negativ auf Erziehungsverhalten aus. Unter Zeitdruck können wir weniger einfühlsam auf kindliche Bedürfnisse eingehen, haben schlichtweg weniger Zeit für den wichtigen Ablauf: Signal des Kindes wahrnehmen, Bedürfnis des Kindes interpretieren und (je nach Alter entsprechend prompt) angemessen beantworten – dies sowohl in der institutionellen Betreuung als auch in der Familie. Stress verursacht, dass wir eher auf tief in uns verankerte, erlernte, selbst erfahrene Verhaltensmuster zurückgreifen, die wir eigentlich aufgrund unseres neueren Wissens um Erziehung und Kinderbedürfnisse nicht verwenden wollen, weil sie den oben beschriebenen Bindungsbedürfnissen zuwiderlaufen. Aber in der akuten Stresssituation treten sie zutage, und wir hören uns vielleicht danach bedauernd sagen: «Jetzt höre ich mich schon an wie meine Mutter / mein Vater.»

Der Stress, unter dem Eltern heute stehen, ist so belastend, dass er sich auf deren psychisches Wohlergehen auswirkt und zum Erschöpfungssyndrom bis hin zum Burnout führen kann. Der Bedarf an Kuren für Eltern ist größer als die Zahl der Plätze: Hochgerechnet wird 2022 von einem Bedarf von 2,7 Millionen Plätzen allein für Mütter ausgegangen, wobei das Ausmaß der Erschöpfung bei den tatsächlich die Kur in Anspruch nehmenden Personen deutlich größer ist als noch vor der Pandemie: «Die Frauen sind so fertig, die brauchen zwei, drei Tage, bevor es überhaupt losgehen kann», erklärt die Geschäftsführerin der Mütter-Stiftung.[53] Die genauen Folgen von Zeitarmut, Erschöpfung und Burnout sind noch viel zu wenig bekannt. In einem Diskussionspapier des Wirtschafts- und Sozialwissenschaftlichen Instituts aus dem Jahr 2008 heißt es zur Zeitarmut von Eltern: «Was das für das Familienleben, die Entwicklung der Kinder, die Gesundheit und das Wohlbefinden und letztlich auch das Leistungsvermögen der Eltern bedeutet, ist für Deutschland kaum erforscht.»[54] – Damit stimmt diese Einschätzung mit der von Sarah Blaffer Hrdy überein: Wir wissen gar nicht, wie genau sich die gravierenden Veränderungen unseres Zusammenlebens auswirken werden. Aber wir haben durch Erschöpfungssyndrome, Burnout und auch die steigende Anzahl von Kindern und Jugendlichen, die unter psychischen Erkrankungen leiden, einen Hinweis darauf, dass die Art und Weise, wie wir unser Zusammensein und unsere Lebensweise gestaltet haben, nicht gut und gesund ist.

Empathie muss gelernt werden, und die Rahmenbedingungen von Kindheit sind hierfür ausschlaggebend. Verinselung und Entfremdung vom Umsorgen können sich negativ auf die Empathiefähigkeit unserer Gesellschaft auswirken bzw. hat das bereits stattgefunden: Einem Review von 72 Studien aus der Zeit zwischen 1979 und 2009 zufolge war die Empathie der an den Studien teilnehmenden Studierenden in diesen Jahren um 40 Prozent gesunken.[55] Seither ist die Empathiefähigkeit wieder gestiegen, aber die Studie zeigt, wie anfällig diese Fähigkeit ist. Sarah Blaffer Hrdy lässt auch in diesem Zusammenhang aufhorchen. Sie beschreibt zwar detailliert, wie die Evolution uns zu sozialen Wesen gemacht hat, erklärt aber: «Obgleich die Annahme, evolutionäre Prozesse seien irreversibel (das sogenannte Dollo'sche Gesetz), weit verbreitet ist, sollte man sich nicht darauf verlassen. Das Dollo'sche Gesetz beschreibt die tiefe Geschichte einiger Organismen und ist kein allgemeingültiges Naturgesetz wie die Schwerkraft. Ein weit grundlegenderer und allgemeingültiger Lehrsatz der Evolutionsbiologie lautet, dass ‹die Beseitigung eines Selektionsfaktors manchmal rasche evolutionäre Folgen zeitigen kann›. [...] [Es] ist ungewiss, ob [unsere Nachfahren] noch immer jene Attribute besitzen werden, die wir heute als typisch für unsere Spezies erachten – nämlich Empathie und das Bestreben, die Emotionen anderer zu verstehen –, Eigenschaften, die von unserem uralten evolutionären Erbe gemeinschaftlicher Fürsorge geprägt wurden.»[56] Wir wissen nicht, über welche Zeiträume es zu einer solchen Veränderung kommen kann. Aktuell spüren wir noch das Mismatch zwischen unseren früheren Bedürfnissen und der heutigen Umgebung, die sich innerhalb weniger Jahrhunderte so gravierend verändert hat. Wann eine Anpassung daran erfolgen wird, ist ungewiss, ebenso wie die Frage danach, wie Menschsein dann gelebt werden wird.

Homogene Erwachsenengruppen

Bei Kindern wirkt sich die viele Zeit, die sie in homogenen Gruppen verbringen, auf ihr Erlernen von Empathie aus. Bei Erwachsenen zeigen diese Trennung von den Kindern (ebenso wie von anderen marginalisierten und institutionalisierten Gruppen) und die Auslagerung der Care-Arbeit ebenso ihre Wirkung: Wir sind dadurch von Kindheit und kindlichem Verhalten entfremdet, gestresst und dann, wenn wir doch Zeit mit dem Kind haben, erschöpft durch den Versuch, gut miteinander in Verbindung zu stehen, weil wir nicht die richtigen Antworten haben auf das kindliche Verhalten. Anders, als es oft behauptet wird, bekommt der weibliche Elternteil die Fähigkeit zur Erziehung nicht einfach in die Wiege gelegt. Vieles davon müssen wir lernen, bzw. greifen wir auf eigene Erfahrungen zurück.

Wenn wir gebären, ist das oft die erste Geburt, die wir wirklich miterleben. Zwar gibt es Geburtsvorbereitungskurse, in denen uns erklärt wird, wie genau sich das Baby durch das Becken schraubt, welche Positionen zur Unterstützung welcher Geburtsphase eingenommen werden können und was sonst noch hilfreich ist. Aber dieses kompakte und auch theoretische Lernen innerhalb weniger Wochen ist weit entfernt vom praktischen Wissen, das erworben würde, wenn wir tatsächlich Geburten begleiten würden und Geburt etwas wäre, das normal in unserem Alltag stattfände. Die Krise um die Hebammenversorgung spitzt dies noch zu: Gebärende Frauen, die bisher keine Geburten gesehen, gehört, gerochen, erlebt haben, befinden sich in einem klinischen Umfeld und einer unbekannten Extremsituation, in der eine fachkundige und beruhigende Hilfe mehrere Gebärende gleichzeitig versorgen muss und selbst unter Stress steht. Sofern die Geburt nicht als Hausgeburt oder Geburt im Krankenhaus mit einer Beleghebamme stattfindet, ist die Geburtssituation oft das erste Aufeinandertreffen von Hebamme und Gebärender. Zwar gibt es ein Aufnahmeformular, aber die begleitende Hebamme kennt nicht die Geschichte der Gebärenden, ihren Umgang mit Schmerz, ihre Ängste, Erfahrungen mit (sexueller) Gewalt, die sie vielleicht im Laufe ihres Lebens gemacht hat und die sich auch auf die Geburt auswirken können. Es treffen sich Fremde, um eine für die gebärende Frau bisher unbekannte Extremsituation gemeinsam zu durchlaufen.

>>Instagram-Nachricht:
«Ich kannte nur die Erzählungen meiner Mutter über die Geburten von meiner Schwester und mir. Und die waren nicht so toll. Ich denke, dass es mir viel gegeben hätte, wenn Geburt und Wochenbett eine Rolle in der Gesellschaft hätten. Also auch, dass man Wöchnerinnen Essen vorbeibringt etc. Ich habe mir für meine dritte Geburt eine Runde von bestärkenden Frauen gewünscht um mich herum. Leider wollte niemand meiner Freundinnen mich begleiten.»

Natürlich ist die moderne Medizin ein Segen und senkt Kinder- und Frauensterblichkeit, aber auch hier gilt es, verschiedene Ebenen zu betrachten und zu fühlen: Wir können moderne Medizin zusammendenken mit empathischer, stressfreier, langfristiger Begleitung. Schon in prähistorischen Zeiten standen Gebärenden Helferinnen zur Seite, und Geburt war Teil eines im Alltag erworbenen Wissens. In einer Durchsicht anthropologischer Aufzeichnungen von 128 nicht industrialisierten Jäger-, Sammler- und Ackerbau-Gesellschaften halten die Forschenden fest, dass es nahezu in allen üblich war, dass der Gebärenden während der Geburt ständig Beistand geleistet wurde. Die Dorfhebamme, die aus der Gemeinschaft verheirateter Frauen gewählt wurde, galt lange als die vertraute Ansprechpartnerin Schwangerer und Gebärender – aber auch hier gab es einen großen Einschnitt durch das Mittelalter und die Ermordungen im Rahmen der Hexenverfolgungen, die um 1400 begannen und bei uns bis ins 18. Jahrhundert hineinreichten. In Tansania werden weiterhin jedes Jahr Frauen als Hexen ermordet oder lebendig begraben, in der Zentralafrikanischen Republik wurden 2016 Hunderte auf dem Scheiterhaufen verbrannt. Auch aus Nepal, Papua-Neuguinea und Saudi-Arabien sind Hexenmorde bekannt.[57] Die Journalistin und Feministin Mona Chollet erklärt in ihrem Buch «Hexen», dass «die Hexenverfolgungen dazu beigetragen [haben], unsere Welt zu dem zu machen, was sie ist. Hätte es sie nicht gegeben, würden wir vermutlich in einer ganz anderen Gesellschaft leben.»[58] Die Verfolgung und der umfassende Femizid richteten sich unter anderem gegen Heilerinnen und jene, die anderen Frauen bei der Geburt halfen, also klassische Care-Arbeitende. Aber auch jene Frauen, die sich zu viel mit Freundinnen trafen, waren verdächtig und ebenso alte Frauen, die ihr gesammeltes Wissen an jüngere überlieferten, die Geschichten und Ereignisse des Dorfes aufnahmen und mündlich weitergaben und auf diese Weise Geschichte kultivierten. Ohnehin traf die Verfolgung all jene, die den gesellschaftlichen und patriarchalen Entwicklungen widersprachen: Die Hexenjagden dienten dazu, «Frauen ihrer medizinischen Praktiken zu berauben, sie unter die patriarchale Kontrolle der Kleinfamilie zu zwingen und außerdem ein holistisches Naturkonzept zu zerstören, das der Ausbeutung des weiblichen Körpers bis zur Renaissance Grenzen gesetzt hatte».[59] Der frühe und lang anhaltende Femizid an wissenden, heilenden, versorgenden und gemeinschaftsbildenden Frauen legte den Grundstein für unsere heutige Entwicklung und ihre Problemlagen.

Nun also stehen wir da, ohne Geburtskultur bzw. mit einer Geburtskultur, in der das gemeinschaftliche Umsorgen durch andere Frauen von einem klinischen Ansatz von Männern abge-

137

löst wurde. Die ersten von Ärzten geschriebenen Lehrbücher über Geburten kodifizierten die Arbeit, Hebammenordnungen regelten die Abläufe, das preußische Medizinaledikt von 1725 schrieb Hebammen erstmals vor, bei schwierigen Geburten einen Arzt hinzuzuziehen, private Geburten wurden immer mehr in Kliniken verlegt, obwohl Gebärkliniken eine hohe Wöchnerinnensterblichkeit hatten, bis der Arzt Ignaz Semmelweis Ende des 19. Jahrhunderts als Grund für das Kindbettfieber in Kliniken die mangelnde Hygiene entlarvte.[60] Die Aneignung der Care-Thematik zur Operationalisierung, Verwissenschaftlichung und Beeinflussung durch Männer finden wir nicht nur im Bereich der Hebammenarbeit, sondern auch in der Pädagogik: Auch hier übernahmen Biologen, Ärzte, Psychologen, die meist selbst nicht persönlich in Care-Tätigkeiten eingebunden waren, die Federführung, schrieben im Elfenbeinturm, selbst entfremdet von der eigentlichen Tätigkeit, Bücher über den richtigen Umgang mit Kindern, den Mütter dann entsprechend pflegen sollten. Natürlich kann man kindliche Entwicklung anhand von Theorien und wissenschaftlichen Studien nachverfolgen und davon Empfehlungen ableiten, aber es ist dennoch etwas völlig anderes, zum Beispiel selbst zu erleben, wie kräftezehrend das emotionale Begleiten eines viel weinenden Babys oder häufige Wutanfälle erlebenden Kleinkindes sind.

Wenn wir wenig Zeit mit anderen Menschen mit anderen Bedürfnissen verbringen, haben wir auch weniger Erfahrungswissen. Das bezieht sich sowohl auf Kinder als auch den Umgang mit allen anderen Altersgruppen und auf die Bedürfnisse von Menschen mit Behinderungen oder Menschen mit psychischen Erkrankungen. Wenn wir nie bei einer Geburt dabei waren, wissen wir nicht, was wann wie getan werden kann und muss. Geburt ist für uns nicht per se natürlich, nur weil es eine biologische Funktion ist. Dafür sind wir seit Jahrhunderten kulturell viel zu sehr überladen. Was an «Natürlichkeit» darin steckt, nämlich die Normalität eines allen Menschen bekannten Vorgangs, der 2021 allein in Deutschland 798 912 Mal[61] vorkam, lässt uns die Geburt noch lange nicht als «natürlichen, normalen» Akt empfinden. Wir haben Geburt vorher nicht erlebt. Es ist etwas Fremdes, sich selbst als schreiend, weinend, fluchend zu erleben. Wir haben vorher nicht gesehen, wie andere Frauen tief in sich einkehren, wie sie tönen unter der Geburt. Weil wir aus dieser Art der Gemeinschaft herausgerissen wurden. In Filmen und Serien bekommen wir ein falsches Bild von der dort nachgestellten Geburt vermittelt, das wir dann mit den gezeigten Eingriffen und der oft als selbstverständlich dargestellten Rückenlage im Krankenhausbett als normal empfinden.

Nicht selten fragen sich Frauen sogar, wie sie ein vergleichsweise riesiges Baby aus ihrer Vagina befördern sollen – während früher die Abbildungen der Sheela-Na-Gig an Außenwänden von Gebäuden und sogar Kirchen zu finden waren und eine extrem geweitete Vulva zeigten. Wir ekeln uns davor, dass bei der Geburt Kot abgesetzt wird, wenn der Kopf des Babys beim Durchwandern des Geburtskanals auf den Darm drückt, vielleicht wollen wir das sogar um jeden Preis aus Scham vermeiden und sind deswegen verhalten und angespannt während der Geburt. Würde uns das auch so in Beschlag nehmen, wenn wir es als natürlichen Teil der Geburt wahrnähmen und es einfach selbstverständlich wäre, weil wir das schon mehrere Male so erlebt hätten? Eine stärkere natürliche Einbettung würde wahrscheinlich ebenso der Romantisierung von Geburt wie auch der Ängstigung vor dem Ungewissen entgegentreten und Menschen zeigen, wie vielfältig und unterschiedlich Geburtserfahrungen sein können. Unsere Wahrnehmung davon, was erlaubt und richtig ist, ist geprägt von dem, was wir erlebt (oder nicht erlebt) haben. Das bedeutet nicht, dass es so richtig und unveränderlich sein muss.

>>Instagram-Nachricht:
«Ungeplant war ich bei der Geburt der Tochter meiner
besten Freundin dabei. Sie, ihr Mann und ich, die Hebamme kam zur Nachgeburt. Das war für uns alle ein sehr
prägendes Ereignis, und ja, es verändert etwas. Zu sehen,
wie ihre Tochter so aus ihr ‹herausrutscht›, hatte etwas so
Gewaltiges, aber auch berührend Normales.»

Das eigene Kind ist nicht selten das erste Baby, das wir wirklich
versorgen müssen, dem wir Nahrung anbieten müssen, das wir
weinend auf dem Arm haben, während wir uns verzweifelt fragen,
wie wir es beruhigen können. «Es ist normal, dass du unsicher
bist!», hören wir. Eine ganze Beratungs- und Weiterbildungs-
industrie speist sich aus der Unsicherheit der Eltern: (Stoff-)
Windelberatung, Stillberatung, Trageberatung, Schlafberatung,
Beikostberatung, Beratung zum Umgang mit wütenden Kindern
… Aber ist es wirklich normal, dass Eltern nicht wissen, wie man
ein Baby ernährt, wie man es pflegt und liebevoll umsorgt? Oder
ist es nur hier der Norm entsprechend, weil wir es nicht gelernt
und uns um das Wissen gebracht haben?

Nachdem die unterstützende, sich stärkende Frauengemeinschaft unter anderem durch die Hexenverfolgungen untergra-
ben wurde, Misogynie selbst in den Frauen verankert wurde,
weil der Verrat anderer Schutz bot und bis heute der Anschluss
an die Meinungen des Patriarchats vermeintlich einen Vorteil
im gesellschaftlichen Leben bietet, entstanden im 20. Jahrhundert wieder Schulen, die Müttern das Umsorgen beibrin-
gen sollten, wie die 1916 von der Pädagogin Luise Lampert
gegründete erste Mutterschule auf Basis der Theorien Friedrich Fröbels. Ab 1933 verbreiteten Mütterschulen einen Erziehungsgedanken, der Mütter noch weiter von liebe- und respektvoller Erziehung mit Nähe und Zuwendung entfernte, ganz

im Sinne des nationalsozialistischen Frauen- und Menschenbildes.

Wir können uns in diesem Zusammenhang durchaus noch einmal die oben gestellte Frage von Mona Chollet durch den Kopf gehen lassen: Was, wenn es die systematische Zerstörung der Frauengemeinschaft durch die Hexenverfolgungen nicht gegeben hätte? Wäre es dann heute nötig, dass wir Geburt und alles rund um Elternschaft in mühevoller Kursarbeit, durch Bücher, Workshops, Insta-Reels etc. lernen müssten? Wäre es dann nicht vielleicht viel selbstverständlicher, dass wir in Gemeinschaft das Begleiten von Kindern lernen würden und nicht hilflos und überfordert in so vielen Situationen des Elternseins wären?

Die Homogenisierung von Menschengruppen entfremdet uns voneinander. In einer Gesellschaft, in der Kinder von Erwachsenen durch Institutionalisierung getrennt werden, in der Kinder nicht mehr im Alltag zu finden sind, schrumpft das Verständnis für Kinder und ihre Bedürfnisse, ihre Pflege. Kinder zu begleiten, erscheint wie das Erlernen einer neuen Sprache. Innerhalb der Erwachsenengruppe finden wiederum Aufspaltungen in Einzelgruppen statt: Junge, Middle-Ager und Alte werden voneinander getrennt, Menschen mit Kindern sind in einer Gruppe, Menschen ohne Kinder in einer anderen, Vollzeiterwerbstätige in einer weiteren Gruppe und unbezahlt Sorgearbeitende wieder in einer eigenen. Wir gehen mit den Leuten aus dem Büro etwas trinken, wir treffen uns in «Muttitreffs», und es gibt spezielle Väterkurse und -gruppen. Wo doch der Austausch untereinander so wichtig ist, entfremdet uns der Rückzug in die eigenen Gruppen von den Bedürfnissen der anderen.

Dies sehen wir nicht nur in Bezug darauf, dass kinderlose Personen mittleren Alters wenig mit den Bedürfnissen von Kindern und Familien anfangen können oder alte Personen, wie schon erwähnt, sich nicht für die Naturschutzinteressen der Jungen einsetzen, sondern auch umgekehrt: Ebenso wie Kinder werden auch alte Menschen ausgegrenzt und in für sie eigens geschaffenen Institutionen untergebracht. Für sie gibt es Senior*innentreffen, Senior*innentanz, Senior*innenwohnheime. Natürlich ist es durchaus wichtig, dass alte Menschen, genauso wie Kinder, eine besondere Fürsorge erhalten, die insbesondere oft auf medizinischer Ebene notwendig ist und für die es gute Rahmenbedingungen braucht. 76 Prozent aller Pflegebedürftigen wurden 2019 zu Hause versorgt (2,59 Millionen), davon wurden laut Statistischem Bundesamt 1,76 Millionen Menschen allein durch Angehörige, vorwiegend Frauen, versorgt.[62] Gelegentlich werden osteuropäische Helferinnen im Sinne der schon erwähnten Care-Chains genutzt. Doch grundsätzlich lastet diese Pflege, die oft ohne weitere Hilfe stattfindet, schwer auf den pflegenden Angehörigen und führt durch die hohe Eigenverantwortung und gesellschaftliche Ausgrenzung wegen des enormen Zeitaufwands zu Stress, der sich wiederum auf die Beziehung auswirken kann: Die Ambivalenz zwischen Liebe und Überforderung kann schwer wiegen. Im Pflegeheim können zu Pflegende «eine neue ‹Konvivilität› erfahren, die ihnen gegebenenfalls in einer fälschlicherweise romantisierten Versorgung in der eigenen Häuslichkeit mitnichten offensteht», erklärt der Dozent für Gerontologie Prof. Dr. Thomas Klie.[63] Doch auch hier haben sich Kommerzialisierung und Finanzialisierung der Pflege negativ ausgewirkt – sowohl auf das Wohlbefinden der zu Pflegenden als auch der Pflegenden. Auch hier steht, wie wir schon im ersten Teil gesehen haben, das Profitstreben der Beziehungsarbeit im Weg: Die Gewinnmaximierung einer börsennotierten Aktiengesellschaft, die mittlerweile Träger von privaten Pflegeplätzen sind, ist schwer zu vereinbaren mit hochwertiger Betreuungs- und Beziehungsarbeit. Und auch eine andere Parallele zur institutionellen Betreuung von Kindern lässt sich ziehen: Der Personal- und damit der Betreuungsschlüssel in der Altenpflege bedarf unbedingt einer Reform. Der Chef der Bremer Heimstiftung und Vordenker der deutschen Heimszene, Alexander Künzel, hält eine Reduzierung der Heimplätze um 50 Prozent für angemessen und befürwortet kleinräumige Versorgungseinheiten mit Quartiersbezug.[64]

Fortgeführt sehen wir die Auswirkungen der Homogenisierung durch die Separierung der Alten in dem, was passiert, wenn ein Mensch stirbt. Wir sind überfordert, verunsichert. Tod hat keinen Platz in unserer Mitte, obwohl es gerade diese Momente des Lebens sind, in denen wir in besonderer Weise darauf angewiesen sind, von einem Beziehungsnetz aufgefangen und gehalten zu werden. Wir wissen nicht, wie wir Beileid bekunden sollen, wie wir mit den Emotionen anderer und unseren eigenen umgehen sollen. Gerade in Bezug auf Kinder wird dies deutlich: Wie soll ich nur erklären, dass Opa gestorben ist? Wären wir mehr selbstverständlich miteinander verbunden, hätten Tod wie Geburt ihren Platz in unserem Lebensalltag, hätten wir vielleicht natürlichere Antworten und müssten nicht unbeholfen «Kinderbücher über Tod» googeln.

Ausschluss von Jungen und Vätern aus dem Umsorgen

Besonders deutlich wird die Entfremdung des Umsorgens von Kindern bei den Personen, die aufgrund ihrer Geschlechtszuschreibung aus dem Umsorgen ausgeschlossen sind. Im ersten Teil des Buches haben wir gesehen, dass das sowohl im beruflichen als auch familiären Kontext besonders Männer und Väter betrifft. Der Grund dafür ist die Sozialisation, eng verwoben mit strukturellen Bedingungen wie dem Gender-Pay-Gap und der fehlenden Möglichkeit zur Freistellung nach der Geburt.

Wir haben bereits einen Blick auf das Konzept «Kreis der Sicherheit» geworfen, welches illustriert, wie Bindung und Beziehung funktioniert, und dass es für eine sichere Bindung sowohl Freiheit, Exploration und Möglichkeit zur Selbstwirksamkeit braucht als auch den sogenannten sicheren Hafen, zu dem das Kind zurückkehren kann, wenn es Nähe, Zuwendung und Sicherheit braucht. Die Aufgabe von Bezugspersonen ist es, beides zur Verfügung zu stellen und den beständigen Kreislauf aus Exploration und Nähe zu ermöglichen. Je nach eigenen Erfahrungen haben manche Bezugspersonen mehr Probleme damit, Nähe zu geben, beispielsweise das Weinen des Kindes auszuhalten, es zu trösten, liebe- und respektvolle Zuwendung zuzuteilen, während andere vielleicht mehr Probleme damit haben, Freiheit zu gewähren und Vertrauen zu haben in den Erkundungswunsch des Kindes. Durch eine geschlechtsspezifische Sozialisation können schon im Kindesalter Probleme angelegt werden, wenn einer der beiden Bereiche besonders betont bzw. der andere vernachlässigt wird. Diese Probleme wirken sich später wieder auf den Umgang mit den eigenen Kindern aus. Die geschlechtsspezifische Sozialisation von Jungen sieht vor, dass Selbstständigkeit, Freiheit und Erkundung besonders gefördert werden, während Zuwendung und Nähe aufgrund von Geschlechtszuschreibungen oft etwas weniger beachtet werden: Aussagen wie «Jungen weinen nicht!» oder «Sei kein Mädchen!» geben dies wieder. Auch in Konfliktsituationen versuchen Jungen, einen gesellschaftlich vertretenen männlichen Habitus nachzuahmen, indem Konflikte externalisiert werden: Unsicherheit und Wut werden durch kämpfen, schubsen, rennen ausgelebt.[65] In diesem Zusammenhang ist es nicht verwunderlich, wenn das LBS-Kinderbarometer 2020 angibt, dass rund jedes sechste Kind Computerspiele als tröstend empfindet, wenn es mal traurig ist, was besonders auf Jungen zutrifft.[66] Wenn Jungen sich raufen, wird diese Form der Auseinandersetzung oft mit «Jungs sind eben so!» kommentiert, wobei schnell die Grenze zwischen einem spielerischen Raufen, das für Kinder jedes Geschlechts normal sein kann, und einem tatsächlich körperlich ausgetragenen Konflikt übersehen wird. Der Kampf wird dann als Spiel angesehen, und diese Art der Auseinandersetzung daher als normal legitimiert und nicht reguliert. Das, was wir bereits als wichtigen Einfluss auf die Weiterentwicklung empathischer Fähigkeiten erfahren haben, wird in der Sozialisation von Jungen oft weniger berücksichtigt. Geschlechtsunterschiede in der Empathie gehen besonders auf die Sozialisation zurück: Nur 10 Prozent unserer Empathiefähigkeit sind insgesamt genetisch festgelegt, der Rest beruht auf nicht genetischen Faktoren. Der Umstand, dass Frauen in Studien oft mehr Empathie zeigen, wird auf hormonelle Faktoren und Sozialisation zurückgeführt.[67] Stellen wir uns an dieser Stelle noch einmal die besagte Frage: Was führt Menschen, die eigentlich als Menschen auf das Gute und das Miteinander eingestellt sind, zu gewalttätigen und antisozialen Taten? «Seriöse Studien zeigen bei körperlich-gewalttätigem Verhalten einen deutlichen Zusammenhang zwischen Geschlecht und Alter in dem Sinne, dass dieses Verhalten gehäuft bei männlichen Jugendlichen und jungen erwachsenen Männern auftritt», erklärt der Verhaltensphysiologe Roth[68] und weiter: «Instrumentelle Gewalttäter (mehrheitlich Jungen und Männer) sind in der Regel psychisch normal, wenn man von einer gesellschaftlich definierten Normalität ausgeht. Sie haben aber meist schon in früher Kindheit durch Zwang, Imitation oder eigene Erfahrung gelernt, dass es für sie notwendig oder vorteilhaft ist, sich für die Verwirklichung eigener Ziele oder aus sozialen Gründen [...] rücksichtslos zu verhalten und Konflikte gewalttätig zu lösen.»[69] Auch impulsivreaktive Gewalttäter sind fast ausschließlich Männer, die auf eine vermeintliche Bedrohung unangemessen reagieren, was an genetischen Ursachen, aber auch Erfahrungen körperlicher

Gewalt und Geringschätzung in der Kindheit und anderen Umweltbedingungen liegen kann. Wir müssen also feststellen: Die geschlechtsspezifische Sozialisation von Jungen kann einen großen Einfluss auf späteres gewalttätiges und unsoziales Verhalten haben.

Allein ein Blick auf angebotene Spielsachen zeigt, dass solche rund um den Care-Bereich eher für Mädchen beworben werden: von Babypuppen über Puppenküchen bis hin zu Mini-Haushaltsspielgeräten wie kleinen Staubsaugern und Wischmobs.[70] Die Genderforscherin Prof. Dr. Uta Brandes erklärt, warum die geschlechtsspezifische Spielzeugauswahl problematisch ist: «Weil es Rollen festlegt, die mit Hierarchie und mit Wertigkeit zu tun haben. Wir können schon feststellen, dass die typisch weiblichen Rollen immer zu tun haben mit Dienen, Helfen, Pflegen, Heilen. Und die anderen, das sind die Tatkräftigen, die etwas in Schwung bringen. Jetzt könnte man sagen: Ja und, ist doch egal. Aber es ist eben gesellschaftlich sowohl finanziell als auch im Ansehen unterschiedlich bewertet.»[71] In der Spielwelt der Kinder spiegelt sich wider, was wir an Fakten im ersten Teil dieses Buches gesehen haben. Und auch wenn es laut Forschung durchaus leichte geschlechtsspezifische Unterschiede in der Auswahl von Spielzeug zwischen Jungen und Mädchen gibt und man von einem groben Schema der Biologie sprechen kann,[72] ist der Einfluss der sozialen Umgebung nicht zu unterschätzen. Wenn wir uns noch mal vor Augen führen, wie wichtig uns Menschen das Anliegen ist, zu einer Gruppe dazuzugehören und nicht ausgeschlossen zu werden, können wir daraus folgern, dass sich Kinder, um zu vermeiden, dass sie aufgrund ihrer Spiel- oder Kleidungsauswahl ausgeschlossen werden, meistens im Sinne des Bindungssystems der (unausgesprochenen) Erwartungshaltung des Umfeldes anpassen. Die zu vernachlässigenden biologischen Ursachen für Unterschiede sollten nicht mehr als Basis für das Handeln und vor allem nicht als Legitimierung der darauf aufgebauten und durch sie verstärkten Ungerechtigkeit dienen.

War das schon immer so, dass es eine geschlechtsspezifische Auswahl an Spielzeug gab, die ziemlich klar zwischen Care und anderem trennte? Wir wissen wenig über den frühen Umgang mit Spielsachen, denn zwar ist der älteste Spielzeugfund über 150 000 Jahre alt, aber Spielzeug war sehr lange eine Frage der Klasse, der Kinder angehörten. Puppen jedoch waren lange Zeit für alle Geschlechter als Spielzeug gedacht und entwickelten sich erst ab dem Mittelalter mehr zu einem Spielzeug für Mädchen. In der zweiten Hälfte des 20. Jahrhunderts wurde die Geschlechtertrennung bei Spielwaren immer deutlicher, teils als Backlash infolge der Emanzipationsbewegung und bewusster Eingriff der Gegenseite, teils aber auch geleitet durch wirtschaftliche Interessen: Geschlechterspezifisches Marketing bringt mehr Gewinn für die Unternehmen. Lego, das früher ein Bau- und Konstruktionsspielzeug für alle Kinder war und mit denselben Produkten Jungen wie Mädchen ansprach, brachte 2012 «Lego Friends» als Spielzeug für Mädchen ab fünf Jahren heraus. Die Zuschreibungen von Spielzeug zu einzelnen Gruppen erhöht den Gewinn, schließlich können geschlechtsspezifische Produkte «nicht einfach so» an andere Kinder weitergegeben werden: «Natürlich kann der kleine Junge nicht das Lillifee-Fahrrad seiner Schwester benutzen», erklärt die Genderforscherin und Gründerin der Bildungsorganisation Pinkstinks Stevie Schmiedel entsprechend.[73] Die Verlagerung des Spiels in den häuslichen Bereich mag dem Marketing dabei noch eine willkommene Entwicklung gewesen sein, da sich dadurch Spielmöglichkeiten nochmals verändert haben.

>>Instagram-Nachricht:
«Meine Mutter wollte mir damals kein Parkhaus kaufen, obwohl ich es mir sehr gewünscht habe. Das Barbie-Traum-haus musste aber sein. Habe ich kaum mit gespielt. Lego und Playmobil fand ich viel besser. Habe ich dann aber auch immer bekommen, als ich älter war. Habe den Eindruck, in den 80ern/90ern war es wirklich extrem. Die Lego-Friends-Reihe empfinde ich als besonders schlimm, denn mit dem Ur-Lego kann man ja bauen, was man will. Ich achte darauf, dass mein Kind nach seinen Interessen Spielzeug bekommt, und das hat zu 99 Prozent Räder. Dennoch sind auch die Schleichtiere der älteren Kinder in der Familie sehr beliebt.»

Männlich gelesene Personen wurden durch Erziehung, durch Spielmaterial, den Einfluss der Medien, aber auch Popkultur (hier etwa durch das Musikgenre des Gangsterraps) und das Diktat der «Ernährerrolle» im Sinne der Vollzeit-Erwerbstätig-keit vom Umsorgen entfremdet. Auch hier gibt es wieder Bücher, Kurse und Beratungen, um den fehlenden Kenntnissen dann, wenn das eigene Kind da ist, entgegenzuwirken. Aber gerade an dieser Stelle sehen wir, dass manche Dinge nur schwer aufholbar sind, wir mit Kursen und Büchern allein, die dann im mittleren Alter die fehlende sorgende Sozialisation aufheben sollen, viel-leicht nicht ausreichend weiterkommen. Und was ist mit jenen männlich sozialisierten Personen, die nicht Väter werden? Wie sollen sie gesellschaftliches Umsorgen lernen, wenn sie in ihrer homogenen Gruppe mit dem Bedarf tatsächlicher Sorgearbeit nicht in Kontakt kommen? Bis zum Ende des Jahres 2011 haben die meisten der jungen Männer, die sich dem Bundeswehrdienst verweigerten, zumindest den Zivildienst angetreten, der in einer sozialen Einrichtung erbracht wurde. «Und auch wenn nicht alle in der direkten, körpernahen Pflege gearbeitet haben, etwa ein

Fünftel der jungen Männer der Geburtsjahrgänge 1960 bis Anfang der 1990er Jahre hatte und hat persönliche Erfahrungen im Care-Bereich gemacht, ganz selbstverständlich», schreiben Almut Schnerring und Sascha Verlan in ihrem Buch «Equal Care».[74] Diese Erfahrungen fehlen heute. Und umgekehrt: Vielleicht ist es auch, wie schon erwähnt, für das Verständnis der Bedürfnisse der Jungen vonseiten der Alten von Vorteil, wenn beide miteinander in Kontakt kommen.

Die Entfremdung des Umsorgens betrifft bei Vätern und Männern allerdings nicht nur den Sorge-gebenden Aspekt, sondern auch den Sorge-annehmenden Bereich. Eine Erziehung zur Stärke, entgegen emotionaler Weichheit, bedeutet oft auch: «Wenn du weich bist, bist du ein Mädchen!» Emotionalität und Sorge wird mit Weiblichkeit, Schwäche, Machtlosigkeit, Abhängigkeit verbunden. Männlichkeit hingegen ist mit Stärke, Härte, Unnahbarkeit, Autorität verknüpft. Weichheit zuzulassen, sich von anderen umsorgen zu lassen, wird dann als Ausdruck von Schwäche interpretiert. Dieses verinnerlichte Bild kann sich auch auf den eigenen Körper und die Lebenserwartung auswirken. Laut «Life Expectancy Gap» ist die Lebenserwartung deutscher Männer 4,8 Jahre geringer als die der Frauen – was nicht ausschließlich am Geschlecht liegt, sondern an gesellschaftlichen Umständen und Verhaltensweisen: «Man geht heute davon aus, dass lediglich etwa ein Jahr von insgesamt etwa sechs Jahren, die Männer im Mittel früher sterben, durch biologische Faktoren bedingt ist», erklärt das Robert-Koch-Institut auf Basis einer Studie zur Männergesundheit aus dem Jahr 2014.[75] Männer besuchen seltener Vorsorgeuntersuchungen, ignorieren eher Schmerzen, essen ungesünder, nehmen eher Drogen, gehen gefährlicheren Hobbys nach, fahren riskanter Auto. Sorge anzunehmen, ist für sie schwierig.

>>Instagram-Nachricht:
«Vielleicht fürchten sich viele vorm Gutsein. Was wird aus
Macht, wenn ich gut bin? Männerwelt besteht aus Macht,
Kontrolle, Sich-Beweisen …»

Gerade im Zusammenleben mit anderen und im Aufbau verlässlicher Beziehungen ist es wichtig, emotional und sorgend miteinander umzugehen. Wenn sich eine Person immer wieder emotional zurückzieht, sich nicht umsorgen lässt und/oder keine Sorge zukommen lässt, erschwert das die Beziehung – sowohl zwischen erwachsenen Menschen als auch zwischen dem Kind, das sich zuwendet, und einem Elternteil, das aufgrund verinnerlichter Muster toxischer Maskulinität oder fehlenden Vatervorbildes die Zuwendung nicht zulassen und zukommen lassen kann. «Die Erfahrung mit dem eigenen Vater wirkt sich fast immer prägend auf die Ausgestaltung der Vaterrolle aus», erklärt der Pädagoge und Sachverständige in Sachen Kindschaftsrecht Prof. Dr. Wassilios E. Fthenakis.[76] Der Verlust und die Traumatisierung von Vätern und Jungen während und nach dem Zweiten Weltkrieg wirkt auch in der Erziehung heutiger Familien nach: Traumata und Verlust führten dazu, dass die Kinder dieser gestorbenen oder traumatisierten Väter selbst kein positives väterliches Selbstbild aufbauen konnten. War der Vater im Krieg verstorben, mussten Kinder oft zu früh «erwachsen» werden: Wir sprechen von «Parentifizierung», wenn es zu einer Umkehr der Rollen zwischen Eltern und Kind kommt und die Kinder die Versorgungsrolle tragen müssen. Traumatisierungen können aber auch zu Gefühlsblindheit (Alexithymie) führen. Eine gefühlsblinde Person kann die eigenen und die Gefühle des Kindes nicht richtig oder nicht ausreichend erkennen, wodurch der Umgang des Kindes mit seinen Gefühlen ebenfalls beeinflusst wird. Menschen mit Alexithymie fällt es schwer, sich in andere hineinzuversetzen und die

Gefühle anderer nachzuempfinden.[77] Sowohl tatsächlich abwesende als auch emotional abwesende Väter der Kriegsgeneration können sich auf das Vaterbild ihrer Kinder ausgewirkt haben. In einer Familie, in der Vater und Mutter anwesend sind, wirkt sich die emotionale Abwesenheit des Vaters auf das Gesamtsystem und das Kind aus: Oft hat der andere Elternteil (teilweise unbewusst) das Gefühl, die fehlende emotionale Anteilnahme ausgleichen zu müssen, was im ohnehin beschränkten Modell der Kleinfamilie zu einer Überlastung dieses Elternteils führen kann.[78] Für das Kind ist fehlendes emotionales Feedback einer Bindungsperson schwierig: Kinder bemühen sich darum. Bleibt es aus, kann das Wunden hinterlassen und sich nachteilig auf die emotionale Entwicklung wie auch die spätere Beziehungsfähigkeit auswirken. Die amerikanische Psychotherapeutin Lindsey Gibson beschreibt in ihrem Buch «Kalte Kindheit» die Wirkung emotionaler Vereinsamung folgendermaßen: «Wenn einer oder beide Elternteile nicht reif genug sind, um Ihnen gefühlsmäßige Unterstützung zu gewähren, dann spüren Sie das als Kind zwar, wissen [...] aber nicht, was da im Argen liegt. Sie nehmen dann vielleicht an, dieses nagende Gefühl des Alleinseins und der Leere sei Ihr höchstpersönliches, merkwürdiges Erfahrungsmuster und Sie seien deshalb anders als andere. Als Kind können Sie nicht wissen, dass jenes hohle Gefühl in Ihrem Inneren eine völlig normale Resonanz auf das Fehlen emotionaler Nähe ist, eine Reaktion, die alle Menschen zeigen.»[79] Sie erklärt weiter, wie diese Erfahrungen spätere Beziehungen negativ beeinflussen und das beständige Gefühl von Leere prägen können.

Die Fortführung der Problematik um Sorgeverantwortung bei Vätern können wir auch daran beobachten, inwieweit nach einer Trennung weiterhin Sorge für die ehemalige Partnerin (die meistens, wie wir im ersten Teil des Buches gesehen haben, während der Partnerschaft sorgende Tätigkeiten in der Familie im Rahmen unbezahlter Care-Arbeit übernommen hat) und die Kinder übernommen wird: Die Bertelsmann Stiftung gibt 2021 an: «Unterhalt vom getrennt lebenden Elternteil kommt nur bei der Hälfte der Kinder an, davon erhält wiederum die Hälfte der Kinder weniger als den Mindestunterhalt.»[80] Meist sind es die Väter, die den Unterhalt nicht zahlen, wobei die Ursachen dafür vielschichtig sein können: Sie können von psychischen Erkrankungen, Arbeitsunfähigkeit über Arbeitslosigkeit bis hin zu bewusster Vermeidung der Zahlung, um den anderen Elternteil für die Trennung zu bestrafen, und bewusstem Sozialbetrug reichen. Der Umstand aber, dass das Risiko, in Armut zu leben, für alleinerziehende Familien (wovon 88 Prozent alleinerziehende Mütter mit Kind oder Kindern sind) in Deutschland derart hoch ist, spricht für sich. Das Armutsrisiko liegt dabei nicht an mangelnder Erwerbstätigkeit: «Alleinerziehende leisten im Alltag enorm viel und erfahren dafür zu wenig Anerkennung. Oftmals sorgen sie allein für ihre Kinder und gehen zusätzlich einer Erwerbstätigkeit nach. Trotzdem reicht das Einkommen häufig nicht aus. Arm trotz Arbeit», erklärt Jörg Dräger,[81] ehemaliges Vorstandsmitglied der Bertelsmann Stiftung. Alleinerziehende werden nicht ausreichend umsorgt, und damit leiden auch die Kinder, die in alleinerziehenden Familien aufwachsen, unter mangelnder Sorge. Die finanziell nicht ausreichend versorgten Kinder erfahren eine besondere Belastung, die sich auf ihren aktuellen Alltag, aber auch ihre Zukunftsaussichten negativ auswirkt: Von Armut betroffene Kinder sind häufiger sozial isoliert, gesundheitlich beeinträchtigt und in ihrer Bildungsbiografie benachteiligt.

Erziehung als Konzept

Erziehung ist aufgrund all der Veränderungen unseres Lebensalltags zu einer Konzeptfrage geworden. Während es in anderen Kulturen selbstverständlich ist, dem Kind gegenüber ein zugewandtes Verhalten zu kultivieren und im Alltag positiv zu verinnerlichen, sodass es in der Gesellschaft weitergegeben wird, ist das hier viel weniger der Fall. Die schon erwähnte Journalistin Michaeleen Doucleff berichtet über ihre Forschungsreisen und Recherchen zu Erziehungspraktiken bei den Nachkommen der Maya, den Inuit und den Hadza, dass diese nicht nur scheinbar wesentlich respektvoller und zugewandter mit ihren Kindern umgehen und ihre Kinder ein besonders positives soziales Verhalten zeigen. Sie schlägt damit eine ähnliche Richtung ein wie Jean Liedloff, die ihre Erkenntnisse im Jahr 1975 nach ihren Forschungsreisen zu den Yequana in Venezuela in ihrem weltbekannten Buch «Auf der Suche nach dem verlorenen Glück. Gegen die Zerstörung unserer Glücksfähigkeit in der frühen Kindheit» festhielt. Doucleff weist auch darauf hin, dass unsere westliche Erziehungskultur im menschheitsgeschichtlichen Vergleich noch recht neu und größtenteils bezogen auf Quellen und Forschungen der westlichen Welt ist. Diese gäben nicht nur sich ständig widersprechende Empfehlungen über den richtigen Umgang mit Kindern (beispielsweise sind die Empfehlungen zum Schlaf von Babys und Kleinkindern beständig im Wandel, ebenso wie Beikostempfehlungen), sondern auch solche, die sich deutlich unterscheiden von allen anderen Vorgehensweisen älterer Erziehungskulturen.[82] Einen Einblick in die Kritik der Ausrichtung von Forschung auf westliche, industrialisierte Kultur haben wir bereits bekommen. Auch der Anthropologe Prof. Dr. David Lancy bekräftigt dies in seinem Buch «The Anthrology of Childhood»: Die Varianz des Verhaltens ist groß, und nicht alle Kulturen zeigen ein solch gewaltfreies Vorgehen, wie Doucleff es verzeichnet, aber es wird deutlich, wie unterschiedlich der Ansatz ist, ein Kind «aus der Mitte heraus» in Gemeinschaft im Alltag zu begleiten, im Gegensatz zum theoretisch unterlegten, konzeptorientierten Kleinfamilienmodell unserer Zeit – und wie anders bzw. «weird», wie Doucleff es bezeichnet, wir unsere Kinder behandeln.

Wir bewegen uns heute zwischen den Spannungsfeldern von: «Hat mir ja auch nicht geschadet!», und: «Ich will es anders machen, als ich es erfahren habe, aber ich weiß nicht, wie!» In den letzten Jahrzehnten haben sich die Konzepte des Erziehens gewandelt von autoritär über laissez faire bis zu bedürfnisorientiert. Eltern sind verunsichert, welche «Methode» nun richtig ist, und geraten nicht selten miteinander in Auseinandersetzungen darüber, wie Kinder richtig erzogen werden sollen – kein Wunder, bei der Anzahl der zum Teil gegensätzlichen Empfehlungen. Auf der einen Seite empfehlen Pädagog*innen und Psycholog*innen, Kinder liebe- und respektvoll zu behandeln, auf der anderen Seite meinen Vertreter*innen derselben Fachrichtung, Kinder bräuchten klare Grenzen, Druck und Formung, sonst würden sie zu Tyrann*innen werden. Die einen sagen, Babys sollen lernen, allein einzuschlafen, das sei gesund und fachlich abgesichert, die anderen sagen genau das Gegenteil. Woher sollen nun Eltern wissen, welchem Rat welcher Fachrichtung sie vertrauen sollen? Zufallsauswahl je nachdem, welches Buch man in der Bibliothek zuerst in die Hand nimmt, wie man in der Kinderarztpraxis beraten wird, welchen Insta-Kanälen man folgt? Viele Eltern erklären, man solle einfach auf das «Bauchgefühl» hören. Doch ein Bauchgefühl, das selbst durch negative Erziehungsmethoden in der eigenen Kindheit geprägt wurde, kann nur schwer zu etwas anderem führen, als das Erlebte als normal anzusehen. So irren westliche Eltern durch den Erziehungsalltag, in dem sie eigentlich durch all die andere Aufgabenüberlastung kaum Zeit haben, sich auch noch intensiv mit dem Abwägen verschiedener Erziehungsmethoden zu beschäftigen. Sie versuchen, sich mit Konzepten und Methoden Stück für Stück durch den Familienalltag zu manövrieren: erst der Geburtsvorbereitungskurs, dann die Stillgruppe, dann der Beikostworkshop, dann eine Schlafberatung, ein Kurs zum Umgang mit der Wut, nebenher Entspannungstechniken für Eltern ... Selbstverständlich sind all diese Angebote wichtig und hilfreich und *gleichzeitig* sind sie ein Zeichen dafür, dass uns eine ganzheitliche, verinnerlichte Einstellung zum richtigen Umgang mit Kindern fehlt.

Dieser Umstand paart sich mit unserer verinnerlichten Vorstellung von Wettbewerbsfähigkeit und Selbstoptimierung: Wenn wir kein natürliches, im Sinne von selbstverständliches, öffentliches, breit getragenes Erziehungsverhalten haben, wissen wir nie genau, ob wir wirklich «gut genug» sind. Ob wir unsere Kinder wirklich gut genug auf die Zukunft und die Anforderungen des Lebens vorbereiten. Deswegen sind wir beständig auf der Suche nach neuen, besseren Quellen, die uns helfen sollen, endlich den gesellschaftlichen Anspruch der «guten Mutter»[83] oder des (wesentlich weniger ideologisch aufgeladenen) «guten Vaters» zu erfüllen. «Elternschaft ist Erschöpfung by design», erklärt die Journalistin Teresa Bücker so passend. «Familien, so wie sie heute leben, können einer Überlastung kaum entgehen, wenn die Erwachsenen versuchen, ihren Berufen gerecht zu werden und sich selbst um ihre Kinder und den Haushalt zu kümmern.»[84]

Wir wissen heute – und die Informationen über unsere «soziale Ader» in diesem Buch bestätigen das –, wie wir theoretisch mit Kindern umgehen sollten, dass sie liebevolle, zugewandte, respektvolle Eltern brauchen, die ihre Bedürfnisse erkennen und die Anleitung mit einer klaren Vorstellung von der Welt übernehmen, wo das Kind es benötigt. Viele dieser «neuen Erziehungsgedanken» finden wir in den Praktiken der Kulturen, die Doucleff und Liedloff beschreiben. *Aber*: Diese Erkenntnisse stehen im Gegensatz zu der Kultur, die wir geschaffen haben. So zu begleiten setzt Eltern voraus, die *Zeit* haben, um ihre Kinder ins Leben zu führen, zu verstehen, welches Individuum da mit ihnen zusammenwohnt und wie sie ihm ein Gegenüber sein und zur Seite stehen können. Diese Art des Begleitens braucht Zeit, um Kinder demokratisch in den Alltag einzubinden, sie in ihrer Meinung und mit ihren Bedürfnissen nicht zu übergehen und es zeitlich aushalten zu können, dass Kinder ein anderes Tempo beim Erledigen ihrer Dinge haben. Bedürfnisorientiertes Begleiten bzw. ein demokratischer Erziehungsstil sind ganzheitliche Ansätze, keine Konzepte mit Listen und Anleitungen. Ein ganzheitlicher Ansatz beinhaltet nicht nur den Blick auf das Kind, sondern auch auf das System.

Die richtige Art des Begleitens von Kindern steht unserem Alltag diametral gegenüber. Es ist deswegen kein Wunder, wenn manche Eltern demokratische Erziehung, einen autoritativen Erziehungsstil, bei dem die Bezugspersonen ebenso liebevoll auf die Kinder eingehen wie auch klare Regeln und Grenzen aufzeigen, oder bedürfnisorientierte Erziehung als «nicht alltagstauglich» ablehnen und erklären, bei ihnen würde das nicht funktionieren. Und hier nun schließt sich der Kreis zum Anfang dieses Buches und der Frage, warum wir so erschöpft sind, warum wir nicht wissen, was wir im Alltag mit unseren Kindern machen sollen: weil wir sie gedanklich und körperlich aus dem Alltag ausgelagert haben. Weil wir so davon überzeugt sind, dass Kindheit ein Konzept ist, ein Altersabschnitt, der «behandelt» werden muss. Weil wir alles rund um Kinder abgegrenzt haben, statt sie «aus der Mitte heraus» zu begleiten. Wir setzen sie in Spielzeugküchen in Kinderzimmern, damit sie dort das Kochen nachspielen, anstatt sie zu uns in die Küche zu holen und zu beteiligen – und wir sind verwundert, dass das Kind nicht im Zimmer für sich allein spielen möchte. Wir verstehen nicht, warum das Kind, das trotzdem dazu angehalten wird, allein im Kinderzimmer «mit seinen Sachen» zu spielen, weil wir keine Lust haben, ständig mitzuspielen, sich dann, wenn doch mal ein anderes Kind zu Besuch da ist, streitet und darauf besteht, dass es ‹seine Sachen nicht anfassen› soll. Wir wissen nicht, dass Kinder von sich aus spielen und lernen – weil alles in dieser Welt neu und interessant für sie ist – und wir sie nicht beständig bespielen und pädagogisch anleiten müssen, damit sie sich gut entwickeln, sondern eine Umgebung bieten sollten, in der gefahrenfrei erkundet und angefasst werden kann, was zu unserem Leben dazugehört – und gleichzeitig sind wir von dem Gefühl erschöpft, unser Kind ständig bespielen zu sollen. Wir denken, dass wir Kinder mit Lob und Belohnung motivieren müssen, anstatt liebevolles Miteinander, respektvolle Anerkennung und den Einbezug des Kindes in Entscheidungen als inneres Motivationssystem zu betrachten – und sind entsetzt, wenn unsere Teenager nur dann etwas tun, wenn sie etwas dafür bekommen. Wir glauben, dass Schreien und Bestrafungen bei unseren Kindern zu der Einsicht führen würden, dieses zu lassen oder jenes zu tun, und durchblicken nicht, dass es nur Angst vor uns ist, die sie dann leitet, aber nicht Gemeinsinn und Verständnis. Wir erkennen nicht, dass das Begleiten von Kindern wirklich Zeit braucht: für die Kinder, aber auch für die Sorgenden, damit sie Kraft dazu haben. Und wir verstehen nicht, dass sich unsere Gesellschaft in eine Richtung entwickeln hat, die weder uns Erwachsenen noch vor allem unseren Kindern und den Kindern, die wir einmal waren, guttut, und nehmen daraus nicht die Erkenntnis mit, dass jedes Kind, das neu zu uns kommt, die Chance ist, Gesellschaft zu verändern. Wir können für uns selbst durch und mit diesem Kind lernen, wie es anders geht, wenn wir versuchen,

157

die Welt aus den Kinderaugen und über kindliche Bedürfnisse zu betrachten. Wir sind erschöpft, so erschöpft, von diesem falsch eingerichteten Familienleben.

Eine Frage von Macht und Ohnmacht

Das Sorgen um andere ist heute genauso bedeutsam wie eh und je. Und es ist (noch) in uns eingeprägt als Bestandteil unseres Bindungssystems, als Motivation für unser Handeln. Aber mit der Zeit wurde es nicht nur mehr und mehr Frauen und Müttern als «natürliche» Aufgabe zugeschoben, sondern auch aus dem Gruppencharakter gemeinsamen Aufziehens unter Frauen herausgelöst. Die Trennung und Aufteilung von Care hat eine soziale Ungleichheit geschaffen, die dazu führt, dass diese Aufteilung bestehen bleibt und sogar noch verstärkt wird: Männer haben aufgrund ihrer privilegierten Position, da sie in der Regel mehr erwerbstätig sind, mehr Geld verdienen, über mehr Geld verfügen und eine bessere Zukunftssicherung bzw. Rente haben und selbst in ihrer freien Zeit weniger Sorgearbeit leisten, mehr Zeit dafür, dieses ungleiche System (teils unbewusst) noch weiter auszubauen: Ihre abgesichertere, macht- und zeitvollere Position ermöglicht ihnen, sich politisch mehr zu engagieren, höhere, arbeitsintensivere Ämter zu haben und überhaupt mehr Zeit für das Engagement zur Stärkung der eigenen Macht.

Frauen und Mütter hingegen sind in einer meist marginalisierten Position mit geringerem Einkommen und geringerer Absicherung, müssen zugleich aber viel Zeit für Care aufwenden. Durch die eigene internalisierte Misogynie und verschiedene negative Einflüsse auf den Zusammenschluss von Frauen und die Teilhabe Sorgeleistender an der Öffentlichkeit wurden sie in die Vereinzelung getrieben. Sie treffen sich vielleicht institutionalisiert miteinander: zu einem Mutter-Kind-Kurs, zu einer Selbsthilfegruppe für Angehörige von Menschen mit Behinderung oder Krankheit oder auch – weil weniger zeitintensiv – in einer Onlinegruppe. Insgesamt sind sie aber oft nicht im Verbund mit anderen und erleben nicht selten ein Gefühl sozialer Isolation.

>>Instagram-Nachricht:
«Ich bin alleinerziehend, und mein Sohn ist Autist, daraus ergibt sich bei uns, dass ihn bisher nur ich (bei uns zu Hause) ins Bett bringen kann. Er schläft nicht bei seinem Papa und auch sonst nirgends. Die Einzigen, die sich aktuell nach dem Einschlafen hier hinsetzen könnten, sind aus räumlichen (und finanziellen) Gründen meine Eltern – die beiden möchten das aber absolut nicht, weil sie um 20 Uhr schlafen (wollen). Sprich: Ich bin abends seit bald fünf Jahren an die Wohnung gebunden und verpasse alles, was nach 18/19 Uhr stattfindet, weil ich mich um mein Kind kümmere. Ich versuche, mir das immer möglichst nett zu machen, und manchmal kommt auch abends eine Freundin vorbei (vielleicht alle zwei Monate).»

Vereinzelung und Einsamkeit sind zunächst ein individuelles Problem, weil beides sich auf das Wohlbefinden und die psychische und physische Gesundheit einzelner Personen auswirkt. In der Summe und der Wirkung ist es dann aber doch ein gesellschaftliches. Gesellschaftlich ist die Vereinzelung vor allem darin, dass sie strukturell ist und ihr ein politisches Vorgehen zugrunde liegt. Die Aufteilung in homogene Kleingruppen als «divide et impera» (lateinisch für «teile und herrsche») wird Niccolò Machiavelli zugeordnet, dem Verfasser der Schrift «Der Fürst». Sie erklärt, wie Macht erlangt und erhalten werden kann. Machiavelli postuliert dabei, dass für das Erlangen und den Erhalt von Macht alle Mittel erlaubt sind, auch jenseits aller Moral. Der Leitsatz «divide et impera» meint, dass eine Gruppe beherrschbarer ist, wenn sie in mehrere Untergruppen mit unterschiedlichen Interessen aufgespalten wird, da sich dann die Teilgruppen gegeneinander wenden, statt gemeinsam gegen einen Feind vorzugehen. Genau damit sind wir beim Care-Thema und der politischen Dimension der Homogenisierung der Care-Bereiche: Wir sind Eltern, in der Untergruppe der Eltern finden wir Mütter und Väter, wobei Väter teilweise darüber klagen, dass ihnen von Müttern zu wenig Raum gegeben wird und Vertrauen, während Mütter darüber klagen, dass Väter privilegiert sind und für jedes öffentliche Kinderwagenschieben einen Orden bekommen. Innerhalb der Gruppe der Mütter sind wir erwerbstätig und nicht erwerbstätig, wir haben behinderte oder nicht behinderte Kinder. Neben Eltern als Sorgenden gibt es Sorgende für ältere Menschen, die auch von der Care-Krise betroffen sind, und Personen, die sowohl für junge als auch alte Menschen sorgen müssen. Wir haben den ganzen Bereich der bezahlten Sorgearbeit, in dem ebenfalls Grabenkämpfe ausgetragen werden um Hierarchien, Bezahlung, Arbeitszeiten, Anerkennung. – Kurz: Wir sind als Sorgende eine äußerst heterogene Gruppe, bei der die einzelnen Untergruppen für sich bestehen, mit scheinbar wenig Verbindungen zwischen ihnen. Ganz im Sinne von «divide et impera» sind wir so aufgespalten, dass wir nicht gemeinsam gegen die Care-Krise vorgehen. Stattdessen gibt es hier und da einzelne Gefechte der Untergruppen. Ganz zu schweigen davon, dass die aktuell (!) nicht von der Care-Krise betroffenen Personen sich nicht mitengagieren und wir selbst innerhalb des Feminismus Lager haben, die gegeneinander vorgehen und/oder der Meinung sind, dass Männer allein an allem schuld und der Feind wären. Bell hooks schrieb hierzu so passend: «Die Ideologie des Separatismus ermutigt Frauen, die negativen Auswirkungen des

Sexismus auf die männliche Persönlichkeit zu ignorieren. Sie betont die Polarisierung zwischen den Geschlechtern.»[85] Diese Einsicht können wir auf den gesamten Care-Bereich erweitern: Auch wenn wir selbst aktuell von der Care-Krise im Bereich der Elternschaft betroffen sind, dürfen wir nicht ignorieren, dass es auch andere Bereiche gibt, die anders, aber ebenso sehr betroffen sind, in denen andere Menschen anders, aber ebenso sehr unter den Strukturen leiden, die auch uns das Leben erschweren. Wie wir gesehen haben, gibt es zahlreiche Themen, die die Betreuung von Kindern und Alten in ähnlicher Weise betreffen, aber wir sind dennoch in unserem Kampf um Veränderung getrennt.

>>Instagram-Nachricht:
«Wir leben in einem unfairen System, das Menschen unterdrückt und Anreize gibt, sich unsozial zu verhalten. Und dann muss man Menschen mit der Begründung weiter unterdrücken, um das System aufrechtzuerhalten. Fand zu dem Thema sehr interessant das Buch ‹Anfänge› von Wengrow/Gräber, die z. B. vom Besuch von Ur-Amerikanern zu Beginn der Aufklärung in Europa erzählen, die fassungslos waren, wie wir uns gegenseitig behandeln. Und genau zu dem Schluss kommen, dass bei uns policing notwendig scheint, weil wir offensichtlich Anreize haben, uns ‹schlecht› zu benehmen, z. B. zu stehlen. Weil halt Ausbeutung und Entrechtung normalisiert sind.»

Das Problem, das wir haben, ist ein Problem von Macht und Ohnmacht: Wir haben auf der einen Seite Menschen mit Privilegien und Macht, die gemeinsam miteinander als machtvolles System ihre Macht ausbauen und aufrechterhalten, auf der anderen Seite haben wir weitestgehend machtlose, vereinzelte und durch ihre Aufgaben erschöpfte Menschen. Es scheint fast hoffnungslos, aus dieser Situation zu entkommen. In seiner Macht gestützt auf die allseits verbreitete Fassadentheorie und die Behauptung der menschlichen Destruktivität, die gezähmt und gelenkt werden müsse, funktioniert das Patriarchat auf seine Weise. Aber die in diesem Sinne fortlaufende Entwicklung macht uns als Gesellschaft und sogar in unserer Menschlichkeit kaputt. Über einen langen Zeitraum haben all diese Faktoren in ihrem Zusammenwirken dazu geführt, dass wir in einer Krise im Bereich der bezahlten und unbezahlten Care-Arbeit stecken. Und die Entwicklungen haben sich negativ auf unser physisches und psychisches Wohlergehen ausgewirkt. Das auf Macht, Ungleichheit und einem destruktiven Menschenbild aufgebaute System steuert auf seinen Endpunkt zu, und wir müssen zu dem zurückkehren, was wir als Menschen eigentlich brauchen und sind.

Erschöpfung als Normalzustand

Das ungesunde System der Selbstaufopferung im Care-Bereich besteht schon sehr lange und spitzt sich immer weiter zu, zuletzt durch die zusätzliche Belastung, dass aufgrund der Pandemie die Kinder zu Hause auch noch von den Bezugspersonen unterrichtet werden sollten. Die Erschöpfung und Müdigkeit Sorgender wird fast zu einem Normalzustand, so wie oft davon ausgegangen wird, dass es völlig normal sei, dass junge Eltern dauernd müde sind, weil Babys anders schlafen als Erwachsene. Tatsächlich aber sind Eltern nicht müde wegen des Schlafverhaltens des Babys, sondern weil sie nicht genügend Schlaf bekommen in einer Gesellschaft, die darauf ausgelegt ist, dass Erwachsene sich nachts ausruhen und tagsüber allein den Haushalt, die Versorgung von Kindern und anderen Angehörigen und eventuell zusätzlich noch die Erwerbsarbeit stemmen. Doch Müdigkeit ist keine der «unbeliebten Nebenwirkungen des Familienglückes»,[86] sondern eine unbeliebte Nebenwirkung unserer vereinzelten Gesellschaft und falschen Zeitkultur. In einer Untersuchung aus dem Jahr 2018 wird festgehalten, dass sich bei mehr als 46 Prozent der Mütter das mentale Wohlbefinden in den sieben Jahren nach der Geburt des ersten Kindes verschlechtert, bei fast 30 Prozent sogar substanziell.[87] Es ist nicht verwunderlich, wenn Frauen darüber berichten, dass sie Mutterschaft bereuen, obwohl sie ihre Kinder lieben. Auch hier müssen wir wieder genügend Empathie und Ambiguitätstoleranz aufbringen, um zu verstehen, dass Menschen ihre Kinder lieben und gut begleiten können und dennoch sagen dürfen, dass sie sich das Familienleben so nicht vorgestellt haben und vielleicht sogar ganz anders entscheiden würden, wenn sie mit dem Wissen von heute noch einmal vor der Reproduktionsfrage stehen würden. Es verwundert dementsprechend auch nicht, dass sich Frauen in Anbetracht der Klimakrise, aber auch aufgrund der gesellschaftlichen Lage von Familien für ein kinderfreies Leben entscheiden: in Deutschland etwa jede fünfte. Eine Studie über 1100 bewusst kinderfrei lebende Frauen hat ergeben, dass der Hauptgrund für die bewusste Entscheidung die zusätzliche Freizeit ist, die individuell gestaltet werden kann, aber auch Selbstverwirklichung und der Wunsch, keine Verantwortung für die Versorgung und Erziehung eines Kindes übernehmen zu müssen, sind wichtig.[88] All diese Aspekte sprechen für den Wunsch, nicht in die ohnmächtige Situation kommen zu wollen, die das Begleiten von Kindern heute insbesondere für Frauen mit sich zu bringen scheint.

Macht und Gewohnheit

Wer die Macht hat, kann bestimmen. Und nicht nur das: Wer Macht hat, beginnt deswegen, sich anders zu verhalten, da das Gefühl von Macht auf die Prozesse der Empathie einwirkt. Wer mächtig ist, fühlt weniger mit, hat eine negativere Einstellung gegenüber anderen, fühlt sich überlegener und deswegen dazu befähigt und angehalten, andere anzuleiten und zu korrigieren. Während jene, die machtlos sind, unsicherer und zögerlicher sind und eher nicht aufbegehren. Rutger Bregman schreibt dazu: «Wir leben in einer Gesellschaft, in der die Macht so verteilt ist, dass Frauen ständig ihr Bestes geben müssen, um Männer (die oft höhere Positionen innehaben) zu verstehen. Daher diese ewigen Geschichten über die ungeheure ‹weibliche Intuition›. Von Frauen wird erwartet, dass sie sich in die männliche Perspektive versetzen, aber das Gegenteil geschieht viel seltener.»[89] Damit wird klar, dass Sorgende in einem unverstandenen Mikrokosmos leben, den jene auf der anderen Seite der Macht nicht verstehen. Wir alle kennen Äußerungen wie: «Du bist erschöpft? Aber ich hab auch viel Arbeit», oder: «Du bist unzufrieden mit diesem Care-Ding? Dann engagier dich doch politisch und mach was dagegen!»

>>Instagram-Nachricht:
«Politische Teilhabe ist so 'ne Sache. Ich war 'ne Weile alleinerziehend. Mein Kind in der Zeit 1,5 bis 3 Jahre alt (bis wir dann letzten Sommer mit meinem neuen Partner zusammengezogen sind). Ich wollte eine Stimme haben, auch politisch. Aber selbst mit Zoom-Treffen dank Corona war das nicht möglich, da die Termine immer genau zur Bettbringzeit stattfanden. Auch jetzt lässt sich das kaum in den Familienalltag integrieren ohne Überlastung.»

Wenn aber die Machtlosen und Ohnmächtigen unzufrieden sind mit ihrer Situation, wie können sie dann darauf einwirken und die Situation verändern, wenn jene Personen mit Macht nicht verstehen, ja, nicht einmal nachfühlen können, was es heißt, sich Tag und Nacht um ein pflegebedürftiges Kind zu kümmern, nie

Freizeit zu haben, einfach nicht die Zeit zu finden, sich politisch zu organisieren? Sind wir aufgrund der Entfremdung des Umsorgens und der Verteilung von Macht aufseiten der größtenteils nicht sorgenden Männer und Ohnmacht aufseiten der größtenteils sorgenden Frauen dazu verdammt, in einer zunehmenden Erschöpfung uns selbst als Menschen zu verlieren?

Die Zahlen zur Politikverdrossenheit bestätigen, dass gerade Frauen und Mütter die Hoffnung auf politische Änderungen und Unterstützung aufgegeben haben. Dennoch ist die Situation nicht aussichtslos. Hirnforscher Gerhard Roth schreibt: «Menschen können andere Menschen und auch sich selbst ändern. Aber jede Veränderungsmaßnahme ist nur im Rahmen von vier Grundvoraussetzungen langfristig erfolgreich.» Diese vier Voraussetzungen sind laut Roth: Bereitschaft zur Veränderung, Leidensdruck, Belohnungserwartung, langer Atem. Menschen sind dann veränderungsfähig, wenn ihre bewussten Motive und ihre Ziele übereinstimmen. Das bedeutet: Wir müssen in Beziehung gehen. Wir müssen auf das setzen, was uns alle verbindet, das Bindungssystem. Reine Informationskampagnen, Demonstrationen, Petitionen, Briefe und Insta-Posts werden uns nicht helfen, das Ungleichgewicht zwischen Macht und Ohnmacht aufzuheben. Cyberaktivismus hat in unserer digitalen Welt einen großen Raum eingenommen und ist wichtig, um innerhalb von Massenmedien auf Probleme hinzuweisen und Menschen zu mobilisieren, aber er birgt auch die Gefahr eines geringen Engagements und des Gefühls, mit einem Klick schon etwas zur Veränderung der Welt beigetragen zu haben und sich darauf ausruhen zu können. Damit wir alle gemeinsam füreinander sorgen, müssen wir zunächst unser Miteinander verändern und zusammenfinden als Gemeinschaft der Sorgenden, die vielleicht in vielen Punkten unterschiedlich, aber auch in sehr vielen ähnlich sind – und uns dann zusammen zu einem großen Protest mobilisieren.

«Wie können wir Care richtig bewerten? Es erfordert eine neue Sichtweise auf Arbeit in der Welt, die eine neue Vision hervorbringt. Wir müssen unser gesamtes Wertesystem infrage stellen. Produktivität, Effizienz und Eile müssen die Bühne mit Ganzheitlichkeit, Gesundheit, Stabilität und Selbstachtung teilen. Wir müssen damit beginnen, die Mutterschaft als hoch qualifizierte Arbeit anzuerkennen, die Respekt und Entlohnung verdient.»

ANGELA GARBES[1]

Auf dem Weg in ein neues Miteinander

In der Serie «New Girl» gibt es eine Szene, in der das Paar Jess und Nick im Auto fährt.[2] Um aus einem Streit heraus zu beweisen, dass sie im Gegensatz zu Nick keine Angst hat, steckt Jess ganz unvermittelt ihren Finger in den Zigarettenanzünder. Daraufhin schreit sie vor Schmerz auf und klagt, wie sehr die Verbrennung wehtun würde. Nick bringt das so sehr auf, dass er sich als Spiegelung des Schmerzes seine Hand vors Gesicht schlägt, sich dann seiner Partnerin zuwendet, sie küsst und ebenfalls den Finger in den Zigarettenanzünder steckt. Auf die Frage von Jess, warum er das gemacht habe, antwortet Nick: «Damit wir beide den gleichen Schmerz verspüren.» – Natürlich ist das ein unterhaltungstechnisch überspitztes Beispiel dafür nachzufühlen, wie es einem anderen Menschen geht. Natürlich müssen wir nicht alle Erfahrungen, die ein anderer Mensch macht, auch machen, um zu fühlen und zu verstehen, wie die andere Person fühlt und denkt und was sie durchmacht. Aber: Wir können die Welt, wie sie aktuell ist, nur verändern, wenn wir die bisher noch nicht überzeugten Menschen durch emotionale Anteilnahme einbeziehen und ansprechen. Die fehlende Überzeugung basiert auf Privilegien; sie betreffen das Geschlecht und den Umstand, ob man mit oder ohne Kinder lebt, ebenso wie das Alter und die Frage, ob man ein Mensch mit oder ohne Behinderung ist und/

oder einen solchen im Leben begleitet – über all diese Umstände haben wir bereits gesprochen. Die Frage nach den Privilegien betrifft aber auch die Hautfarbe, die Herkunft, den aktuellen Wohnort, die Erwerbstätigkeit, das Einkommen etc. Unsere Lebenssituationen sind höchst unterschiedlich, und wir werden nicht alle Situationen aller Menschen nachempfinden oder auch nur über sie nachdenken können. Wir sitzen nicht alle im selben Boot, wie wir so oft sagen. Mutterschaft ist nicht gleich Mutterschaft, Elternpflege nicht gleich Elternpflege, die Begleitung von Kindern und Erwachsenen kann uns ganz unterschiedliche Ressourcen abverlangen, gerade auch emotional. Und je nachdem, wie wir selbst psychisch aufgestellt sind, in welcher Lebenssituation wir uns befinden, können wir mit den unterschiedlichen Herausforderungen unterschiedlich umgehen. Unsere Boote sind alle höchst unterschiedlich, können aufgrund ihrer Bauweise und bisherigen Nutzung unterschiedliche Lasten tragen. Gerade im Bereich der Sorgearbeit müssen wir sowohl ein Gemeinschaftsgefühl entwickeln als auch eine Toleranz und Offenheit dafür, dass innerhalb des Sorgesystems ganz unterschiedliche Voraussetzungen gelten.

Care ist essenziell für uns auf allen Ebenen. In einer Zeit, in der wir Leistung, Reichtum, Statussymbole und Berufstätigkeit über den Wert des Miteinanders und der psychischen Gesundheit gestellt haben, in der die Zahl der psychisch erkrankten Erwachsenen[3] und Kinder[4] steigt, der stressbedingten Frühberentung,[5] müssen wir einen Moment innehalten und erkennen: Wir haben eine falsche Sichtweise entwickelt darauf, was Wohlstand für uns bedeutet. Wohlstand suchen wir beständig im Außen, in den Dingen, die uns umgeben, in der Bewertung durch andere. Dabei wäre es viel sinnvoller, den Wohlstand innerer Zustände zu kultivieren. Nämlich einen Wohlstand an Nähe, Zuwendung, Aufeinanderbezogenheit, Miteinander, mentaler Gesundheit. Diese

Art von Wohlstand können wir nicht kaufen, auch wenn vieles davon mit einem Bedarf an grundlegender finanzieller Sicherheit zusammenhängt: Wer über die notwendigen finanziellen Ressourcen verfügt und informiert ist über Wege der Informationsbeschaffung und Unterstützungsmöglichkeiten, kann sich in begrenztem Maße Gesundheitsdienstleistungen einkaufen, genauso wie Angebote zur Stärkung der mentalen Gesundheit. Insgesamt wird dabei aber innerhalb des Care-ausbeutenden Systems verharrt, und die eigene Versorgung ist nur ein Tropfen auf dem heißen Stein, wenn das Grundsystem der Überlastung und beständigen Leistung nicht verändert wird. Manche Menschen können ihren heißen Stein durch Tropfen eingekaufter Fürsorge abkühlen – viele andere nicht. Es ändert insgesamt nichts daran, dass der Stein überhitzt bleibt. Auch Werbung vermittelt uns oft, wir könnten über Konsum zueinander finden oder mit Dingen ersetzen, was menschliche Nähe ausmacht: das neue Handy, das einander näherbringt, das Fußmassagegerät, das das massierende Gegenüber unnötig macht und dennoch Zuwendung und Entspannung zu versprechen scheint, der wärmende Teddybär mit Herzschlaggeräusch, der das Baby besser schlafen lassen soll. Doch in Wirklichkeit bleibt die Stelle, wo vorher ein anderer Mensch und ein Gegenüber war, leer. «Die Dauerverbundenheit über das Mobiltelefon in der Masse ist eher ein Ausdruck dafür, dass da viel gefühlte Einsamkeit ist, der man entrinnen will. Die Individuen sind wie abgekapselt voneinander, jeder in seiner Welt, gefangen und befangen in einer enormen Vereinzelung, trotz aller Vernetzung. Es scheint, sie sind vielleicht deswegen so verkabelt, weil sie den Zustand ohne Verbundenheit so wenig vertragen», erklärt der Politikwissenschaftler und Soziologe Dr. Martin Hecht so passend.[6] Wir haben gelernt, ein falsches Leben als richtiges anzusehen, weil es uns so beigebracht wurde. Doch wie Theodor W. Adorno sagte, es gibt kein richtiges Leben im falschen. Wir können nicht «richtig» leben in einer Gesellschaft, die der Grundlage unseres Lebens, dem Sorgen füreinander, keinen Wert beimisst. Für ein neues Miteinander müssen wir uns daher auf drei Bereiche fokussieren: auf uns selbst, unser alltägliches Miteinander mit den uns räumlich und/oder emotional nahen Menschen und unsere Gesellschaft. Damit nehmen wir im Grunde unsere persönlichen Entwicklungsmöglichkeiten, aber auch unsere persönlichen Ressourcen in den Blick. Eine Verankerung neuen oder anderen Denkens ist notwendig, damit wir überhaupt etwas an unseren Beziehungen ändern können. Gleichzeitig leben wir aktuell in einer Zeit, in der persönliche Kraftressourcen gering sind und uns gerade wenig Energie zur Verfügung steht, um möglicherweise eine Beziehung zu ändern oder sich gar gesellschaftlich oder politisch einzusetzen. Auch wenn wir oft vermittelt bekommen, es würde allein auf unser persönliches Handeln ankommen, wenn es darum geht, die Welt zu verbessern, ist das nicht so – weder in Hinblick auf die Klimakrise noch in Hinblick auf die Care-Krise. Wenn wir aber auf der ersten Ebene, dem Ich, Veränderung erreichen, wird es auf den anderen Ebenen automatisch weitere Veränderungen nach sich ziehen.

Der Weg dorthin, zunächst zu der Anerkennung und Verfestigung in uns selbst und dann zu einer Veränderung im großen Ganzen über das Miteinander in der Gesellschaft, ist – machen wir uns nichts vor – lang und leider auch schwierig. Ob wir selbst noch eine echte Care-Revolution erleben werden? Das lässt sich nicht sicher sagen. Bei der aktuellen Geschwindigkeit, mit der diskriminierende Gesetze abgeschafft und Lücken im rechtlichen Schutz geschlossen werden, dauere es noch fast 300 Jahre, bis die Geschlechter wirklich gleichgestellt seien, erklärt UN-Women 2022.[7] Die Gleichstellung der Geschlechter ist, wie wir gesehen haben, aufgrund des Machtgefälles zwischen Sorgenden und Nicht-Sorgenden in Verbindung mit dem Geschlecht ein wichtiger Faktor für eine Veränderung in der Care-Problematik. Es wäre schön, wir könnten früher wesentliche Fortschritte machen, vielleicht zumindest schon für die Generation unserer Kinder. Wichtig ist zunächst der Gedanke, dass Veränderung möglich ist. An ihm müssen wir festhalten. Wir haben verinnerlicht, dass unser menschliches Dasein sich unvermeidlich auf den Punkt zubewegt hat, an dem es jetzt ist, und auch zukünftige Ereignisse logisch und unabwendbar darauf folgen werden – aber das stimmt nicht. Eine andere Entscheidung in der Vergangenheit hätte uns zu einem anderen Jetzt führen können. Die schon erwähnten Anthropologen Graeber und Wengrow erklären dazu: «Wenn etwas schrecklich schiefging in der Menschheitsgeschichte – und angesichts des heutigen Zustands der Welt ist dies kaum zu bestreiten –, dann vielleicht genau zu dem Zeitpunkt, als die Menschen die Freiheit verloren, andere Formen sozialer Existenz zu entwerfen und diese in einem solchen Ausmaß zu verwirklichen, dass heute manche der Ansicht sind, diese besondere Art von Freiheit könne nie existiert haben oder sei wenigstens im größten Teil der Menschheitsgeschichte nicht wahrgenommen worden.»[8] Wir kennen aus der Chaostheorie den Begriff des Schmetterlingseffekts: Er beschreibt, dass nicht vorhersehbar ist, wie eine kleine Änderung innerhalb eines Systems sich langfristig auf die Entwicklung des Systems auswirken wird. Das heißt, die Care-Krise, wie wir sie gerade erleben, hätte es so nicht geben müssen. Aber es bedeutet vor allem auch: Wir können sie lösen. Zukunft wird im Heute gemacht.

Ein neues Miteinander in uns selbst verankern

Bevor wir über ein neues Miteinander nachdenken, müssen wir uns zunächst uns selbst zuwenden. Allerdings nicht im Sinne einer noch stärkeren Individualisierung und Vereinzelung, wie sie Martin Hecht oben beschrieben hat, sondern im Sinne der Stärkung gesunder Selbstbilder, der Reflexion und Veränderung unserer Rollenbilder und über die Erneuerung der Gemeinschaft – und nicht zuletzt durch die Stärkung des Vertrauens in unsere Fähigkeit, etwas zu bewirken in der Welt. Denn das falsche Leben, das um uns passiert, gestalten wir selbst mit. Die berühmte Physikerin und Chemikerin Marie Curie sagte: «Man kann nicht hoffen, die Welt zum Besseren zu wenden, wenn sich der Einzelne nicht zum Besseren wendet.» Wir neigen dazu, die Aufgaben zur Bewältigung der Care-Krise, ähnlich wie der Klimakrise, allein der Politik zuzuschreiben. Zweifellos brauchen wir politische Lösungen, um die im ersten Teil des Buches angesprochenen Ungerechtigkeiten zu lösen. Aber wir können nur wirksam und nachdrücklich einfordern, was wir wirklich für unser Leben wollen, wenn wir innerlich davon überzeugt sind.

Wir neigen dazu, unsere eigene Verantwortung wegzuschieben, bzw. sehen nicht, dass auch wir einen Teil dazu beitragen können, die Care-Krise zu vermindern und ein neues Miteinander zu kultivieren, indem wir selbst etwas tun. Gerne lagern wir die Probleme des Miteinanders auf die jüngere Generation aus und meinen, ihr Umgang sollte sich ändern: «Die heutige Jugend ist respektlos, die sollen mal ein bisschen Höflichkeit lernen!» Wir wünschen uns, dass Kinder und Jugendliche «Bitte», «Danke» und «Entschuldigung» sagen, gehen aber mit ihnen gleichzeitig nicht so um, dass sie diese Umgangsformen als selbstverständlich wahrnehmen, weil sie ihnen selbst entgegengebracht werden. Dabei müssen wir (!) den Umgang mit Kindern und Jugendlichen dahingehend verändern, dass sie Höflichkeit und Respekt als Wert verinnerlichen können. Auch Sätze wie: «Die jungen Leute heute wollen nicht richtig arbeiten, sondern nur ihre Freizeit genießen!», hören und verbreiten wir immer wieder. Doch wenn sich die heutige Generation der Eltern und Großeltern darüber mokiert, dass die junge Generation Freizeit und Erholung solch einen großen Wert beimisst und eine bessere Work-Life-Balance fordert, wird selten an die Ursachen dieses Wunsches gedacht und was das mit dem Leben zu tun haben könnte, das wir aktuell führen, bzw. damit, welche Vorbilder wir gerade für diese Generation abgeben. Dabei müssen wir (!) mal einen ehrlichen Blick nach innen werfen und uns fragen, wie wir uns in Hinblick auf die Vereinbarkeit von Erwerbstätigkeit, Familie und Freizeit fühlen. Würden wir als junge Menschen das als Zukunftsvision haben wollen? Wohl kaum. Selbst wenn wir nicht beständig von unserer inneren und äußeren Zerrissenheit sprechen, spüren unsere Kinder und Jugendlichen unseren Stress, unsere Anspannung und deren Wirkung auf uns und unsere Beziehungen. Wir können nicht nicht kommunizieren. Deswegen sollten wir aufrichtig kommunizieren und uns darum kümmern, dass unsere inneren Werte mit dem übereinstimmen, was wir uns für uns und (von) andere(n) wünschen.

Selbstempathie fördern

Eine beliebte Reflexionsübung aus der Pädagogik ist es zu fragen: «Was sollen Menschen bei einer Rede anlässlich deines 80. Geburtstags über dich sagen?», oder auch: «Worauf möchtest du am Ende deines Lebens positiv zurückblicken?» Die Antworten auf diese Fragen drehen sich meist um soziale Errungenschaften und Ereignisse: Welch schöne Beziehungen wir hatten, wie sehr wir geliebt haben, was für ein netter Mensch wir waren, wie wichtig wir für andere waren und was wir Tolles erlebt haben. Viel weniger geht es um das, worauf die meisten Menschen, auch die Gefragten, ihr aktuelles Leben tatsächlich ausrichten: Arbeitsziele, Vollzeitbeschäftigung, Luxusgüter. Ist die passende Antwort auf die Frage, worauf man stolz am Ende des Lebens zurückblickt, wirklich, dass man Dutzende besondere Sneaker-Modelle, teilweise hergestellt durch Kinderarbeit, mit Sammlerwert besaß? Oder dass man so verlässlich bei der Arbeit war und sich sogar krank dorthin geschleppt hat? Wahrscheinlich sind diese Art Antworten bei den wenigsten wirklich die, die wir uns wünschen. Dennoch fällt es uns so erstaunlich schwer, bei anderen Menschen zu akzeptieren, dass sie Freizeit, Beziehungen und Miteinander in den Fokus ihres Lebens rücken wollen. Wir bezeichnen sie schnell als faul oder realitätsfremd, anstatt ihnen von Herzen zu wünschen und zu gönnen, dass diese Lebensziele verwirklicht werden, und wir sind weit davon entfernt, Maßnahmen zu ergreifen, sie dabei zu unterstützen. Warum ist das so?

Ein Grund, warum uns der hohe Stellenwert von Freizeit und Selbstverwirklichung bei jungen Menschen heute so Sorge bereitet, mag darin liegen, dass wir Angst um die Erfüllung des Generationenvertrags haben: Dieser unausgesprochene Vertrag legt fest, dass die arbeitende Generation Beiträge und Steuern zur Absicherung der Alten zahlt und die nachfolgende Generation das ebenso tut. Durch die wirtschaftliche und demografische Entwicklung ist dieser Generationenvertrag ohnehin gefährdet. Wenn nun zusätzlich die nachfolgende Generation auch noch «aus Gründen der mentalen Gesundheit» dem Vertrag nicht nachkommen will, nehmen die Finanzierungsprobleme zu. Gerecht für Sorgende und Kinder ist dieser Generationenvertrag nie gewesen. Ursprünglich wurde von Wilfried Schreiber im Rahmen der großen Rentenreform ein Dreigenerationenvertrag entworfen. Die erwerbstätige mittlere Generation sollte mit ihren Rentenversicherungsbeiträgen für die nicht mehr erwerbstätige Großelterngeneration sorgen. Die mittlere Generation sollte, sofern sie Kinder hatte, eine Jugendrente erhalten, um die eigenen Kinder zu finanzieren. Konrad Adenauer stellte sich allerdings mit dem berühmt gewordenen Spruch «Kinder kriegen die Leute von alleine» dagegen. So wurde ein Zweigenerationenvertrag geschlossen zu Lasten der Kinder und derjenigen, die Kinder haben, während kinderfrei lebende Personen von den Kindern der anderen profitieren. «Der heutige angebliche Generationenvertrag ist also kein Vertrag unter Gleichberechtigten, sondern klar ein Vertrag zu Lasten Dritter, zu Lasten der künftigen Generation! Es werden unglaublich hohe Versorgungsanwartschaften fortlaufend begründet, die die nachfolgende Generation, egal, wie groß sie ist, bezahlen soll, neben der Aufzucht ihrer eigenen Kinder, neben der allgemeinen Steuerlast, neben der Tilgung der wahnwitzig hohen Schulden, die wir seit Jahrzehnten angehäuft haben», erklärt die Juristin und Politikerin Lore Maria Peschel-Gutzeit,[9] die sich für Frauen- und Kinderrechte einsetzt. Es ist das Sicherheitsempfinden der älteren Generation, das meist dazu führt, dass sie die Wünsche der jüngeren einfach abtut. Aber statt sich einzugestehen, was die Triebfeder dahinter ist, wird weniger mit der Generationengerechtigkeit argumentiert als mit einem verächtlichen Blick auf die «schwachen» jungen Menschen und dem Gedanken: «Hat mir ja auch nicht geschadet.»

Hier wären wir auch wieder bei der Erziehung angelangt: Erziehung zur Stärke, zum Durchhalten und zu dem damit verbundenen Empathiemangel, der mit der Ansprache: «Das hat mir auch nicht geschadet, also kann es dir auch nicht schaden!», von Generation zu Generation weitergereicht wird. Der Mangel an Empathie zeigt sich, wenn nicht anerkannt wird, dass Menschen unterschiedliche Voraussetzungen, unterschiedliche materielle und psychische Ressourcen haben. Wir können nicht für eine andere Person beurteilen, was ihr schadet und was nicht. Auch der Blick auf die schon erwähnten Zahlen zu psychischen Erkrankungen und Frühberentungen lässt uns das Argument «Hat mir ja auch nicht geschadet» in Zweifel ziehen: Wir haben breite

Bevölkerungsteile mit körperlichen und psychischen Erkrankungen, die zu einem nicht geringen Anteil auf Erwerbstätigkeit zurückzuführen sind. «Hat mir ja auch nicht geschadet!» ist daher keine allgemeingültige Aussage, sondern vielmehr eine intrapersonale Schutzstrategie: Wir verleugnen die tatsächlich negativen Auswirkungen und Entbehrungen durch unseren (bisherigen) Lebensstil, indem wir uns selbst und anderen gegenüber erklären, dass alles vollkommen in Ordnung sei.

Der erste Schritt hin zu einer Veränderung des Miteinanders ist daher, zu einer Selbstempathie zu gelangen, die uns einen kritischen Umgang mit den eigenen Erfahrungen ermöglicht. Wir dürfen Mitleid mit uns haben. Wir dürfen bedauern, wie wir leben. Wir müssen nicht hart sein und das alles aushalten, weil man eben muss. «Muss ja!» ist keine gesunde und notwendige Antwort auf die Frage, wie es einem geht. Es kann schmerzhaft sein, sich einzugestehen, dass man eigentlich hätte anders leben wollen oder jetzt ein anderes Leben führen möchte. Es ist auch hart einzusehen, dass man ein Leben in den Dienst der Leistung und Erwerbstätigkeit gestellt hat und am Ende nicht wie erhofft die letzten Jahre in Entspannung und finanzieller Sicherheit genießen kann, sondern bei steigenden Lebenshaltungskosten, Miete und geringer Rente viel weniger Ruhe und Entspannung hat als erwartet. Aber das sollte uns nicht daran hindern, anderen heute Besseres zu wünschen. Und wir sollten die Schuld für unsere unangenehme Lage nicht den scheinbar arbeitsunwilligen Jungen zuweisen, sondern ressourcenorientiert auf politische und gesellschaftliche Lösungen blicken. Wir reagieren auf Ungleichheit mit Neid, besonders bei Menschen, die uns ähneln oder in ähnlichen Lebenssituationen sind. Dieser Neid kann in uns insbesondere zwei verschiedene Handlungsmuster hervorrufen: Wir können versuchen, die andere Person zu behindern und damit ihr Wohlbefinden zu senken, oder wir versuchen, unsere eigene Situation zu verbessern.[10] Neid ist eine normale Emotion, unser Umgang damit kann negativ und destruktiv sein oder positiv und zukunftsgerichtet.

Erlernte Hilflosigkeit und Minderwertigkeitsgefühle überwinden

Um unsere Zukunft positiv anzugehen und unsere Situation zu verändern, müssen wir davon überzeugt sein, dass wir unsere Situation aktiv verändern können. Gerade das fällt aber vielen Menschen schwer. Besonders jenen, die erschöpft, ausgezehrt und müde sind von den Jahren der Pandemie, in denen Sorgende zu wenig berücksichtigt wurden, in denen das Vertrauen in die Politik verloren gegangen ist und sich Menschen als hilflos erfahren haben. Doch nicht nur die aktuellen Krisen können sich negativ auf unser Gefühl und die Art und Weise, wie wir die Welt sehen und was wir von ihr erwarten, auswirken. Wer schon in der Kindheit wirtschaftlicher Armut ausgesetzt ist und soziale Ungleichheit kennenlernt, hat dadurch später meist ein verringertes Gefühl der eigenen Wirksamkeit und eine pessimistischere Sicht auf die Welt.[11] Weil dieser psychosoziale Kreislauf durchbrochen werden muss, ist es so wichtig – gerade jetzt – Kinderarmut zu bekämpfen. Damit diese Kinder die Probleme der Care- und Klimakrise aktiv angehen können und sich nicht hilflos ausgeliefert fühlen, müssen sie schon heute Vertrauen in ihre Umwelt haben dürfen. Auch hier gilt also kein «Das war schon immer schwierig!» als Ausrede.

Wir sind die Generation, die Hilflosigkeit verinnerlicht und das Gefühl von Selbstwirksamkeit verloren hat: «Ich will etwas verändern, aber ich weiß nicht wie, und ich glaube, die Anstrengung führt zu nichts in diesem System.» Um zur Selbstwirksamkeit zurückzufinden, müssen wir ins aktive Tun kommen und uns selbst kleine positive Ziele setzen. Wir werden nicht von heute auf morgen alles ändern können und morgen in einem neuen, gerechten Leben aufwachen. Aber wir können kleine Dinge verändern. Unser Blick ist auf das Negative fokussiert, auf Gefahren und ihre Vorbeugung. Unser Gehirn bildet eher negative Stereotype als positive, wir erinnern uns eher an negative als an positive Ereignisse, und wir geben negativen Informationen mehr Gewicht.[12] Deswegen ist es wichtig, dass wir uns ganz bewusst dagegenstellen und betrachten, was gut gelaufen ist, wo wir Wertschätzung erfahren und wo wir das Miteinander wahrgenommen haben. Dabei sollten wir auch wahrnehmen, welche Schritte wir dafür gegangen sind, um diese Erfahrungen möglich zu machen, was unser Anteil daran war.

>>Instagram-Nachricht:
«Mir geht's sehr oft so, dass ich mich hilflos fühle, und leider habe ich im System knallhart erfahren, dass Selbstwirksamkeit nicht erwünscht ist, (war in einem Amt tätig), doch dadurch habe ich das WIE erkannt … Indem wir uns gegenseitig stärken und Mut geben.»

Darüber hinaus können wir uns individuelle Ziele setzen: Gruppen bilden, aktiv neue Freundschaften suchen und anderen Menschen gegenüber offen sein, dabei die homogenen Gruppen aufbrechen, in denen wir uns sonst bewegen. Die Schauspielerin Jane Fonda erklärt in einem Interview, dass es für das Schließen von Freundschaften wichtig sei, bewusst und überzeugend zu vermitteln: «Ich möchte bewusst dein*e Freund*in sein.»[13] Freundschaften unterstützen unser Zusammengehörigkeitsgefühl, unser Glücksempfinden, unser Selbstvertrauen und helfen uns, leichter mit Stress umzugehen – und genauso ergeht es unserem Gegenüber, eine klassische Win-win-Situation also. Das Schließen neuer Verbindungen kann ein erster kleiner Schritt sein, uns wieder mehr verbunden zu fühlen und aus dieser Verbundenheit heraus Neues anzugehen – gemeinsam. Im Zeitalter der sozialen Medien sind wir verleitet, das Miteinander und Solidarität über Likes und Klicks auszudrücken: Hier eine Petition unterstützen, da den Nachbarn folgen und den Protestpost auf Instagram liken. Diese recht neuen Praktiken von Verbindung, Solidarität und Protest sind durchaus wichtig, weil wir weitreichend und global in ein Miteinander kommen können, gerade auch in Hinblick auf die Care-Krise, die nur global und intersektional zielführend bearbeitet werden kann. Gleichzeitig ist Cyberaktivismus, wie schon erwähnt, dann ein Problem, wenn er unser Handeln abflacht und uns vorgaukelt, etwas zu tun, ohne wirklich in Aktion zu treten. Die Informationsflut, der wir durch das Internet und die Medien ausgesetzt sind, kann zu einer Minderung unserer Empathie beitragen: Je schlimmer es überall aussieht, desto normaler wird dieses «schlimm» für uns und desto mehr stumpfen wir ab. Unser aktives Tun sollte daher nicht nur auf den Einsatz in Social Media fokussiert sein, sondern nach Möglichkeit ganz konkret in unserem Alltag stattfinden und sich von dort aus ausdehnen.

Aber auch über das Miteinander hinaus ist es hilfreich, unser Gefühl von Wirksamkeit zu stärken: Ein Tagebuch kann helfen, sich jeden Tag bewusst zu machen, was man getan und erreicht hat, und stolz auf die kleinen Schritte des Alltags zu sein. Wichtig ist zu sehen: Ich bin nicht machtlos und nicht hilflos, ich kann etwas in dieser Welt verändern. Vielleicht zunächst nur in kleinen Schritten in meinem Alltag. Aber sie können durch mehr Selbstbewusstsein gemeinsam mit anderen zu etwas Größerem werden.[14]

Wir haben in den ersten Kapiteln des Buches betrachtet, wie sehr Frausein mit Ohnmacht, mit weniger Macht, mit weniger finanzieller Absicherung verbunden ist als Männlichkeit. Im Laufe des Lebens kann sich durch diese Faktoren das Gefühl von Minderwertigkeit im Inneren ausbreiten, und es ist schwer, dieses über lange Zeit entstandene und gefestigte Bild zu zerstören. Eine (meist unbewusste) misogyne Erziehung spielt dabei oft eine Rolle. Und in unserem Alltag bekommen wir das Gefühl von Minderwertigkeit beständig weiter aufgezeigt, vornehmlich durch die Art Mann, die uns die Welt mansplainen will oder uns in Gesprächen manterrupted und damit indirekt aussagt: «Du hast ja nicht die Ahnung von der Welt, die ich habe. Du bist minderwertig mir gegenüber.» Und zwar nicht zwangsläufig, weil wir unrecht haben oder keinen Überblick über die Sachlage, sondern weil wir als Frau per se als weniger intelligent, weniger wert und ja, auch als weniger fähig betrachtet werden, uns mit den komplizierten Themen der Welt auseinanderzusetzen. Schließlich sind wir Frauen ja mit Care auch mehr als beschäftigt. Wir verinnerlichen, dass unsere Themen «Frauenthemen», gerne auch abfällig «Muttithemen» sind, und fühlen uns folglich unsicher auf anderen Gebieten – so wie wir kollektiv gerne glauben, nicht mit Geld umgehen zu können. Minderwertigkeit ist so tief in uns eingebrannt, dass wir selbst da, wo wir eigentlich gesellschaftlich eingruppiert wurden – in das Umsorgen von anderen –, oft Selbstzweifel und Minderwertigkeitsgefühle haben. Und das macht es uns noch schwerer, die Schieflage des Care-Systems anzuprangern.

Wir müssen also zuallererst in uns selbst gegen das Gefühl von Minderwertigkeit und Hilflosigkeit vorgehen und uns aufzeigen, dass das gesellschaftliche Narrativ, mit dem wir tagtäglich konfrontiert sind, nicht stimmt: Wir haben das Recht, wir haben Wissen, wir sind fähig, Veränderungen zu schaffen! Die Geschichten anderer können uns Mut dabei machen, wenn wir beispielsweise erfahren, wie Frauen unter widrigen Umständen gegen bestehende Strukturen aufbegehrt haben.[15] Vernetzung und Erzählkultur sind deshalb so wichtig. Noch ein Grund, die Vereinzelung zu überwinden und uns zusammenzuschließen: um die guten Geschichten der anderen zu hören, aus ihnen zu lernen und Stärke daraus zu ziehen.

Self-Care

Am Anfang ihres Buches «Radikale Selbstfürsorge» fasst Svenja Gräfen zusammen, was viele Menschen unserer Generation denken, wenn sie das Wort «Selbstfürsorge» hören: «Wann immer ich [...] über Begriffe wie Achtsamkeit oder Selbstfürsorge stolperte, konnte ich nicht anders, als zynisch zu werden. Ja, genau, die richtige Morgenroutine wird es bestimmt richten. Und was soll ich? Einfach ein bisschen dankbarer sein, na klar, fuck you.»[16] An Begriffen wie Selbstfürsorge und Achtsamkeit kommen wir kaum vorbei, und unsere stressige, kapitalistische Gesellschaft hat sie erfolgreich monetarisiert, indem sie uns glauben lässt, Selbstfürsorge könne mal eben nebenher eingekauft werden. Wenn du in der Drogerie an der Kasse stehst und am Regal mit den Kleinigkeiten noch schnell eine Anti-Stress-Gesichtsmaske mitnimmst, ist das allerdings keine Selbstfürsorge im eigentlichen Sinn. Im Jahr 2010 lag der Umsatz im Bereich Gesundheit und Wellness in Deutschland bei 98,6 Milliarden Euro.[17] Das ist eine Menge! Die in den 50er-Jahren aufgekommene Wellness-Bewegung verzeichnet offensichtlich eine hohe Ausgabenbereitschaft, und dennoch leiden wir an körperlichen und psychischen Erkrankungen, an Erschöpfung bis zum Burnout. Selbstfürsorge kann nämlich nicht einfach ins Leben dazugebucht werden, ist kein zweiwöchiger Erholungsurlaub im ansonsten stressigen und überfüllten Alltag. Als Elternteil mal alleine auf Toilette zu gehen oder ein Schaumbad zu nehmen, reicht als Selbstfürsorge in unserem Alltag bei Weitem nicht aus.

Ebenso vielschichtig wie der Care-Begriff an sich ist auch der des Self-Care. Er bedeutet, einen tieferen Umgang mit sich selbst zu pflegen, in allen Belangen. Dazu gehört nicht, «nur» die Symptome unserer Belastungen zu bekämpfen und gegen Erschöpfung Vitaminpräparate zu kaufen, die müden Gesichtszüge durch eine Maske aufzuhellen oder zur Herstellung eines besseren Familienklimas gemeinsam in den Urlaub zu fahren, um da endlich mal in Ruhe in die Sauna gehen zu können, während das Kind im Kidsclub spielt. Es geht vielmehr darum zu verstehen, was wirklich die eigenen, persönlichen Bedürfnisse sind, und zu sehen, warum deren Erfüllung so fernliegt. Selbstfürsorge bedeutet letztlich, diesen Mangel in unserem Alltag nachhaltig zu beheben. Sie ist ein radikaler Akt, gerade weil Sorgende eigentlich keine Zeit dafür zu haben scheinen. Und während ihre Sorgearbeit innerhalb eines Gesamtsystems, das gleichzeitig auf dieser Arbeit aufbaut, unbeachtet und unbezahlt bleibt, ermöglicht Self-Care, dass wir über die Beschäftigung mit unseren Bedürfnissen verstehen, welchen Wert wir als Mensch und welchen Wert wir für diese Gesellschaft haben – weil wir sehen, wodurch uns Kraft entzogen wird und was wir tagtäglich an Kräften aufbringen.

>>Instagram-Nachricht
«Beide Kinder schlafen abends nie länger als 30 Minuten, ohne dass jemand daneben liegt. Ich habe also wirklich nieeee Feierabend! Ich kann, wenn mein Mann abends auf Arbeit ist, nicht mal in Ruhe kacken gehen, wenn die Kinder im Bett sind, weil ich immer Sorge haben muss, dass einer von beiden aufwacht und nach mir ruft.»

Self-Care gibt uns die Möglichkeit, uns selbst mit allen Facetten unserer Bedürfnisse zu sehen und damit überhaupt erst eine eigene innere Ganzheit herzustellen. Das ist von unschätzbarem

Wert in einer Zeit, in der Frauen/Sorgende einerseits gesellschaftlich bewusst übersehen werden und andererseits durch hohe Ideale und große Aufgaben in ihren Teilbereichen beständig im Fokus stehen: Frauen sollen sexy sein, sie sollen gute Mütter sein, sie sollen erfolgreich erwerbsarbeitend sein – diese Teilbereiche werden beständig unabhängig voneinander angesprochen. Self-Care bringt die Chance mit sich, die zersplitterten Komponenten des Frauseins heilsam zusammenzufügen. Uns in unserer Ganzheit wahrzunehmen und den beständigen Mangel aufzuheben, hat etwas mit Wertschätzung unserer eigenen Person zu tun. In unserem Selbstwertgefühl gestärkt, können wir kraftvoller mit Herausforderungen umgehen und uns selbstbewusster für uns, aber auch andere einsetzen. Außerdem entziehen wir dem gesellschaftlichen System, das keine Wertschätzung für unsere Sorgearbeit liefert und dennoch von uns profitiert, eine tragende Säule, wenn wir Energie und Zeit in die Stärkung unseres Selbst stecken, statt in die Unterstützung dieses Systems. Self-Care kann das System nachhaltig verändern. «Mich um mich selber zu kümmern, ist kein Luxus, es ist Selbsterhaltung, und das ist ein politischer Kampfakt», erklärt die Schwarze feministische Aktivistin Audre Lorde die Bedeutung von Self-Care, die ein Widerstandsakt des afroamerikanischen Civil Rights Movement war.[18]

Ein neues Miteinander in unseren nahen Beziehungen leben

Für jene Sorgenden, die aktuell unter den Rahmenbedingungen des Sorgens leiden, die sich nicht gesehen, nicht wertgeschätzt fühlen, die vor Augen haben, welche Nachteile ihre Lage für sie jetzt und in Zukunft bringt, ist klar: Veränderungen sind nicht nur sinnvoll, sondern auch notwendig – auch wenn sie vielleicht gegenwärtig noch nicht wissen, wie genau eine Veränderung stattfinden soll. Für alle anderen, die nicht unter der Situation zu leiden haben, stimmt der Wunsch der Sorgenden nach Veränderung aber wahrscheinlich nicht mit ihren Zielen und Interessen überein, oder sie verstehen die Problemlage (noch) nicht. Dabei wirkt sich das eigentliche Problem, die Care-Krise und die allgemeine Entfremdung des Umsorgens, durchaus auch auf sie aus – früher oder später. Allerdings ist nicht bei allen Personen ein akuter Leidensdruck gegeben, der Grundvoraussetzung für Veränderungswillen ist. Mit Empathie, um zu verstehen, wie notwendig Veränderung ist, ist von dieser Seite nicht zu rechnen. Ein großer Anteil der Bevölkerung, insbesondere jener in Machtpositionen, wird aktuell keine Veranlassung dazu sehen.

>>Instagram-Nachricht:
«Ich glaube, es wird sich nur etwas ändern, wenn cis Männer in Familien 50 Prozent der Care-Arbeit übernehmen müssen. Dann wächst der Leidensdruck auch bei ihnen und macht Veränderung möglich. Mein Elternpartner sagte selbst, dass ohne den Leidensdruck, den er gespürt hat, als auf einmal alles 50/50 aufgeteilt war, keine Veränderung möglich gewesen wäre.»

Letztlich findet das Ungleichgewicht an Sorgeverantwortung in unserer Gesellschaft sich schon im Mikrokosmos unserer nahen Beziehungen wieder. Es beruht auf einem generellen Ungleichgewicht zwischen Mann und Frau, das Sorge innerhalb aller Beziehungen, den privaten wie den wirtschaftlichen, zu einer ausbeutbaren Ressource herabgewürdigt hat. Die Anerkennung dessen, dass Sorgearbeit jeden Tag überall stattfindet, dass sie Arbeit ist, dass sie überhaupt erst andere Tätigkeiten zulässt und wir alle Zeit unseres Lebens abhängig sind von Care und Beziehungen, muss im privatesten Raum unserer nahen Beziehungen gegeben sein und von dort ausgehend in die Gesellschaft fließen. Eine Veränderung und Balance in diesem Mikrosystem kann auf das Makrosystem einwirken. Hierfür aber braucht es die Bereitschaft, Anstrengungen auf sich zu nehmen.

Der in der 68er-Student*innenbewegung geprägte Spruch «Das Private ist politisch» ging aus dem Aufschrei der Studentinnen des Sozialistischen Deutschen Studentenbundes (SDS) hervor, die dagegen aufbegehrten, dass die weiblichen Mitglieder trotz des Anliegens des SDS, autoritäre Strukturen abzuschaffen, hauptsächlich für Care-Aufgaben zuständig waren. Für sie machte das deutlich, dass Unterdrückung im Privatleben nicht Privatsache, sondern durch politisch-ökonomische Strukturen bedingt ist. Es gelte, «die bürgerliche Trennung von Privatleben und gesellschaftlichem Leben aufzuheben, das Privatleben qualitativ zu verändern und die Veränderung als politische Aktion, als kulturrevolutionären Akt, und als Teil des Klassenkampfes zu verstehen».[19] Es war diese feministische Gruppierung – ein Zusammenschluss von Frauen, die sich verbündet hatten, um gemeinsam ihre Stimme zu erheben und eine Sprache für den Missstand zu finden, mit dem sie sich konfrontiert sahen – deren so bedeutsamer Satz Jahrzehnte überdauerte und die Veränderung hin zur Demokratisierung der Privatsphäre prägte.

Kindheit neu sehen und gestalten

Der naheliegendste, aber auch langfristigste Ansatzpunkt zur Veränderung des Miteinanders über unsere nahen Beziehungen ist die Veränderung von Kindheit. Hier können wir ganz direkt durch unser eigenes Engagement positiven Einfluss nehmen.

Wir haben in vorhergehenden Kapiteln viele negative Einwirkungen auf Kindheit betrachtet und können daraus bereits viele Punkte ableiten, an denen wir ansetzen sollten. Was wir mittlerweile über das Bindungssystem wissen, eröffnet uns ein neues Verständnis von Miteinander, aus dem wir neue Werte zur Erziehung ableiten können: Beispielsweise sollten Achtsamkeit, Empathie, Hilfsbereitschaft, Kooperationsfähigkeit, Nähe, Respekt, Wohlwollen wesentliche Leitwerte sein, auf denen das elterliche Handeln beruht, aber auch institutionelles Begleiten von Kindern.

Orte, die die Werte von Kindern prägen und die Ausbildung von Empathie wesentlich beeinflussen, setzen genau auf jene Systeme von Macht und Ohnmacht, von denen wir wissen, dass sie sich auf das Miteinander negativ auswirken. Das Konkurrenzstreben unserer Gesellschaft, das Leistung über Beziehung stellt, finden wir im Spiel, in Kindergärten und in Schulen. Veränderung ist notwendig, und die gute Nachricht ist, dass eine gesamtgesellschaftliche in den Institutionen und die private in den Familien fast automatisch ineinandergreifen. Deswegen können wir durch die persönliche Beziehungsarbeit in der Familie Einfluss auf die außerfamiliäre Betreuung nehmen. Der Ansatz bedürfnisorientierter Begleitung von Kindern aus den Familien heraus führt dazu, dass eine Veränderung der institutionellen Betreuung notwendig wird, da immer mehr Eltern die Diskrepanz zwischen den eigenen gelebten Werten und den in den Institutionen vorhandenen Rahmenbedingungen wahrnehmen, diese verbalisieren und für Änderungen eintreten. Der Umstand, dass mehr Gewalt in der außerfamiliären institutionellen Kinderbetreuung von Eltern gemeldet wird, kann ein Hinweis darauf sein, dass Eltern bewusster und achtsamer mit dem Recht der Kinder auf gewaltfreie Erziehung umgehen.

Im Jahr 2000 beschloss der Bundestag endlich die Neufassung des § 1631 BGB: «Kinder haben ein Recht auf gewaltfreie Erziehung. Körperliche Bestrafungen, seelische Verletzungen und andere entwürdigende Maßnahmen sind unzulässig.» Seither hat sich Erziehung bereits an vielen Stellen positiv entwickelt, unterstützt durch öffentliche Kampagnen vor Ort, aber auch die kostenfreien Elternbriefe, Kurs- und Beratungsangebote,[20] um ein neues Leitbild von Erziehung zu vermitteln. Wir können immerhin – trotz aller Zukunftsangst und Probleme der jungen Generation – auf Kinder und Jugendliche blicken, die mit einem Rechtsanspruch auf Gewaltfreiheit leben. Zwar mag der Weg für Eltern ohne eigene gewaltfreie Vorbilder in Kombination mit wenig Zeit und wenig Unterstützung schwer sein und an einigen Stellen – gerade hinsichtlich des Verzichts auf psychische Gewalt – besondere Herausforderungen mit sich bringen, aber: Die «Generation Greta», wie Bildungsforscher Prof. Dr. Klaus Hurrelmann sie nennt, oder auch «Generation Z» der 1997 bis 2012 Geborenen, misst der Work-Life-Balance mehr Bedeutung zu und hat erkannt, dass Freizeit und Selbstfürsorge wichtig für sie sind. Sie ist umwelt- und gesundheitsbewusster, politisch interessiert und fordert eine für sie lebbare Zukunft ein. Das sind theoretisch alles gute Voraussetzungen für eine positive Veränderung von Gesellschaft, die ganz wesentlich mitgetragen werden davon, wie wir das Zusammenleben mit Kindern gestalten, wie sie Selbstwirksamkeit erleben und welchen Raum wir ihnen für ihre Entwicklung zur Verfügung stellen. – Und all das, gerade nachdem die Jahre der Pandemie ihre Selbstwirksamkeit und psychische Gesundheit massiv beeinträchtigt haben.

Gleichzeitig stehen diesen Grundgedanken zur individuellen Entwicklung der Kinder Rahmenbedingungen entgegen, die es ihnen erschweren, diese positiven Veränderungen und Zukunftswünsche auch zu leben: das veraltete Bildungssystem, das gerade unter besonderem Leistungsdruck steht nach der Pandemie und durch internationale Vergleichsstudien bei bestehendem Mangel an Lehrenden, die wieder zunehmende Traditionalisierung, die Rückschritte bei der Emanzipation, das schlechte außerfamiliäre Betreuungssystem, die psychischen Belastungen durch die Krisen der vergangenen Jahre, die steigende Kinderarmut und vor allem eine Politik, die sich gegen die Wünsche und Ansichten dieser Generation stellt, während die Kinder und Jugendlichen aufgrund eines (politischen) Machtgefälles geringe Möglichkeiten haben, sich gegen die Politik der älteren Generationen einzubringen.

In unseren nahen Beziehungen ist es deswegen umso wichtiger, dass wir neben der gelebten Gewaltfreiheit Kinder und Jugendliche in ihrer Auseinandersetzung mit den Lebensbedingungen unterstützen, dass wir ihren Veränderungswillen nicht kleinhalten, sondern ihre Aktivität positiv anerkennen und ihnen den Raum geben, wirksam zu werden. Unsere politischen Entscheidungen hängen damit unmittelbar zusammen: beispielsweise ob wir Parteien unterstützen, die sich für die Absenkung des Wahlalters einsetzen und die Aufnahme der Kinderrechte ins Grundgesetz anstreben, damit Kinder und Jugendliche eine größere politische Macht bekommen. Wenn wir dafür mit unserer politischen Stimme nicht einstehen, stellen wir uns dem Wandel entgegen, den es braucht, damit eine Generation, die mit Veränderungswillen und guten Vorsätzen in die Zukunft startet, nicht an der tatsächlichen gesellschaftlichen Struktur scheitern muss.

Solidarität der Fürsorgenden

Die Soziologin Dr. Franziska Schutzbach erklärt in ihrem Buch «Die Erschöpfung der Frauen»: «Wenn Erschöpfung als geteilte Erfahrung spürbar wird, bringt uns diese Erfahrung in ein Verhältnis und in eine Beziehung zu anderen. Und nur in Beziehung zu anderen können gesellschaftliche Strukturen verändert werden.»[21] Wir können das Problem des Miteinanders nur lösen, indem wir ins Miteinander gehen. Wir können nur durch Bindung und Verbindung gegen Vereinzelung und Erschöpfung durch Einzel-Überlastung vorgehen. Die Individualisierung und Homogenisierung in unserer Gesellschaft macht uns das allerdings schwer. Zumal die tief verinnerlichte Frauenfeindlichkeit und das Misstrauen unter den Frauen, wie es aus dem Patriarchat historisch gewachsen ist, hohe Hürden bieten, um zueinanderzufinden und zusammenzukommen. Selbst heute, wo wir um die Strukturen wissen, die hinter Frauenhass und fehlender Frauensolidarität stehen, fällt es uns schwer, dagegen anzugehen. Es ist verlockend, sich auf die Seite des machtvolleren Patriarchats zu stellen, wenn wir selbst davon einen Gewinn haben. Vielleicht denken einige sogar, sie könnten das Problem aus dem Inneren des Patriarchats heraus lösen, sozusagen systemintern. Doch wie wir gesehen haben, geht ein Gewinn an Macht oft einher mit Empathieverlust: Befinden wir uns erst einmal in einem ungerechten System auf einer machtvolleren Position, ist es schwer, die eigenen Privilegien infrage zu stellen und die Nachteile der anderen in ihrer mannigfaltigen Auswirkung zu sehen. Und selbst wenn wir das täten, wäre der Schritt hin zu Veränderung und Preisgabe der Privilegien noch ein weiterer, extrem großer. Deswegen ist der Zusammenhalt unter Frauen notwendig, um das System nachhaltig zu ändern. Die serbische Feministin und Anti-Kriegs-Aktivistin Lepa Mladenović beschreibt die Bedeutung der Verschwesterung wie folgt: «Frauensolidarität ist weder in den Schulbüchern niedergeschrieben noch in Büchern, die wir zu Studienzeiten lesen, wie zum Beispiel Shakespeare, Goethe, Dostojewski, Gandhi oder Mark Twain. Kein Wort über uns. Wenn ich mich entscheide, frauen-solidarisch zu sein, rebelliere ich gegen die Ordnung. Das ist nicht leicht und heißt, dass ich

191

andere Rebellinnen um mich herum haben muss, die mir sagen, dass ich recht habe, damit ich schließlich mir sagen kann: Ich habe recht.»[22]

Wie also können wir diese Art der gemeinsamen Verbundenheit herstellen? Wie geht man miteinander in Beziehung? Das bedeutet zunächst: zuhören und nicht bewerten. Wir sind in diesem System, in das wir selbst hineingewachsen sind, schnell verleitet, aus einem patriarchalen Blickwinkel zu urteilen und andere als (noch) schwächer oder schlechter abzuwerten. Verbundenheit entwickelt sich allerdings daraus, einen Menschen in seinem Wesen und mit der eigenen Geschichte wertschätzend anzunehmen. Wir sind verschieden, haben verschiedene Hintergründe, leben auf verschiedene Arten Familie, aber die meisten von uns kämpfen mit ähnlicher Erschöpfung, ähnlichen Herausforderungen. Diesen gemeinsamen Nenner zu finden und sich an ihm festzuhalten, ist bindend und wertvoller, als auf unsere Unterschiede zu blicken. Bewegungen wie #metoo und #aufschrei haben gezeigt, dass sich aus kollektivem Austausch, gemeinsamem (im Falle von #aufschrei öffentlichem) Nachdenken und gegenseitiger Unterstützung eine kraftvolle Bewegung entwickeln kann. Durch die Gemeinschaft entsteht die Kraft, ein Tabu zu brechen und die Themen in die Öffentlichkeit zu stellen, denen im Patriarchat kein Raum gegeben wird, weil sie als Problem gar nicht existieren sollen. Gleichzeitig lässt das wertschätzende Miteinander auch den Raum dafür anzuerkennen, dass es innerhalb derselben Problemlage Menschen gibt, die nochmals in besonderer Weise benachteiligt werden. Im Falle der Care-Problematik beispielsweise sorgende Eltern, die ein Kind mit Behinderung begleiten, oder Menschen, die sich sowohl um Junge als auch Alte gleichzeitig kümmern müssen. Wenn wir uns nicht miteinander solidarisieren, bleiben wir vereinzelt und damit schwach gegenüber einem machtvollen, zusammenhängenden

System, das kein Interesse hat, Probleme zu beheben, auf denen es seine Privilegien und seine Macht gründet.

>>Instagram-Nachricht:
«Immer mehr Frauen/Mütter wachen auf und werden laut/ lauter. Sind mutig, Wege zu gehen, die schwierig und steinig sind. Gleichzeitig ist es immer noch für viele ein Privileg, wir müssen also zusammenhalten und alle mitziehen, die wollen, aber vielleicht nicht können.»

Solidarität der Sorgenden beginnt mit uns. Sie beginnt damit, auf dem Spielplatz nicht die Augenbrauen hochzuziehen über den Snack, den eine andere Mutter für ihr Kind mitgebracht hat. Sie beginnt bei unserem Verhalten im Internet und der Art, wie wir die öffentliche Darstellung von Familienleben in den sozialen Medien kommentieren. Und sie beginnt auch da, wo wir entscheiden, wem wir im Netz folgen. Denn für ein Verständnis anderer ist es wichtig, sich nicht nur selbst über das Konsumieren der Lebensweise ähnlicher Personen bestätigen zu wollen, sondern bewusst das Leben anderer Menschen auf sich wirken zu lassen und sich damit in Toleranz zu üben und Vielfalt wahrzunehmen. Solidarität beginnt – gerade auch im Netz – mit Wertschätzung gegenüber anderen Menschen und ihren Lebensumständen. Das bedeutet nicht, dass wir allen Personen und Beiträgen gegenüber unkritisch sein sollen, aber wenn Kritik in uns aufkommt, die wir verbalisieren wollen, lohnt es sich, einen Moment innezuhalten und zu überlegen: Woher kommen meine Gedanken, welche Gefühle stehen hinter meinem Denken, und woraus speisen sie sich? Solidarität beginnt da, wo wir andere Sorgende unterstützen, wenn wir selbst Kraftreserven dafür haben, beispielsweise indem wir der alleinerziehenden Mutter anbieten, ihr Kind nachmittags von der Kita mit abzuholen, damit sie nach der Arbeit in Ruhe einkaufen gehen kann, den frisch gewordenen Eltern im Haus mal ein Frühstück vor die Tür zu stellen oder eine Suppe vorbeizubringen, wo wir alltägliche Unterstützung bei Familien mit Kindern oder Erwachsenen mit Behinderung leisten und der alten Nachbarin von nebenan regelmäßig einen schweren Einkauf abnehmen, wenn wir ohnehin mit dem Auto zum Supermarkt fahren. Solidarität findet statt, wo wir unterstützende Netzwerke aufbauen, in denen wir andere stützen und selbst gestützt werden.

Solidarität und Miteinander sind gerade für Sorgende von großer Bedeutung, weil sie einen erheblichen Einfluss nehmen auf ihren Alltag, ihr Wohlbefinden, ihre Optionen zur Erwerbstätigkeit und Altersvorsorge. Während (in der Regel) nicht sorgende Männer ohne die Abhängigkeit von tatsächlicher, begleitender Hilfe ihren Weg gehen. Patriarchale Strukturen unterstützen die darin aufsteigenden Personen durch gegenseitige Wertschätzung und Beförderung, während die Menschen in sorgenden Strukturen nicht nur von Wertschätzung und emotionaler Hilfe abhängig sind, sondern Unterstützung durch Zeit- und Kraftaufwand benötigen.

Zeit für Freund*innenschaften

Auch jenseits der Verbindung unter Sorgenden müssen wir unsere Beziehungen neu denken. Freund*innenschaften werden in Deutschland neben der Familie als besonders wichtig betrachtet: Im Jahr 2022 gaben in einer Studie 84 Prozent der befragten Personen an, dass gute Freunde und enge Beziehungen zu anderen Menschen der wichtigste Aspekt in ihrem Leben sind.[23] Kein Wunder, Freund*innenschaften beeinflussen unsere Gesundheit und unser Wohlbefinden, ja sogar unsere Lebenserwartung, und können bei Kindern Depressionen vorbeugen.[24] Besonders im Alter nehmen sie Einfluss auf das Wohlbefinden. Freund*innenschaften unterstützen uns im Alltag, geben uns Verbindung, Nähe, Schutzraum. Sie stärken uns, um mit den Widrigkeiten des Lebens umzugehen. Es sind Menschen, die wir bewusst auswählen jenseits von Familienbeziehungen. Viele Menschen sprechen in Bezug auf Freund*innenschaft auch von Wahlverwandtschaft oder Wahlfamilien, und sie sind entsprechend unser Boden, in dem wir uns verwurzelt fühlen.

Wir haben bereits gesehen: Ausschluss aus sozialem Miteinander schmerzt uns und wirkt sich negativ auf unser Wohlbefinden aus. Einsamkeit ist ein Zustand, unter dem viele Menschen leiden. Dabei meint Einsamkeit nicht, dass wir nicht gerne auch mal Zeiten ganz für uns allein genießen können und sollten. Einsamkeit meint vielmehr die Abwesenheit von emotionaler Verbundenheit. Wenn ich eine Auszeit von der Familie allein genieße, kann ich dennoch emotional mit ihnen verbunden sein. Wenn ich allerdings allein bin, mich niemandem zugehörig fühle und mich weder mit positiven noch negativen Erfahrungen an eine andere Person wenden kann, bin ich einsam – das kann auch dann geschehen, wenn wir Menschen um uns herum haben, diese aber emotional nicht mit uns und unseren Bedürfnissen resonieren. Die sprichwörtliche Einsamkeit zu zweit, wenn Kommunikation und Empathie einer Paarbeziehung gestört sind, ist dafür ein Beispiel. Einsamkeit kann aber auch in Familien vorkommen, in denen zwar die sorgende Person mit Kindern in sicheren Bindungsbeziehungen lebt, aber eine erwachsene Person fehlt, mit der Bedürfnisse und Emotionen auf Augenhöhe geteilt werden können. Als Sorgende können wir den ganzen Tag mit den Menschen zusammen sein, für die wir sorgen, und uns dennoch allein fühlen, weil niemand da ist, der sich um uns sorgt, der für unser Wohlergehen und den Wunsch nach Austausch zwischen Erwachsenen zuständig ist. Gerade frisch gewordene Mütter und Alleinerziehende beklagen diese Art der Einsamkeit.

Freund*innenschaften sind zeitlebens wichtig, weshalb es sinnvoll ist, sie aufzubauen, zu erhalten und zu kultivieren. All das braucht aber Zeit: Der Genetiker und Chronobiologe Prof. Dr. Jeffrey Hall hat herausgefunden, dass es nach einem ersten Treffen zwischen zwei Studierenden 40 bis 60 Stunden gemeinsame Zeit braucht, damit sich eine lockere Freundschaft entwickelt, 120 bis 160 gemeinsame Stunden innerhalb der ersten drei Wochen nach dem Kennenlernen, damit eine gute Freundschaft entsteht.[25] Für den Aufbau und Erhalt von Freundschaft ist es wichtig, dass sich die Personen über ihren Alltag austauschen und darüber auf dem Laufenden bleiben, was gerade im Leben des anderen ansteht. Auch hierfür braucht es also Zeit. Gerade Sorgende haben wenig Zeit für das Finden neuer Freund*innen, den Aufbau, aber auch den Erhalt von Freund*innenschaft – obwohl sie uns so wichtig sind, obwohl wir uns diese Kontakte wünschen. Wer für andere sorgt, ist am Ende des Tages erschöpft und hat weniger Kraftressourcen, um mit Nicht-Sorgenden Freizeitaktivitäten zu teilen wie Clubbesuche und Theateraufführungen, vielleicht reicht die Kraft nicht einmal für ein gemeinsames Abendessen im Restaurant um die Ecke. Nicht nur Kraft fehlt, sondern auch Zeit: Wer Kinder hat, ist weniger frei in der abendlichen Zeiteinteilung. Das in unserer Gesellschaft gelebte Kleinfamilienmodell trägt dazu noch maßgeblich bei. Es baut eine Bindungshierarchie bei den Kindern auf, die dann die Person zum Insbettbringen einfordern, die sich maßgeblich kümmert, während die andere, sich seltener kümmernde Person, abgelehnt wird. Das weinende Kind, das dann beim Weggehen herzanrührend seine Mama einfordert, appelliert an das vorherrschende Mutterideal. Der seltener anwesende Vater fühlt sich vielleicht abgelehnt und überfordert und möglicherweise noch in seinen Gedanken bestätigt, dass er das sowieso weniger gut könne, weil er der Vater ist. Und obwohl es eigentlich in Ordnung und für den Erhalt der Freund*innenschaft wichtig wäre, diese Zeit dennoch wahrzunehmen, wird das gemeinsame Treffen dann doch mit großer Wahrscheinlichkeit abgesagt. Also trifft man sich nachmittags mit Kindern, sofern die Freund*innen auch Kinder haben, während andere Freund*innenschaften mit Menschen ohne Kindern abnehmen. So wird die Homogenisierung von Gruppen weiter vorangetrieben, das schon erklärte Problem homogener Erwachsenengruppen, die die Sorgen und Nöte anderer nicht kennen, verstärkt. Es wundert nicht, dass Singles mehr Zeit pro Woche mit Freund*innen verbringen als Verheiratete[26] und Männer mehr freundschaftliche Beziehungen als Frauen haben.[27] Care und Erwerbsarbeit in Kombination verringern nochmals unsere Zeitfenster und Kraftressourcen.

>>Instagram-Nachricht:
«Zeit für Freund*innenschaft ist so gut wie gar nicht mehr da. Tagsüber wird es zunehmend schwieriger, die anderen arbeiten, sodass gemeinsame Mittagspausen schwierig werden. Das Kind schläft erst um 21.30 Uhr. Mit Kind ist real talk unmöglich. Vor dem Kind spreche ich nicht über alle Themen, ohne Kind bin ich nur jedes zweite Wochenende. Da kann ich nicht immer gut planen, je nach meinem Energielevel, Krankheit … Spontan können meine Freunde oft nicht.»

Freundschaften sind essenziell wichtig für uns, aber wir geben ihnen zu wenig Raum, auch wenn wir uns eigentlich mehr Zeit dafür wünschen. Für ein neues Miteinander müssen wir Freund*innenzeit bewusst in unseren Alltag einbauen: Wir müssen Zeiten festlegen für das Miteinander mit anderen und bewusst Kontakte

TEIL 3: Auf dem Weg in ein neues Miteinander

aufbauen, die uns im Heute und Morgen stützen. Wir sollten uns fragen, wann wir zuletzt eine neue Freund*innenschaft begonnen haben, denn sicher gibt es in unserem Umfeld Menschen, die wir gerne zu unserem Freundeskreis zählen würden, und was uns abhält, eine Freundschaft aufzubauen, sind zu wenig Zeit, Kraft und vielleicht auch mangelndes Selbstvertrauen. – All das sollten wir überwinden, um feste, stabile Freund*innenschaften zu gewinnen, die uns durch die schönen und schwierigen Momente des Lebens tragen.

Liebesbeziehungen neu gestalten

Das Zeitproblem wirkt nicht nur in Freund*innenschaften, sondern auch in Paarbeziehungen. Auch hier ist es wichtig, dass wir Zeit miteinander verbringen können, um uns über das Leben des jeweils anderen auszutauschen, miteinander zu resonieren und zu verstehen, welches Glück und welche Last das Gegenüber gerade empfindet und trägt. Wir brauchen echte Zeit für das Miteinander, für die liebevollen Berührungen, die scheinbar nebenher ohne Worte vermitteln: Ich bin an dir interessiert, ich umsorge dich. Und auch Zeit dafür, uns überhaupt erst einmal darüber klarzuwerden, was wir als Liebe verstehen, wo wir Brücken finden in unserem Verständnis und wo Klüfte sind, die uns das Leben schwer machen.

Viele Liebesbeziehungen leiden am Gefälle zwischen Macht und Ohnmacht, das nicht nur in unserer Gesellschaft innerhalb des binären Systems herrscht, sondern bis hinein in unsere Mikrobeziehungen zu finden ist. «Die verschiedenen gesellschaftlichen Ebenen sind immer miteinander verbunden», erklärt Afrikawissenschaftler*in und Autor*in Josephine Apraku. «Das gilt für das Wirken von Diskriminierung genauso wie für unser Handeln gegen sie.»[28] Da, wo es unterschiedliche Einkommen gibt, entsteht schnell ein Gefälle der wahrgenommenen Wertigkeit, das sich darauf auswirkt, wem wir welche Privilegien einräumen, wer wie viel Zeit womit verbringen kann und wer welche Entscheidungen treffen kann innerhalb eines Beziehungssystems. Vieles geschieht dabei unbewusst. Auch wenn wir uns eine Partner*innenschaft auf Augenhöhe wünschen, ist das selten umsetzbar, solange wir die unterschiedliche Höhe nicht von unten mit einem Tritthocker aus Sicherheit, finanzieller Absicherung und emotionaler Ebenbürtigkeit ausgleichen können, um uns wirklich in die Augen blicken zu können.

Das Gefälle von Macht und Ohnmacht hat sich ausgebreitet auf das, was für viele Menschen die Grundlage einer Partnerschaft ist: Liebe. Liebe und Care sind miteinander verbunden – auch wenn Care nur ein Aspekt von Liebe ist –, und damit ist die Verantwortlichkeit für Liebe in Liebesbeziehungen zu denen gewandert, die auch in unserer Gesellschaft für das Sorgen verantwortlich sind. Liebe ist Emotionalität, ist Bindung, ist emotionales Resonieren – und damit ist sie Aufgabe der Menschen, die wir als «von Natur aus» besser darauf ausgerichtet ansehen. Bell hooks erklärt in ihrem Buch «Alles über Liebe» ausführlich, dass Frauen nicht mehr Liebe empfinden als Männer, aber beständig dazu angehalten werden, das Lieben zu lernen und dafür zuständig zu sein. In Kombination mit der Verbindung von Gewalt und Liebe, die viele Menschen von klein auf kennenlernen, lässt uns dieses Ungleichgewicht der Liebe in Partnerschaften daran glauben, dass die Formel «Liebe erträgt alles» richtig sei. Während gleichzeitig die Machtausübung und (emotionale) Gewalt der anderen Seite dadurch legitimiert wird, dass Emotionen beim Aufwachsen weniger Raum haben, weniger selbstverständlich sind und Abweisung von Emotionalität als Teil von Männlichkeit gilt. «Dabei ist die Fähigkeit, jemanden so zu umsorgen, dass es das Wohlbefinden dieser Person steigert, in Wahrheit eine

199

angelernte Verhaltensweise. Männer erlernen sie genauso wie Frauen. Es stärkt das patriarchale System, wenn Männer nicht vermittelt bekommen, wie sie sich um andere kümmern und Zuwendung zeigen können», schreibt hooks in ihrem Folgebuch «Lieben lernen».[29]

So tragen wir Macht und Ohnmacht in unsere Beziehungen hinein. Als Frauen sind wir beständig auf der Suche nach Liebe, strengen uns an, passen uns anderen an, damit wir in ihren Augen als liebenswürdig erscheinen (und leiden darunter, wenn dieses aufgesetzte Ich im Alltag bröckelt und der andere Mensch unser echtes Ich weniger liebt als das, das wir sorgsam als liebesfähig kreiert haben). Wir sehen uns verantwortlich fürs Lieben und Geliebtwerden, fühlen uns ohne Liebe falsch und minderwertig, sind die Liebes-Sorgenden, die Expertinnen für alles Emotionale in Beziehungen. Gleichzeitig wird Liebe als Teil von Sorge genau deswegen abgewertet, weil es diese ewig weibliche Aufgabe bleibt, die in ihrer emotionalen Herausforderung als schwach abgestempelt wird, und Stärke und Kraft damit verbunden sind, eben nicht emotional zu sein und darin seine Männlichkeit zu beweisen. So bleibt es ein beständiges Hin und Her zwischen Mann und Frau, Liebe zu geben, um Liebe zu erhalten, und Liebe anzunehmen, ohne der Emotionalität zu entsprechen oder sich an ihr zu beteiligen, wie es das an sich bräuchte, damit kein Ungleichgewicht der Kräfte und Bedürfnisse entsteht. Die Dominanz der Männer wird auch in Liebesdingen in unsere intimsten Beziehungen hineingetragen.

Auf der Suche nach Liebe und Verbindung sind wir nicht nur bereit, unsere Sorge vollends zur Verfügung zu stellen, sondern bringen auch – gerade als Frauen – viel finanziell in Liebesdingen ein, während der weniger emotionale Part versucht, über monetäre Leistungen jene Liebe zum Ausdruck zu bringen, die in Worten und Taten nicht sein kann. «Denn das sexistische Patriarchat ist schon da», erklärt der Journalist und Autor Nils Pickert: «In unseren Herzen, in unseren Köpfen, in unseren Augen und unseren Lenden. Und als wäre es nicht überfordernd genug, damit klarkommen zu müssen, hat das Patriarchat einen besten Freund, der sich in mehr und mehr Aspekten unseres Lebens und unserer Beziehungen breitmacht: den Kapitalismus. Sein Kumpel Patriarchat mag zwar der Übervater unserer Gesellschaftssysteme sein, aber das gleicht der vergleichsweise junge und agile Kapitalismus durch seine Ambitionen und seine Durchschlagskraft aus.»[30] Wir investieren in unser Aussehen, um Liebe zu bekommen, in Geschenke, in das Zelebrieren von Verliebtheit über Konsum ebenso wie in das Zelebrieren von Liebeskummer durch Konsum.

Unser falsches Bild von Liebe und Fürsorge macht es uns schwer, echte Beziehungen zu leben. Wir fühlen uns missverstanden, ungeliebt und leiden unter der Misskommunikation, die sich aus der unterschiedlichen Auffassung von Liebe ergibt – auf beiden Seiten. Denn letztlich sind wir alle gleichermaßen darum bemüht, echte Verbindung und Nähe zu fühlen und zu erhalten. Aber unsere Aufteilung von Macht erschwert uns dies, macht es sogar teilweise unmöglich, eine gemeinsame Sprache der Liebe zu finden, die auf unseren echten Emotionen beruht und nicht auf dem, was wir gelernt haben, als Liebe zu interpretieren. Auf dem Weg in ein neues Miteinander müssen wir uns dessen bewusst werden, dass wir innerhalb des Systems von Macht und Sorge gelernt haben, unterschiedliche Liebessprachen zu sprechen oder unterschiedliche Auffassungen von Liebe zu haben, diese selbst aber auch wieder nur kulturell und gesellschaftlich geprägt sind und damit nicht «das Wahre» abbilden. Es gilt, die Unterschiedlichkeit zu überbrücken, Gemeinsamkeit zu finden und zu leben, statt die Unterschiedlichkeit schlichtweg zu akzeptieren und im Namen der Liebe zum Beispiel zu sagen, dass jemand eben gelernt habe, dass Geschenke Ausdruck von Liebe seien, und man deswegen daran festhalten müsse, damit diese Person sich geliebt fühle. Es entbindet uns von echter Beziehungsarbeit, wenn wir immer nur auf die «Sprache der Liebe» des anderen reagieren. Wir werden keine gemeinsame Sprache entwickeln und nicht einmal verstehen, dass eine gemeinsame Sprache und ein gemeinsames Verständnis wichtig sind für unser Zusammenleben – wir spielen nur beständig nach, was wir selbst gelernt haben, anstatt uns zu verändern. Solange wir unterschiedliche Auffassungen von Nähe in Beziehungen leben, wird sich Liebe und das mit ihr verbundene Glück nicht als Zustand einstellen, sondern immer nur punktuell und hie und da.

Um das Gefälle von Macht und Ohnmacht in Beziehungen zu verändern, müssen wir miteinander ins Gespräch gehen. Oft reichen aber Gespräche nicht aus für nachhaltige Entwicklungen, weil die Macht auf der einen Seite weniger Empathie für die Situation der anderen Seite mit sich bringt. Zweifellos brauchen wir gesamtgesellschaftliche Veränderungen, um Machtgefälle aufzubrechen, ebenso wie die mächtigeren Personen in den Beziehungen einen Veränderungsdruck brauchen und positive Aussichten darauf, dass eine Veränderung wirklich einen Vorteil bringt.

Wichtig ist aber auch hier ein positiver Blick auf die Schritte, die wir vorangehen, fokussiert auf die Visionen und die Veränderungen, die sie bereits hervorgebracht haben, damit wir nicht von negativen Gedanken und Ohnmacht vom Weitergehen abgehalten werden.

Misogynie im Alltag erkennen und abwehren

Solange Care mit Weiblichkeit verbunden ist und Weiblichkeit abgewertet wird, werden wir keine Verbesserung der Wertschätzung von Care erreichen. Frauensolidarität, Verschwesterung und Verbindungen der Sorgenden sind wichtig und können im Zusammenschluss eine große Gemeinschaft bilden. Der Weg in ein neues Miteinander kann aber nur darüber führen, dass Misogynie systematisch beseitigt wird. Auch hierfür brauchen wir politische Lösungen und eine angemessene Gesetzgebung. Von großer Bedeutung ist aber auch unser zwischenmenschlicher Umgang im Alltag: Feminismus ist kein Thema, das allein Frauen betrifft, und gerade im Alltag kommt es auf einen gelebten, intersektionalen Feminismus derjenigen an, die sich in Machtpositionen befinden. Oft ist es uns nicht bewusst, dass wir uns in einer solchen Machtposition befinden, die Einfluss auf das Klima einer persönlichen Gruppe hat. Wenn wir uns beispielsweise in einer Freundschaftsgruppe befinden, in der sexistische Witze gemacht werden ohne Anwesenheit der von diesen Witzen betroffenen Personen, merken wir vielleicht nicht, dass wir uns in einer machtvollen Position befinden gegenüber jener marginalisierten Gruppe, über die wir gerade lachen, und dass es in unserer Verantwortung liegt, hier und jetzt dagegen Stellung zu beziehen.

Für männliche Solidarität sind homosoziale Gesellschaftsformen von besonderer Bedeutung: Burschenschaften, Männerbünde, Stammtische, Gamer-Communitys, aber auch männlich dominierte Berufsfelder. Hier finden sich bestimmte Gruppen von Männern zusammen unter Ausschluss anderer Menschen, insbesondere Frauen. Gerade dort, wo Männer meinen, sich ihre Männlichkeit beweisen zu müssen, werden Frauen oft abgewertet, da die Aufwertung von Männlichkeit durch die Abwertung und Abgrenzung gegenüber Weiblichkeit erfolgt. Besonders deutlich wird dies in der maskulinistischen Internetszene, in den Gruppierungen der INCELs («involuntary celibate men») und Pick-up-Artists.

Sosehr wir also als Sorgende und/oder Frauen für die Anerkennung und Wertschätzung von Care einstehen, ist unser Rahmen begrenzt, da wir keinen Zugang zu geschlossenen Männergruppen haben, in denen alltägliche Abwertung bis hin zum Frauenhass stattfindet. Wir können Misogynie sicherlich teilweise durch das Aufbrechen von geschlechtsspezifischer Erziehung in der nachfolgenden Generation unterbinden, aber für die aktuelle Situation brauchen wir Männer, die sich innerhalb von Männergruppen für einen Wandel einsetzen. Hier braucht es gezielte Aktivität und die Nutzung eigener Privilegien und Machtpositionen, um sich gegen sexistische Narrative zu stellen, die in solchen Gruppen kultiviert werden, und die Abwertung von Weiblichkeit von innen heraus aufzubrechen. Die amerikanische Bestsellerautorin Angela Garbes schreibt in ihrem Buch «Essential Labor» so passend darüber: «Wahre Verbündete leben in Beziehungen, wahre Solidarität erfordert den Verzicht auf Komfort, materielle Ressourcen und Macht – und das Teilen mit anderen.»[31] Feminismus geht uns alle an! Das Aufbrechen toxischer Vorstellungen, was Maskulinität ist, was sie ausmacht und wie sie zu leben ist, betrifft die ganzheitliche Verfasstheit und Gesundheit der Männer und ihr emotionales Wohlbefinden. Damit ist auch für sie die Veränderung ein großer Gewinn, wie sie für die Entfaltung der breiten Vielfalt der Geschlechter notwendig ist.

Manchmal sind wir verleitet, die Fortschritte des Feminismus zu idealisieren und zu denken, wir hätten bereits viel erreicht. Aber diese Fortschritte der Gleichberechtigung sind über Jahrhunderte hart erkämpft und nicht gesichert. Wann immer es Fortschritte in der Emanzipation und eine Angleichung der Geschlechter gibt, kommt es zu Aufbegehren und Widerstand gegen diese Veränderung. Emanzipation ist mit einem Verlust von Privilegien verbunden, der nicht klag- und kampflos hingenommen wird. Selbst wenn Frauen aus der Frauenbewegung heraus mehr Selbstbestimmung und Anerkennung erkämpfen –

wofür es oft der Unterstützung anderer bedarf, schon allein, um gegen viel Hass standzuhalten –, ist der Erhalt dieser Gewinne nicht gesichert, sondern braucht Verbündete. Dies umso mehr, da das Sichtbarwerden minorisierter Menschen oft als Angriff empfunden wird: «Wenn die ‹Zweitrangingen› aufholen, wird das als Schmach erlebt und dadurch erträglich gemacht, dass die Aufholenden zu Mächtigen stilisiert werden, zu ‹Tugendterroristinnen›, ‹Genderdiktatorinnen›, ‹Minderheitenterror›, oder wie es heute heißt: zur ‹Cancel Culture›», schreibt Franziska Schutzbach.[32] Auf dem Weg in ein neues Miteinander brauchen wir nicht nur Verschwesterung, sondern allgemeine Vergemeinschaftung.

Zeit für Berührungen

Ob nun Freund*innenschaft, Partnerschaftsbeziehungen oder generationsübergreifende Beziehungen wie zwischen Eltern und Kind: Respektvolle Berührungen sind wichtig. Wir haben bereits gesehen, welche Bedeutung Hormonausschüttungen für unser Leben haben. Dennoch haben wir für ein bewusstes, achtsames, respektvolles Berühren wenig Zeit, oft auch wenig Sinn für dessen Bedeutung. Das Patriarchat zeigt hier wieder einmal seine Wirkkraft: «In den meisten Kulturen [ist es] eher akzeptiert, dass Frauen andere Frauen berühren, während Berührungen zwischen Männern seltener sind und häufig als ein Ausdruck von Hierarchie interpretiert werden. Zumindest in der hetero-normativen Mehrheitsgesellschaft», erklärt die Neurowissenschaftlerin Dr. Rebecca Böhme.[33] Die vergangenen Jahre der Pandemie haben unser Verhältnis zu Berührung noch zusätzlich negativ verändert und eine Ambivalenz gegenüber Berührungen entstehen lassen, da Nähe nun als potenziell gefährlich in uns verankert ist.

Schon vor der Pandemie hatten Berührungen in unserer

Gesellschaft wenig Raum: «Wir leben in einer unterkuschelten Gesellschaft», wird die schwedische Ärztin und Oxytocin-Forscherin Dr. Kerstin Uvnäs Moberg 2016 in der taz zitiert. «Der Mensch ist weniger dafür gemacht, jemand zu sein, als vielmehr, zu jemandem zu gehören», erklärt sie.[34] Und dieses Dazugehören drückt sich wesentlich über Körperlichkeit aus. Auch der Psychologe und Leiter des Haptik-Forschungslabors am Paul-Flechsig-Institut für Hirnforschung an der Medizinischen Fakultät der Universität Leipzig Dr. Martin Grunwald bestätigt den Berührungsmangel und sieht in unserem Verhalten deutliche Hinweise darauf: Die expandierende Wellness-Kultur mit Dienstleistungen wie Massagen ebenso wie das wachsende Angebot an Kuschel-Partys und die Zunahme an felltragenden Haustieren seien Symptome für den Berührungsbedarf. Was uns im menschlichen Miteinander fehlt, versuchen wir auf andere Weise zu kompensieren. Auch emotionale Filme, Pornos und digitale Medien sollen das Fehlen körperlicher Nähe ausgleichen, doch die «Biochemie einer Hautberührung kann man durch nichts virtuell simulieren».[35]

Zweifellos gilt es, bei Berührungen auf die Balance zu achten zwischen Nähe und Übergriffigkeit: Was einem Menschen angenehm ist, kann für einen anderen zu viel sein. Was für einen als selbstverständliche Berührung gilt bei einer Begrüßung, kann von einem anderen als distanzlos und übergriffig wahrgenommen werden. Es ist wichtig, dass wir über sexuelle Übergriffe sprechen, sie anprangern, juristisch verfolgen und ihnen durch Verhaltensregeln und Schutz vorbeugen. Gleichzeitig müssen wir darauf blicken, wo wir innerhalb des Rahmens des achtsamen Umgangs Distanziertheit untereinander (unbewusst) kultivieren und welche Folgen es hat, wenn Distanz ein bedeutsamerer Bestandteil unseres Lebens wird als Nähe. Die Abwendung von körperlicher Nähe beginnt wie vieles andere im Kindesalter, wenn das Schlafen des Babys in der Nähe der Bezugspersonen mehr als Gefahr wahrgenommen wird denn als kindliches Bedürfnis nach Sicherheit.[36] Es erstreckt sich von der Abneigung und dem Zeitmangel in Bezug auf Pflegeroutinen über die Frage «Wie sollen Kinder in Kindergarten und Schule respektvoll getröstet werden?» bis hin zum Umgang mit Körpererkundungsspielen bei Kindern und geschlechtsspezifischer Sozialisation, in der Jungen weniger mit respektvollem, liebevollem Körperkontakt im Geben und Nehmen in Verbindung gebracht werden. Das Problem setzt sich fort bei unserer Wohnkultur der Single-Appartements und der Frage danach, welchen Raum Online-Behandlungen im therapeutischen und medizinischen Bereich haben und wie viel Zeit für bewusste körperpflegerische Tätigkeiten bei alten Menschen vorhanden ist. All diese Themen müssen im wahrsten Sinne des Wortes mit Fingerspitzengefühl behandelt werden, und wir müssen sie mit ihren vielfältigen Wirkungen betrachten.

Fest steht, dass wir uns auch körperlich vom Miteinander entfremdet haben und damit von demjenigen unserer Sinne, der als erster und besonders bedeutsam Einfluss nimmt auf unser Leben und über Hormonausschüttungen unseren Alltag und unser Zusammensein reguliert. Das bedeutet nicht, dass wir für ein neues Miteinander wahllos Menschen umarmen und liebkosen sollten. Das Zulassen und Genießen von Berührungen hängt eng damit zusammen, in welcher Beziehung wir zum Berührenden stehen. Aber in unseren nahen Beziehungen können wir uns fragen und beobachten, wem wir wie viel und welche Körperlichkeit zukommen lassen und was wir uns selbst von wem eigentlich wünschen. Die Psychotherapeutin und Pionierin der Familientherapie Virginia Satir erklärt dazu: «Ich glaube daran, dass das größte Geschenk, das ich von jemandem empfangen kann, ist, gesehen, gehört, verstanden und berührt zu werden. Das größte Geschenk, das ich geben kann, ist, den anderen zu sehen, zu hören, zu verstehen und zu berühren. Wenn dies geschieht, entsteht Beziehung.»[37]

Berührungen sind ein Teil von Care, und ihre Bedeutung ist für uns alle gleichermaßen wichtig. Mehr Körperlichkeit in unseren Beziehungen und Freund*innenschaften zu leben und eine gleichmäßige Verteilung des Gebens und Nehmens zu erreichen, bricht einen weiteren Teil der ungerechten Sorgeverteilung und toxischen Maskulinität auf, die unser Miteinander negativ belasten.

Das Miteinander der Generationen

Gerade in Bezug auf körperliche Nähe sehen wir, wie sehr wir uns aus einem Miteinander etwa mit der älteren Generation entfernt haben. Sowohl junge als auch alte Menschen leiden besonders unter dem Berührungsmangel. Manchmal werden Berührungen, die alte Menschen empfangen, nur noch über Pflegeroutinen gegeben und nicht mehr über das natürliche Miteinander. Wenn wir mit anderen in Kontakt sind, berühren wir uns, streichen mal über die Hand oder den Arm der anderen Person oder halten jemanden bewusst zum Trost. Diese Art der Körperlichkeit fällt schnell weg, wenn alte Menschen nur noch in Pflegeroutinen eingebunden sind und zu wenig Zeit für das Miteinander bleibt.

Auch jenseits des Körperkontakts ist die Verbindung der alten und jüngeren Generationen wichtig und hilfreich: Alte Menschen sind es, die die Geschichten von Familien und einer Kultur bewahren und persönlich erzählen können. Alte Menschen können uns ihre Welt vermitteln, ihre Lebenserfahrungen als Beispiele dafür geben, wie man mit Herausforderungen umgeht und dass das Leben trotz aller Widrigkeiten weitergeht. Und sie können uns lebendig vermitteln, wie Geschichte entstand. Zeitzeug*innen sind wichtige Elemente unserer Erinnerungskultur – sowohl privat als auch gesellschaftlich. Sie ermöglichen durch ihre persönlichen Geschichten einen direkten Zugang zur Geschichte. Auch hier brauchen wir die Fähigkeit der Toleranz und müssen Ambivalenzen zulassen: Nicht alles, was Großeltern erzählen, passt mit der geschichtlichen Faktenlage zusammen, und nicht immer sind Erzählungen nach dem Motto «Früher war alles besser» eine hilfreiche Strategie für den Umgang mit den Problemen unserer heutigen Zeit. Doch durch das Reden miteinander und den Kontakt zueinander können wir eine Trennung zwischen den Generationen aufheben und gegenseitiges Verständnis eher ermöglichen als durch Gruppenbildung. «Ungenügende Kontakte steigern die Gefahr, negative Vorurteile aufzubauen und beizubehalten. Weitere Interaktionen werden dann eher vermieden. Alle integrativen Projekte, die sich auf intensive außerfamiliale Kontakte zwischen Alt und Jung beziehen, können helfen, diese Segregation zwischen Generationen zu entschärfen», erklärt der Psychotherapeut Prof. Dr. Harald Uhlendorf.[38]

Wir können, gerade in Hinblick auf das Umsorgen, eine Brücke bauen zwischen den Generationen. Schon die Generation der heutigen Großmütter hat unter dem Mutterideal und wenig Anerkennung von Sorgearbeit gelitten. Die Werbung vergangener Zeiten nahm die Überlastung der sorgenden Frauen in den kapitalistischen Blick und erklärte, dass ein Waschmaschinen-Vollautomat das sei, «was Frauen wollen» (Bauknecht, 1959), sich die Hausfrau nicht auf der Ehe ausruhen dürfe und Care-Arbeit zu leisten sei: «Erhalt' das Glück in Deiner Eh' durch ein Gerät von AEG!» (AEG, 1950), und natürlich auch dass Kochen und Backen in dieser Tradition stehe: «Ein Mann will täglich aufs Neue gewonnen sein» (Dr. Oetker, 1954). Wir sehen, dass den Generationen von Frauen vor uns kein besseres Los beschert war, im Gegenteil. Eine Besinnung auf Ähnlichkeit statt Differenz hilft uns, Verbindungen zu knüpfen und uns gemeinsam für Verbesserungen einzusetzen. So wie eine Verbindung der jungen und der alten Generation helfen kann, Letztere für die Problemlagen der Zukunft zu sensibilisieren. Es geht hier um eine emotionale Verbindung und Anteilnahme, über die wir jene Solidarität aufbauen können, die wir für Veränderungen brauchen. Dafür brauchen wir Raum und Zeit. Teresa Bücker schrieb mir einmal zu den Lesungen, die sie 2022/2023 aus ihrem neu erschienenen Buch «Alle Zeit» hielt: «Was mich hoffnungsvoll stimmt: Zu meinen Lesungen kommen viele alte Frauen, teils über 80. Die sich angesprochen fühlen und wütend sind, weil jemand die Worte dafür findet, was sie erlebt haben. Ich hoffe, sie unterstützen uns Jüngere.» Dies ist genau jene Art von Verbindung, die wir benötigen – auch in Hinblick auf die Verteilung von wahlberechtigten Stimmen. Wir brauchen die Bereitschaft, miteinander ins Gespräch zu kommen über die weiterhin existierende und sich verschärfende Care-Krise. Wir müssen uns verbünden durch Anteilnahme und das Teilen und Mitteilen von Anliegen und Nöten. Und dafür brauchen wir Orte, an denen das Aufeinandertreffen niedrigschwellig möglich ist: Nachbarschaftscafés, Vereine, vielleicht etwas wie einen «Bus der Begegnung», wie er zur Demokratieschulung vor der letzten Bundestagswahl eingesetzt wurde. Wo Junge und Alte ihre Erfahrungen, Krisen, Wünsche und Bedürfnisse teilen können, damit sie die gemeinsamen Nenner erkennen. Orte, wo die Bereitschaft, miteinander ins Gespräch zu kommen, realisiert werden kann, um Verbindung herzustellen und Verbündete zu finden für eine Veränderung unserer Gesellschaft.

Viele ältere Menschen, deren Leben von Erwerbstätigkeit bestimmt war, leiden nach Eintritt in das Rentenalter darunter, dass ein so großer identitätsstiftender Teil ihres Selbst auf einmal wegfällt. Wir sprechen vom Empty-Desk-Syndrom: dem Gefühl der Leere nach dem Eintritt in die Rente, das mit dem veränderten Tagesablauf, weniger Sozialkontakten und einem verminderten Gefühl von Selbstwirksamkeit einhergehen kann. Es erinnert sprachlich an das Empty-Nest-Syndrom, das in manchen Fällen dann eintritt, wenn die bisher Sorgenden, deren Fokus auf Care-Arbeit lag, durch die nun erwachsenen und «ausgeflogenen» Kinder in eine Sinn- und Lebenskrise geraten. In einer Gesellschaft, in der der Fokus des Daseins auf Care-Arbeit und/oder Erwerbsarbeit liegt und darüber das natürliche, alltägliche Zusammensein in den Hintergrund rückt, kann eine derart starke Veränderung sich negativ auf das psychische Wohlbefinden auswirken. Auch im Hinblick darauf ist es sinnvoll, möglichst schon vor der Berentung oder dem Auszug der Kinder gute soziale Strukturen aufzubauen, die einen im Miteinander halten und unterstützen.

Zu guter Letzt sollten alte Menschen auch dort eine größere Rolle spielen, wo sie schon im Märchen als machtvolle Mittler*innen zwischen den Welten beschrieben werden: Wenn es um den Tod geht, brauchen wir die Verbindung mit ihnen, um wieder zu einem anderen Umgang damit zu finden.[39] Wir haben eine öffentliche Distanz zu Krankheit und Tod aufgebaut, den Bereich des Sterbens in die Privatheit verlagert: «Die Zeichen und Symbole, die diese Lebensphasen ehemals umgaben, sind rar und unaufdringlich geworden oder fehlen ganz. Wenn jemand im Sterben liegt, dringt das selten nach außen, ein eingetretener Todesfall ist kaum eine Information wert: keine Trauerbekleidung, keine Beerdigungsumzüge, kein Glockenläuten, keine Kondolenzpflichten. Abschiedsrituale sind auf das Nötigste und den kleinsten Kreis von Angehörigen beschränkt», erklärt der Professor für Gesundheitspolitik Dr. Gerd Göckenjan.[40] So wie Geburt uns fremd geworden ist durch ihre Institutionalisierung und Schambelegung, sind auch Sterben und Tod aus unserem Alltag verschwunden, und es fällt uns schwer, beim Eintreten eines Todesfalls damit umzugehen. Der langsame Abschied und die Rückschau der Alten auf das eigene Leben bereitet, sofern wir Jungen sie begleiten, beide Seiten aufs Loslassen vor. Bewusst Abschied nehmen zu können, schafft einen Übergang, der weder die Sterbenden noch die Hinterbliebenen einfach nur zurücklässt. Wenn ein Mensch stirbt, bleibt die Verbindung und Erinnerung in uns dennoch bestehen. Sich in Verbundenheit vom gemeinsamen Leben zu trennen, bleibt oft dennoch traurig, aber kann im bewussten Miteinander dennoch ein guter Abschied sein. Das Miteinander mit einem Menschen vergeht nicht, es bleibt in uns aufbewahrt und erinnert uns daran, dass es genau das ist, was unser Leben ausmacht: die Beziehungen.

Ein neues Miteinander in der Gesellschaft verankern

Es ist wichtig, dass wir uns selbst als wirksam wahrnehmen, dass wir die guten Seiten unserer Gesellschaft in den Blick nehmen und die (oft) kleinen Schritte zum Besseren. Es ist von Bedeutung, dass wir aktiv ein neues Miteinander gestalten und uns für einen neuen Begriff von Care in unseren engen Beziehungen einsetzen. Aber trotz aller Bemühungen brauchen wir einen gesellschaftlichen Wandel, der über unser eigenes Handeln und unsere Möglichkeiten hinausgeht. Eine der Grundvoraussetzungen für langfristige Veränderungen ist, wie bereits erwähnt, laut dem Entwicklungsneurobiologen Prof. Dr. Gerhard Roth das Ausmaß der Bereitschaft für Veränderung, ebenso wie Leidensdruck, eine Belohnungserwartung wie auch ein langer Atem.[41]

>>Instagram-Nachricht:
«Ich bin in die Kommunalpolitik gegangen vor ein paar Jahren, um die Welt ein wenig besser zu machen. Dabei habe ich weniger an Care-Arbeit gedacht. Allerdings versuche ich

hier schon, für eine gute Kinderbetreuung, Schulsituation und Spielplätze, Jugendarbeit und Ähnliches einzustehen. Im Rahmen der Möglichkeiten.»

Die persönliche Bereitschaft zur Veränderung bei jenen Menschen, die aktuell wenig von der Care-Krise betroffen sind und durch Veränderungen eine Macht- und Privilegieneinbuße erwarten, mag gering sein (wobei es laut Roth zusätzlich auf individuelle Persönlichkeitsmerkmale und Temperamentseigenschaften ankommt). Wir benötigen, wie gesagt, (auch) einen gewissen Leidensdruck. Bei Betroffenen mag er gegeben sein, aber nicht in der breiten Gesellschaft und Politik. Der Weg von der aktuellen Lage zwischen Macht und Ohnmacht hin zu einer Gleichberechtigung erscheint uns aktuell kaum sichtbar. Die Sozialwissenschaftlerin Prof. Dr. Gabriele Winker, Mitbegründerin des Netzwerks Care Revolution, erklärt in ihrem Buch «Solidarische Care-Ökonomie», dass eine solidarische Care-Ökonomie innerhalb noch bestehender kapitalistischer Strukturen aufgebaut werden kann und muss – allerdings sind hierfür umfassende Veränderungen in Politik, Wirtschaft und Zusammenleben notwendig: Die Zeit für Erwerbsarbeit muss insgesamt reduziert werden, dadurch würde der Stellenwert von Erwerbsarbeit in unserem Leben zurückgedrängt werden, wodurch wiederum Konsum eingeschränkt werden könnte (was aus ökologischen Gründen und Gründen der globalen Gerechtigkeit notwendig ist) und Menschen Zeit bekämen, um eigene Lebensentwürfe umzusetzen. Hierfür sind ein bedingungsloses Grundeinkommen und eine für alle zugängliche soziale Infrastruktur notwendig. Beim Aufbau von Selbstverwaltung und Ressourcen (wie Nahrung, Energie, Wasser), die aus selbst organisierten Prozessen des gemeinschaftlichen Produzierens, Verwaltens und Pflegens hervorgehen (Commons), kann gelernt werden, sich aufeinander

213

zu beziehen, gemeinsame Entscheidungen zu treffen und einvernehmliche Lösungen zu finden.[42] Ziel einer Veränderung, in der Care in den Mittelpunkt gerückt wird, ist eine demokratische Ordnung, die tatsächlich die Bedürfnisse aller Menschen berücksichtigt. Damit kehren wir zurück zu dem im ersten Teil des Buches angesprochenen Konzept der fürsorglichen Demokratie von Joan Tronto, in dem Care bestimmt wird als die «Aktivität unserer Spezies, die alles umfasst, was wir tun, um die Welt zu erhalten, fortzuführen und wiederherzustellen, damit wir in ihr so gut wie möglich leben können».[43]

«Im Zusammenhang mit Sorge wird Demokratie kaum diskutiert», erklärt Winker. «Im Care-Bereich ist Demokratie […] nur im Zusammenwirken aller Beteiligten denkbar, allerdings gibt es dort keine partizipativen Strukturen, in denen die unterschiedlichen Sorgepositionen vertreten sind. So sind gegenwärtige Care-Commons und Sorgekämpfe die Felder, in denen erkennbar wird, wie solche demokratischen Strukturen in Zukunft möglicherweise aussehen.»[44] An den Sorgekämpfen und dem Druck zur politischen Veränderung können und sollten wir uns aktiv beteiligen.

Frauenstreik

Was uns als demokratisches Mittel, um einen Leidensdruck zur Veränderung zu erwirken, vermutlich zunächst einfällt, ist ein Streik. Aber sofort stellen sich folgende Fragen: Wie sollen wir Sorgenden streiken, wenn doch dann niemand da ist, der sorgt, wo doch die Umsorgten auf unsere Sorge angewiesen sind? Wie sollen wir streiken, wenn in dem Fall Kinder nicht betreut wären, Angehörige mit Behinderung nicht versorgt ebenso wie Alte? Wie sollen wir streiken, wenn die institutionelle Sorge ausfällt, Kranke aber Hilfe, Operationen und Begleitung benötigen?

Es gibt hier zwei gute Nachrichten. Die Politikwissenschaftlerin Erica Chenoweth hat sich mit der Frage beschäftigt, wie gewaltfreier Widerstand gelingen kann, und bei der Untersuchung von 627 revolutionären Bewegungen nicht nur festgestellt, dass gewaltfreie Revolutionen doppelt so erfolgreich sind wie gewaltvolle, sondern auch, dass eine Protestbewegung nur 3,5 Prozent der Bevölkerung erreichen muss, damit sie mit hoher Wahrscheinlichkeit erfolgreich ist. Das wären in Deutschland ca. drei Millionen Menschen.[45] Das klingt weiterhin nach viel, aber wenn sich diese drei Millionen im Streik, in Demonstrationen und Petitionen zusammenschließen – jede Person nach ihren Möglichkeiten –, dann ergeben alle zusammen eine ausreichend große Masse, die das Thema Care in den Fokus rücken kann.

Die andere gute Nachricht ist: Es gibt bereits positive Vorbilder von Frauenstreiks weltweit. 1893 kam es zum ersten organisierten Frauenstreik durch Arbeiterinnen von Appreturfabriken in Österreich. 700 Frauen und Mädchen erreichten durch drei Wochen Streik eine Verringerung der Arbeitszeit, die Bezahlung des Minimallohns von 8 Kronen pro Woche, die Freigabe des 1. Mai und die Wiedereinstellung von Amalie Seidel, einer der beiden Anführerinnen des Streiks, die gekündigt worden war, weil sie gegenüber anderen Arbeiterinnen zu einer Verbesserung der Arbeitsbedingungen aufgerufen hatte.[46] 1970 fand in den USA der Women's Strike for Equality statt, an dem in New York 50 000 Frauen teilnahmen und für ein Recht auf Abtreibung, kostenfreie Kinderbetreuung und gleiche Chancen in Bildung und Beschäftigung eintraten. Neben der öffentlichen Demonstration gab es dezentrale Aktionen wie Baby-ins, also Zusammenkommen von Müttern mit ihren Babys, satirische Garten-Partys und politische Diskussionen. Auf den Streik folgten 1972 das Recht auf Gleichberechtigung von Bildung und 1973 das fundamentale und verfassungsmäßige Recht von Frauen, über

215

einen Schwangerschaftsabbruch selbst zu entscheiden (durch den Fall Roe vs. Wade, dessen Urteil in den USA 2022 durch konservative Richter*innen wieder gekippt wurde).[47] Besonders bekannt ist der Frauenruhetag Islands, an dem am 24. Oktober 1975 etwa 90 Prozent der isländischen Frauen teilnahmen und weder Care- noch Erwerbsarbeit wahrnahmen, sodass Männer die Anstrengungen der Care-Arbeit auf sich nehmen mussten. Der Ruhetag zeigte langfristige Folgen, und Frauen spürten die Macht der Gemeinschaft. Island ist dadurch zum «Musterland der Gleichstellung» geworden.[48]

Doch auch jenseits der feministischen Bewegung der 70er-Jahre gab und gibt es Frauenstreiks und -demonstrationen: Beispielsweise die Schweizer Frauenstreiks 1991 und 2019, die Ni-una-menos-Proteste 2016 in Argentinien, Mexiko, Chile, Guatemala und Uruguay infolge der Vergewaltigung und Ermordung der 16-jährigen Lucía Pérez in Argentinien, die Frauenproteste 2016 in der Türkei für eine Stärkung der Frauenrechte, den Frauenstreik am 8. März 2018 in Spanien, an dem sogar Königin Letizia teilnahm, die Sitzstreiks 2020 in Indien und zuletzt und andauernd «Jin – Jiyan – Azadi» – die Protestbewegung im Iran nach dem Mord an Zhina (Mahsa) Amini.

Auch die Sorgekämpfe im Rahmen der Arbeitsverhältnisse in der bezahlten Sorgearbeit sind ein wichtiger Faktor für den gemeinschaftlichen Protest – ob nun der Hebammen, des Krankenhaus- und sonstigen Pflegepersonals oder im Bereich der institutionellen Betreuung von Kindern und im Bildungssystem. Diese Sorgekämpfe werden sowohl im Dienst der Beschäftigten, als auch im Dienst der Empfänger*innen bezahlter Sorge ausgetragen, obwohl sie weiterhin im Rahmen des kapitalistischen Systems verharren,[49] das unter anderem laut Gabriele Winker für eine Care-Revolution insgesamt infrage gestellt werden muss: Die Verfügungsgewalt von Eigentümer*innen über die Prozesse und Rahmenbedingungen im Care-Bereich verhindert dort demokratische Entscheidungen.[50]

Streik ist ein mächtiges demokratisches Mittel, um Veränderungen herbeizuführen. Wir müssen zusammenfinden, ein Gefühl von Gemeinschaft entwickeln und uns für die Themen einsetzen, die uns über unsere Differenzen hinweg verbinden. Die Gemeinschaft bestärkt uns, trotz unserer oft einsamen und isolierten Gedanken von Erschöpfung und Hoffnungslosigkeit für unsere Rechte einzustehen und für Veränderung zu kämpfen. Gleichzeitig können Streiks und Demonstrationen den Leidensdruck derer erhöhen, die aktuell von Care profitieren, ihre dadurch gewonnenen Privilegien aber nicht teilen. Es muss für jene privilegierten Personen spürbar sein, welche Bedeutung Care auch in ihrem Leben hat – und was passiert, wenn Care nicht mehr stattfindet.

Beteiligung der jungen Menschen: das Wahlrecht ab der Geburt

Wir haben bereits festgestellt, dass die politische Teilhabe in unserer Gesellschaft ungleich verteilt ist. Gerade für die Lösung der Care-Krise im Bereich der Elternschaft und der Rahmenbedingungen von Kindern benötigen wir für Veränderung aber den politischen Druck der nachwachsenden Generation bzw. mehr Entscheidungsmöglichkeit für die tatsächlich Sorgenden und Kinder. Sie müssen ihre Themen und die Themen der nachwachsenden Generation besser vertreten können. Für eine solche Mitbestimmung muss eine Absenkung des Wahlalters in Betracht gezogen werden.

Viele Menschen können sich erst einmal nichts Genaues unter einer Absenkung des Wahlalters vorstellen: Ab wann sollten Menschen denn wählen können? Ein Wahlrecht ab Geburt – wie soll das denn gehen? Hier werden schon seit vielen Jahren verschiedene Modelle diskutiert: 1. Eine Festlegung des aktiven Wahlrechts auf ein Wahlalter von 0 Jahren: Hierzu müssten sich Kinder selbstständig in ein Wählerverzeichnis eintragen lassen, damit sie das Wahlrecht persönlich erhalten. Das setzt voraus, dass die Kinder diese Selbstständigkeit erreicht haben. 2. Eine Absenkung des Wahlrechts auf 0 Jahre, das aber stellvertretend bis zum 18. Geburtstag durch die gesetzlichen Vertreter ausgeübt wird. 3. Eine Kombination der ersten beiden Modelle, bei der die gesetzlichen Vertreter das Wahlrecht so lange ausüben, bis das Kind sich selbst in ein Wählerverzeichnis einträgt und ab dann das Kind selbst wählt.

In Art. 20 Abs. 1 und 2 des Grundgesetzes heißt es: «(1) Die Bundesrepublik Deutschland ist ein demokratischer und sozialer Bundesstaat. (2) Alle Staatsgewalt geht vom Volke aus. Sie wird vom Volke in Wahlen und Abstimmungen und durch besondere Organe der Gesetzgebung, der vollziehenden Gewalt und der Rechtsprechung ausgeübt.»[51] Dieses Grundrecht steht allen Menschen mit deutscher Staatsangehörigkeit zu – zunächst unabhängig vom Alter. Erst in Art. 38 Abs. 2 GG wird ergänzt: «Wahlberechtigt ist, wer das achtzehnte Lebensjahr vollendet hat; wählbar ist, wer das Alter erreicht hat, mit dem die Volljährigkeit eintritt.»[52] Damit werden aktuell Personen unter 18 Jahren vom Wahlrecht ausgeschlossen, was ca. 15,3 Millionen Menschen einschließt, einen Anteil an der Gesamtbevölkerung von 16,5 Prozent.[53] Gerade diese Bevölkerungsgruppe aber ist es, die von politischen Entscheidungen besonders betroffen ist: von Haushaltsbeschlüssen und Neuverschuldung, Entscheidungen im Bereich der Umweltpolitik, Reformen und Kürzungen im Bildungsbereich wie von Rentenreformen, die den nicht mehr funktionierenden Generationenvertrag auffangen sollen. In einigen Bundesländern (wie Baden-Württemberg, Berlin, Brandenburg,

Bremen, Hamburg, Mecklenburg-Vorpommern, Niedersachsen, Nordrhein-Westfalen, Sachsen-Anhalt, Schleswig-Holstein, Thüringen) haben allerdings schon 16- und 17-Jährige die Möglichkeit, bei Kommunal- und teilweise auch Landtagswahlen abzustimmen. Während eine Änderung von Art. 20 nicht möglich ist, da es sich hierbei um eine Staatsfundamentalnorm mit «Ewigkeitswert» handelt, kann die Wahlaltersgrenze in Art. Abs.38 wie andere Änderungen des Grundgesetzes mit einer Zweidrittelmehrheit von Bundestag und Bundesrat geändert werden. Auf diese Weise hat bereits in den 70er-Jahren eine Absenkung des Wahlrechts von 21 auf 18 Jahre stattgefunden.[54]

Ursache für die Altersbeschränkung ist, dass Menschen vor der Vollendung des 18. Lebensjahres die nötige Einsichts- und Beurteilungsfähigkeit abgesprochen wird und – je nach Modell des Wahlrechts – bei Absenkung des Wahlalters gegen Wahlrechtsgrundsätze verstoßen würde wie die Höchstpersönlichkeit des Wählenden und den Grundsatz, dass in allgemeiner, unmittelbarer, freier, gleicher und geheimer Wahl gewählt werden soll. Durch eine Wahl mittels Stellvertreter sei das Prinzip der Unmittelbarkeit verletzt, das bei uns gilt, während beispielsweise in Großbritanniens demokratischer Ordnung durchaus eine Stellvertretung möglich ist.[55] Die Vorstellung, dass Eltern zunächst für viele Jahre das Stellvertreterwahlrecht für ihre Kinder erhalten, ist für viele befremdlich, bekommen dann doch einzelne Familien und insbesondere Eltern sehr viele Stimmen, während andere nur eine haben. Die deutsche Liga für das Kind spricht sich dennoch für eine Kombination aus Stellvertreterwahlrecht und originärem Kinderwahlrecht aus,[56] da ja eigentlich jeder Person laut unserer Gesetzeslage eine Stimme zusteht und durch eine solche Änderung ein Wandel der Politik in Hinblick auf die Wahrung von Familieninteressen zu erwarten wäre. Wir müssen auch hier kurz innehalten und uns selbst die Frage stellen: Wäre das ungerecht? Oder sind die Verhältnisse aktuell ungerecht? Hierfür müssen wir wieder von unseren Grundgedanken, dass die Welt, so wie sie ist, richtig und logisch ist, Abschied nehmen und uns auf das Gedankenexperiment einlassen zu überlegen, wie eine Gesellschaft anders aussehen könnte. Und auch hier könnten wir, als Erwachsene, die in Hinblick auf das Wahlrecht Privilegierte sind, vielleicht schmerzhaft von dem Privileg der alleinigen Bestimmungsmacht absehen.

Änderungen wären – in Hinblick auf eine Absenkung des Wahlalters auf 16, 14 oder 0 Jahre – im Rahmen unseres demokratischen Verfassungsrechtes durchaus möglich, und tatsächlich wurde schon mehrfach im Deutschen Bundestag ein entsprechender Gruppenantrag eingebracht – allerdings bisher ohne Erfolg.

Die Angst vor den Entscheidungen der jungen Generation sind unbegründet: Jugendwahlen wie U18[57] zeigen bereits, dass die junge Generation entgegen den Befürchtungen der älteren Menschen nicht zu Extrementscheidungen tendiert. Der schon erwähnte Bildungsforscher Prof. Dr. Klaus Hurrelmann legt in seinen Studien dar, dass Jugendliche politisch interessiert sind und sich durchaus mit den Themen der Politik beschäftigen. Die Angst vor dem Wahlrecht der Jungen hat vielmehr mit den gesellschaftlichen Konsequenzen zu tun. Macht würde umverteilt werden, und Junge und Sorgende würden mehr Gewicht in politischen Belangen bekommen. Hierauf müssten auch die Parteien reagieren und in ihren Wahlprogrammen die Bedürfnisse der Jungen und ihrer gesetzlichen Vertreter*innen mehr berücksichtigen, um diese Gruppe der 15,3 Millionen Menschen für sich zu gewinnen. Politik würde eventuell ein präsentes Thema in Familien werden, was das Gefühl von Selbstwirksamkeit von Kindern, Jugendlichen und Sorgenden unterstützen würde. Der Vertrauensverlust, der durch die mangelnde Berücksichtigung von Sorgenden und Familien gerade in der Zeit der Pandemie entstanden ist, könnte hierdurch vielleicht wieder aufgehoben werden. Die Soziologin Dr. Sonja Bastin und der Sozialforscher Dr. Kai Unziker erklären hierzu: «Familien sichern aus Makroperspektive die biologische Reproduktion der Gesellschaft und deren Humanvermögen und stellen eines der wesentlichsten Elemente der Stabilisierung intergenerationaler Solidarität und Unterstützung dar. Vertrauensverluste in der Gruppe der Familien könnten sich in einer geringeren Bereitschaft zur Übernahme der genannten Funktionen sowie in einer direkten Vererbung an die nächste Generation äußern.»[58] Diesen weitreichenden Folgen des Vertrauensverlustes müssen wir entgegenwirken – mehr politische Rücksichtnahme wäre dafür eine wichtige Voraussetzung.

Auch die Angst davor, dass kinderreiche Eltern mehrere Stimmen auf einmal haben, solange die Kinder selbst noch nicht wählen, hat wahrscheinlich viel mit Vorurteilen gegenüber kinderreichen Familien zu tun. Unberücksichtigt bleibt dabei, dass Kinderreichtum sehr unterschiedlich zwischen verschiedenen Bevölkerungsgruppen verteilt ist; er findet sich sowohl in Familien mit geringer Bildung und in prekären wirtschaftlichen Situationen als auch in der Mittel- und Oberschicht, in Familien unterschiedlicher religiöser Ausrichtung und im städtischen ebenso wie im ländlichen Gebiet.[59]

Kinderrechte ins Grundgesetz

Ein weiterer wichtiger Punkt zur Stärkung des politischen Drucks ist die Aufnahme der Kinderrechte ins Grundgesetz. Auch wenn das Wahlalter auf 0 Jahre abgesenkt würde, bleiben Kinder und Jugendliche eine Minderheit in der Gesamtgesellschaft. «Kinder und Jugendliche brauchen mehr Recht; aber sie werden stets eine Minderheit sein», erklärt Dr. Reinald Eichholz, Mitglied der

221

Koordinierungsgruppe der National Coalition Deutschland – Netzwerk zur Umsetzung der UN-Kinderrechtskonvention e. V., und führt weiter aus: «Deshalb dürfen die Erwachsenen nicht aus ihrer Verantwortung für die nachwachsende Generation entlassen werden. Um dies zu gewährleisten, ist die Aufnahme der Kinderrechte einschließlich ihres besonderen Vorrangs im Grundgesetz unerlässlich. Aufgabe einer Verfassung ist es nicht nur, Grund- und Menschenrechte festzuschreiben, sondern auch durch Klarheit und Verständlichkeit zur Rechtsüberzeugung der Allgemeinheit beizutragen und ausdrücklich klarzustellen, dass die Verantwortung vor der jüngeren Generation und deren Lebensbedingungen in einer lebenswerten Umwelt – nicht zuletzt auch im Interesse der Älteren – eine unverzichtbare Grundlage zukunftsfähigen Zusammenlebens ist.»[60]

Auch hier gibt es seit Jahrzehnten Diskussionen um die Art der Aufnahme. Am 20. November 1989 verabschiedete die Generalversammlung der Vereinten Nationen einstimmig die Kinderrechtskonvention, die von 195 Staaten ratifiziert wurde, einschließlich Deutschland (1992). Die Kinderrechtskonvention besteht aus 54 Artikeln und ist geprägt von den vier Grundprinzipien des Diskriminierungsverbots, des Rechts auf Leben und persönliche Entwicklung, des Kindeswohlvorrangs und des Rechts auf Beteiligung. Auch wenn die Kinderrechtskonvention in Deutschland gilt, ist sie nicht vollständig umgesetzt, und die Rechte von Kindern werden in Politik, Rechtsprechung und Verwaltung noch wenig berücksichtigt. Laut eines vom Bundesfamilienministerium in Auftrag gegebenen Gutachtens wird das Kindeswohlprinzip im Schulrecht, im Jugendstraf- und im Strafvollzugsrecht weder in der Gesetzgebung noch in der Rechtsprechung erkennbar berücksichtigt, öffentliche und institutionelle Interessen nehmen hingegen einen erheblichen Raum ein.[61]

«Bei Aufnahme von Kinderrechten in die Verfassung hätten die

Kinder eine stärkere Stellung in behördlichen und gerichtlichen Angelegenheiten», erklärt die Politikerin und Juristin Dr. Lore Maria Peschel-Gutzeit und führt weiter aus: «Ob die Aufnahme von Kinderrechten in Deutschland eine Kinderfreundlichkeit fördern kann oder nicht, kann nicht beantwortet werden. Das wäre Spekulation. Aber die verfassungsrechtlich abgesicherte Partizipation von Kindern in allen Angelegenheiten, die sie selbst betreffen, könnte und müsste auch zu Veränderungen im Schulrecht führen, ebenso z. B. bei der Stadtplanung und insgesamt in der Jugendhilfe. Darüber hinaus wäre nicht nur eine Veränderung der gesetzlichen Rahmenbedingungen zu erwarten, sondern es käme voraussichtlich auch zu Änderungen in der Praxis: Wenn Behörden und Ämter verpflichtet sind, die Interessen der Jugendlichen nicht nur mit zu bedenken, sondern ihnen eigene Entscheidungen widmen müssten, würde sich nach hiesiger Einschätzung die praktische Planung und Handhabung etwa der Jugendhilfe zugunsten der Kinder und Jugendlichen ändern.»[62] Durch die Aufnahme der Kinderrechte ins Grundgesetz wäre die aktuelle Generation der Erwachsenen verpflichtet, Kinder und Jugendliche in ihrer Vielfalt in allen Belangen des Lebens zu berücksichtigen und damit auch die Bedingungen ihres Aufwachsens zu verbessern.

Diese beiden Aspekte – Absenkung des Wahlalters und Aufnahme der Kinderrechte ins Grundgesetz – sind keine völlig neuen Forderungen. Sie bestehen seit Jahren, sie wurden juristisch überprüft, sie sind umsetzbar, und eine Vielzahl von Fachpersonen hat sich mit den möglichen positiven Auswirkungen beschäftigt. Wir müssen diese Veränderungen «nur» noch mit Nachdruck einfordern – auch das ist eine positive Nachricht und ein optimistischer Ausblick.

Belohnungserwartung: Der Fortbestand der sorgenden Menschheit

«Belohnungen» für Care sind in unserer Gesellschaft auf monetäre Art schon integriert – wenn auch finanziell nicht umfänglich und ausreichend, wie wir am Anfang des Buches gesehen haben. Wir erhalten Kindergeld, Pflegegeld, es werden Anreize geschaffen, um besonders Väter in die Sorgearbeit einzubeziehen. Solange sich aber das Bild der Bedeutung von Care nicht wandelt, sind diese «Belohnungen» nur ein Tropfen auf dem heißen Stein und werden weder finanziell noch emotional angemessen ausgebaut. Wir brauchen neben angemessener finanzieller Absicherung das tief in uns verankerte Wissen und Gefühl, dass Care für sich stehend schon eine Belohnung ist: dass wir Zeit haben für das Umsorgen, durch das wir Bindungen eingehen, die lebenserhaltend, gesundheitsfördernd und das Wohlbefinden steigernd sind. Dass sowohl wir selbst, als auch unsere Kinder von der richtigen Art des Umsorgens profitieren. Dass wir mit guter Sorge einen wichtigen Grundstein legen für das Leben der nachwachsenden Generation, aber auch aller anderen Generationen. Und dass die Care-Strukturen überhaupt erst die Basis sind für alles andere wie unser Wirtschaftssystem. Care bildet den Kern unserer Gesellschaft und muss endlich als das anerkannt werden, was es ist – und dementsprechend honoriert werden. Care ist der Mittelpunkt, um den herum und aus dem heraus alle anderen Strukturen aufgebaut werden sollten.

Care ist auf uns selbst bezogen, auf die uns nahen Menschen, auf unsere Gesellschaft und auf die gesamte Menschheit, weil Care immer verwoben ist mit wirtschaftlichen und strukturellen Rahmenbedingungen. Wenn wir davon ausgehen, dass Care im Mittelpunkt aller Strukturen stehen sollte, bedeutet das, dass wir umfassend darüber nachdenken müssen, welche Strukturen wir erhalten und welche aufgebaut werden müssen, damit es uns überhaupt möglich ist, uns umeinander zu kümmern. «Care schließt außerdem das Kümmern um die menschlichen Lebensgrundlagen ein, sodass Politik, die Fürsorge zu ihrem Leitprinzip macht, nur eine global-orientierte Politik sein kann. Care als welterhaltende Tätigkeit zu begreifen, rückt das Thema nicht nur in die Öffentlichkeit und stärkt damit seine politische Relevanz. Es zeigt auch, dass eine Gesellschaftsform, die gesellschaftliche Sorgearbeit zu ihrer Grundlage macht und infolgedessen schonender mit den Kräften der Menschen und den natürlichen Ressourcen sowie Regenerationszeiten der Umwelt umgeht, keine ferne Utopie ist: Sich im weitesten Sinne um die Gemeinschaft zu kümmern, macht den allergrößten Teil des menschlichen Handelns aus», erklärt die Journalistin Teresa Bücker.[63]

Die *eigentliche* Belohnungserwartung von Care ist der Umstand, dass wir als eine Menschheit fortbestehen können, die sich durch Menschlichkeit, Fürsorge und Gemeinschaftssinn auszeichnet – eine wichtige Voraussetzung, um das Zusammenleben auf diesem Planeten überhaupt zu sichern. Eine Bewegung, die Care in den Mittelpunkt rückt, stellt zwangsläufig die kapitalistische Ausbeutung der Menschheit und unseres Planeten zurück. Und damit retten wir über die Anerkennung und Wertschätzung von Care nicht nur uns und unsere Kinder, sondern haben die Chance, den Fortbestand der sozialen Menschheit zu retten.

«Es ist an der Zeit, dass wir Sorge und Beziehung ins Zentrum unserer Gesellschaft stellen und allen Menschen die Zeit und die Ressourcen zur Verfügung stellen, die für gelingende Sorgebeziehungen notwendig sind.»

FRANZISKA SCHUTZBACH[1]

Lass dich auf das Miteinander ein

Ein Miteinander, das uns trägt, kann das Leben an vielen Stellen leichter machen, auch wenn es oft nicht leicht ist: Wenn wir mit Menschen verbunden sind, die uns im Schmerz halten, die gemeinsam mit uns lachen, die uns auf die Schulter klopfen, uns zuzwinkern, uns besänftigen. Wir brauchen andere, und andere brauchen uns. Das ist es, was uns als Menschen ausmacht. Ein gesundes, starkes Miteinander hilft uns beim Begleiten unserer Kinder, hilft uns bei Krankheit, Arbeit, in erwachsenen Beziehungen, beim Tod.

Dieses Buch kann keine Therapie ersetzen, die viele von uns brauchen, um sich von belastenden Mustern zu lösen, die in unserem Leben auf uns eingewirkt und uns vom Miteinander entfremdet haben. Es kann auch keine Paartherapie ersetzen, die viele brauchen, um sich aus ungerechten Strukturen zu lösen und aufzudecken, dass Lasten ungleichmäßig verteilt sind. Es kann keine Freundschaften heilen oder Beziehungen neu aufbauen. All das müssen wir im Miteinander selbst gestalten, müssen es leben. Aber dieses Buch kann und soll Anregungen geben, auf die wunden Punkte unserer Gesellschaft zu blicken und zu verstehen, wie und warum wir uns in ein Zusammenleben bewegt haben, das uns nicht guttut und das sogar unser ganzes menschliches Dasein zunehmend in Gefahr bringt. Über viele Punkte in diesem Buch könnte man eigene Bücher schreiben, und im Gesamtblick erhalten sie wahrscheinlich einen zu kleinen Raum. Aber dieser Überblick soll zeigen: Wir müssen die in uns verankerten Bilder und Ideale dekonstruieren, uns trotzig dem «Wie-es-immer-War» entgegenstellen und auf diesen teilweise schmerzhaften Trümmern ein neues Miteinander aufbauen. Ob wir das schaffen? Ob wir es noch in unserer Generation schaffen? Ich weiß es nicht. «Eine Bewegung, ein Protest, ein Aufschrei ist nicht erst dann erfolgreich, wenn der kritisierte Missstand behoben ist. Dass Menschen protestieren, dass sie zusammenkommen und gemeinsam eine bessere Zukunft fordern, ist bereits ein Erfolg. Nicht nur sein Ergebnis, sondern schon der Protest an sich verändert das Leben der Einzelnen», erklärt Ronja von Wurmb-Seibel,[2] und vielleicht sollten wir uns das zu Herzen nehmen für unseren Care-Protest.

Wir wissen nicht, was die Zukunft bringen wird. Aber sie wird uns vor große Herausforderungen stellen. Die Herausforderungen haben schon angefangen, und aktuell sind viele von uns verzweifelt, ja sogar hilflos angesichts dessen, wie die Welt gerade ist, wie die Menschen sich in ihr verhalten, was anscheinend Bedeutung hat und was viele absichtlich übersehen. Wir sind gleichsam beschämt durch das, was wir täglich in den Nachrichten hören, und ebenso ergeben darin, dass die Welt nun mal so ist, wie sie ist, und wir daran doch nichts ändern können. Wir haben vergessen, dass nicht Macht, Leistung und Kapitalismus unser Leben vorangebracht haben, sondern unser menschliches Dasein sich aus dem Miteinander heraus kultiviert und entwickelt hat. Und dieses Miteinander, das wir mehr und mehr verloren haben, ist der Schlüssel, den wir wiederfinden müssen. Das Gute ist: Wir haben ihn nur verlegt, er ist noch mitten unter uns.

Care ist die Basis unserer Entwicklung und unseres Zusammenlebens. Wenn wir ihre Bedeutung betrachten, erscheint es absurd, wie sehr alle mit Care verbundenen Tätigkeiten abgewertet sind, wie sehr Menschen, die bezahlt oder unbezahlt Care erbringen, in unserer Gesellschaft auf vielfältige Weise benachteiligt werden. Es sollte anders sein: Das Sorgen füreinander und umeinander muss wieder als Thema in unsere Mitte rücken mit aller Wertschätzung, die es benötigt: persönlich, finanziell, politisch. Geschieht das nicht, werden wir wahrscheinlich durchaus als Menschheit noch eine Weile weiterexistieren. Aber es wird sich die Frage stellen, ab welchem Zeitpunkt wir uns noch als Menschheit bezeichnen können, wenn unsere zentrale Komponente, das soziale Miteinander, immer weniger respektiert und geschützt wird. Füreinander zu sorgen und respektvoll miteinander umzugehen, ist für uns alle zunächst ein persönliches Thema, aber es ist eigentlich viel mehr als das: Der Verlust des Wertes von Care führt zu einer gesellschaftlichen, ja, weltweiten Kettenreaktion und verändert unser Handeln und Sein. Wir haben, wenn wir bestehen wollen, eigentlich keine andere Wahl, als uns dem Miteinander, dem Füreinander und der Aufwertung von Care zu stellen und dafür jetzt gemeinsam einzustehen.

Dank

Ein Buch über die Care-Krise zu schreiben, während man selbst von der Care-Krise betroffen ist, ist nicht einfach. Es fehlt an Zeit und an Energie, um die Worte festzuhalten, die einem dennoch beständig durch den Kopf gehen: So geht es nicht weiter. Und über die Frage nachzudenken: Sind wir als Menschheit noch zu retten? Ich hätte weder die Kraft noch die Zeit gefunden, wäre ich nicht in eine feste Gemeinschaft eingebunden, die mich trägt, die mich hält und liebt. Dieses Buch wäre nicht entstanden ohne all diese Menschen.

Allen voran danke ich meinem Mann Caspar, der mit mir nicht nur seit 14 Jahren versucht, gleichberechtigte Elternschaft zu leben in einer Welt, in der es einem noch immer erschwert wird, sondern der mich gerade bei diesem Buch besonders bestärkte und mich allein in einen Urlaub schickte, damit ich endlich in Ruhe aufschreiben kann, was mich und so viele andere Eltern bewegt. Ich danke meinen drei Kindern, die mittlerweile alle alt genug sind, um zu wissen, was ihre Mutter arbeitet, und ebenso verinnerlicht haben, dass ich sie liebe und für sie da bin, aber auch, dass ich meine Arbeit als Pädagogin und Autorin liebe und beides wichtige Anteile meines Selbst sind.

Ich danke meiner Freundin Milena – für all das Lachen, all die Tränen, alle Umarmungen, alle gemeinsamen Ausbrüche aus dem Alltag und alle gemeinsamen Rückwege dorthin. Ich danke Anja und Christina, die mich seit so vielen Jahren begleiten und denen ich aus ganzer Tiefe und mit Innigkeit verbunden bin. Würde ich noch mal ein Kind bekommen, Anja, dann immer wieder mit dir an meiner Seite und mit Christian im Hintergrund für alle unsere Kinder. Ohne den emotionalen Rückhalt von euch hätte ich meine persönliche Care-Krise nicht bewältigen können. Ich danke Susann, die mit einer Selbstverständlichkeit und Offenheit in mein Leben platzte, meine Telefonphobie heilte und im Sinne der ursprünglichen Bedeutung vor den Zeiten der Hexenverfolgung mein Gossip Girl ist. Ich danke Christopher, Sancho und Christian für ihre Freundschaft (und Gummibärchen, Schokolade und Aufmunterungen), die mich mit allen Höhen und Tiefen durch das Dorfleben und Schreiben getragen und bewiesen hat, dass man sich an allen Orten auf das Miteinander und Füreinander einlassen sollte und über sich hinauswachsen kann. Danke an Kamil und Majka, euren Besuch und Beweis, dass es möglich ist, anders zu leben und Zusammenleben neu zu denken, wenn man sich traut. Ich danke meiner Gruppe an schreibenden Müttern, mit denen ich mich online austausche: Ihr tut so unglaublich gut und habt mir so viel Mut gegeben durch euer Sein und Schreiben! Andy, Sandra, Patricia – danke, dass es euch seit so vielen Jahren in meinem Leben gibt, auch wenn wir uns zu wenig sehen, ist es bei jedem Wiedersehen so, als sei keine Zeit vergangen. Ihr prägt mein Bild von Freund*innenschaft. Ich danke Dorothea, die im letzten Jahr auf einmal auftauchte, mich mit viel Herz und Lachen vor ihre Kamera holte und seither emotional begleitet.

Ich danke meinen Lektorinnen Johanna Langmaack und Judith Schneiberg-Adameit, meinem Agenten Daniel Wichmann und Dorle Kopetzky dafür, dass sie alle an dieses Thema geglaubt haben und mir die Möglichkeit gaben, darüber zu schreiben und es bekannt zu machen. Hinter einem solchen Buch stehen viele Menschen, ihre Arbeit und ihr Engagement, die wir oft nicht sehen, die aber wichtig sind und eine Gemeinschaft bilden für ein solches Projekt.

Und ich danke, wie immer, all meinen Leser*innen, meinen Follower*innen auf Instagram, Facebook, Twitter und Mastodon – auch ihr seid Teil meines Beziehungsnetzes, ihr stützt mich, ihr inspiriert mich und ihr teilt eure Herzensthemen mit mir. Gemeinsam sind wir schon ziemlich viele, die die Welt verändern können.

Anmerkungen

Einleitung

1   Bazyar, Shida (2022): Routen. In: Raich, Tanja (2022): Das Paradies ist weiblich. 20 Einladungen in eine Welt, in der Frauen das Sagen haben. – Zürich/Berlin: Kein & Aber, S. 57.
2   Donath, Orna (2016): Regretting Motherhood. Wenn Mütter bereuen. – München: Knaus.
3   Bregman, Rutger (2021): Im Grunde gut. Eine neue Geschichte der Menschheit. – 2. Aufl. Hamburg: Rowohlt, S. 90.
4   Ebd., S. 415.
5   Kaiser Friedrich II. (1194–1250) wollte die Ursprache der Menschheit bestimmen. Hierfür wurden Neugeborene von ihren Müttern getrennt und von Ammen versorgt. Die Sorge umfasste das Stillen und körperliche Pflegetätigkeiten, aber die Kinder sollten nicht angesprochen und liebkost werden. Die Babys verstarben allerdings alle, offensichtlich weil ihnen die lebensnotwendige zwischenmenschliche Fürsorge vorenthalten wurde.
6   Wurmb-Seibel, Ronja von (2022): Wie wir die Welt sehen. Was negative Nachrichten mit unserem Denken machen und wie wir uns davon befreien. – München: Kösel, S. 19.

TEIL 1: Der Wert des Sorgens

1   Bowlby, John: Bindung und Verlust. Zit. nach: Hoffmann, Kent/Cooper, Glen/Powell, Bert (2019): Aufwachsen in Geborgenheit. Wie der «Kreis der Sicherheit» Bindung, emotionale Resilienz und den Forscherdrang ihres Kindes unterstützt. – Freiburg: Arbor Verlag, S. 67.

2 Ehninger, Gerhard (2022): Gesundheit und Wohlergehen in der Welt-
   gesellschaft. In: Kullmann, Christian/Röstel, Gunda/Vassiliades,
   Michael (Hrsg.) (2022): 1,5 Grad. Gemeinsam. Nachhaltig. Handeln. –
   Hamburg: Murmann Verlag, S. 43.

3 Laut der Hilfsorganisation Care sterben weltweit jedes Jahr knapp
   300 000 Frauen an Komplikationen während der Schwangerschaft
   oder Geburt. https://www.care.de/medieninformationen/hebam
   mentag-pandemie-sorgt-fuer-anstieg-bei-muettersterblichkeit/
   #:~:text=Berlin%2C%204.,Hebamme%2C%20der%20weltweit%20
   am%205

4 https://www.swr.de/swr2/wissen/geschlechterbilder-steinzeit-
   sammler-jaegerin-102.html

5 Gümüşay, Kübra (2020): Sprache und Sein. – München: Hanser, S. 11.

6 Ebd., S. 23.

7 https://www.dasgehirn.info/handeln/wir-und-die-anderen/das-boese-
   uns

8 https://www.mdr.de/wissen/hoax-inuit-woerter-fuer-schnee100.html

9 Hayes, Megan (2019): Atlas of Happiness. 50 Glücksgeheimnisse aus
   aller Welt. – München: Knesebeck.

10 Stern, Clara/Stern, William (1907): Die Kindersprache – eine psycholo-
   gische und sprachtheoretische Untersuchung. – Leipzig: Verlag Johann
   Ambrosius Barth, S. 337 f.

11 Wood, Joanne/Perunovic, Elaine/Lee, John W. (2009): Positive
   Self-Statements. Power for Some, Peril for Others. https://www.uni-
   muenster.de/imperia/md/content/psyifp/aeechterhoff/wintersemes-
   ter2011–12/seminarthemenfelderdersozialpsychologie/04_wood_etal_
   selfstatements_psychscience2009.pdf

12 https://www.duden.de/rechtschreibung/Fuersorge

13 Powell, B./Cooper, G./Hoffman, K./Marvin, B. (2015): Der Kreis der
   Sicherheit. Die klinische Nutzung der Bindungstheorie. – Lichtenau:
   Probst Verlag.

14 https://de.wikipedia.org/wiki/F%C3%BCrsorge#cite_note-2

15 https://woerterbuchnetz.de/?sigle=DWB#1

16 In eigener Übersetzung nach Tronto, Joan C. (1993): Moral boundaries.
   A political argument for an ethic of care. – New York, London: Routledge,
   S. 103.

17 Conradi, Elisabeth (2001): Take Care. Grundlagen einer Ethik der Achtsamkeit. – Frankfurt/Main: Campus Verlag, S. 13.

18 Ebd.

19 Ebd., S. 44 f.

20 Bücker, Teresa (2022): Alle_Zeit. Eine Frage von Macht und Freiheit. – Berlin: Ullstein, S. 128 f.

21 Bazyar, Shida (2022): Routen. In: Raich, Tanja (2022): Das Paradies ist weiblich. 20 Einladungen in eine Welt, in der Frauen das Sagen haben. – Zürich/Berlin: Kein & Aber, S. 57.

22 Bauer, Joachim (2008): Prinzip Menschlichkeit. Warum wir von Natur aus kooperieren. – 8. Aufl. Hamburg: Hoffmann und Campe, S. 36.

23 Powell, B. / Cooper, G. / Hoffmann, K. / Marvin, B. (2015): Der Kreis der Sicherheit. Die klinische Nutzung der Bindungstheorie. – Lichtenau/Westf.: G. P. Probst Verlag, S. 69 f.

24 Bauer, Joachim (2008): Prinzip Menschlichkeit. Warum wir von Natur aus kooperieren. – 8. Aufl. Hamburg: Hoffmann und Campe, S. 47.

25 Ebd., S. 68.

26 Powell, B. / Cooper, G. / Hoffmann, K. / Marvin, B. (2015): Der Kreis der Sicherheit. Die klinische Nutzung der Bindungstheorie. – Lichtenau/Westf.: G. P. Probst Verlag, S. 75

27 Hoffmann, Kent/ Cooper, Glen/Powell, Bert (2019): Aufwachsen in Geborgenheit. Wie der «Kreis der Sicherheit» Bindung, emotionale Resilienz und den Forscherdrang ihres Kindes unterstützt. – Freiburg: Arbor Verlag, S. 37.

28 https://www.exuperysprinz.de/text/21-kapitel/

29 Pickert, Nils (2022): Lebenskompliz♡innen. Liebe auf Augenhöhe. – Weinheim: Beltz, S. 47.

30 Vgl. Becker-Stoll, Fabienne/Beckh, Kathrin/Berkic, Julia (2018): Bindung. Eine sichere Basis fürs Leben. – München: Kösel, S. 271 f.

31 Fromm, Erich (2021): Die Kunst des Liebens. – 25. Aufl. München: dtv, S. 21.

32 Mierau, Susanne (2021): Frei und unverbogen. Kinder ohne Druck begleiten und bedingungslos annehmen. – Weinheim: Beltz, S. 32 f.

33 Dewall, C. N./ Macdonald, G./Webster, G. D./Masten, C. L./Baumeister, R. F./Powell, C./Combs, D./Schurtz, D. R./Stillman, T. F./Tice, D. M./Eisenberger, N. I.: Acetaminophen reduces social pain.

Behavioral and neural evidence. Psychol Sci. 2010 Jul;21(7):931-7. doi: 10.1177/0956797610374741. Epub 2010 Jun 14. PMID: 20548058.

34 Bauer, Joachim (2008): Prinzip Menschlichkeit. Warum wir von Natur aus kooperieren. – 8. Aufl. Hamburg: Hoffmann und Campe, S. 38 f.

35 Dierssen, Oliver (2022): Wenn dir dein eigenes Kind fremd ist und es deinem Kind mit dir genauso geht. Wie aus Ablehnung neues Vertrauen entsteht. – München: Mosaik, S. 142 f.

36 Johnson, Katharina/Dunbar, Robin (2016): Pain tolerance predicts human social network size. Sci Rep 6, 25267 (2016). https://doi.org/10.1038/srep25267

37 Fröhlich-Gildhoff, Klaus/Rönnau-Böse, Maike (2019): Resilienz. – 5. Aufl. München: Ernst Reinhardt, S. 28 f.

38 Hoffmann, Kent/Cooper, Glen/Powell, Bert (2019): Aufwachsen in Geborgenheit. Wie der «Kreis der Sicherheit» Bindung, emotionale Resilienz und den Forscherdrang ihres Kindes unterstützt. – Freiburg: Arbor Verlag, S. 76.

39 https://www.bpb.de/themen/familie/care-arbeit/

40 https://www.instagram.com/p/Cijy0H6qwKY/?igshid=Ym-MyMTA2M2Y=

41 https://www.oxfam.de/unsere-arbeit/themen/care-arbeit#:~:text=Frauen%20und%20M%C3%A4dchen%20leisten%20t%C3%A4glich,mit%20Geschlechtergerechtigkeit%20zu%20tun%20hat%3F

42 Die Journalistin Alexandra Zykunov räumt in ihrem Buch «Wir sind doch alle längst gleichberechtigt!» mit vielen Vorurteilen zur Gleichberechtigung auf.

43 https://www.dw.com/de/eu-kommission-leitet-vertragsverletzungsverfahren-gegen-deutschland-ein/a-63197271

44 Schrupp, Antje (2019): Schwanger werden können. Essay über Körper, Geschlecht und Politik. – Roßdorf bei Darmstadt: Ulrike Helmer Verlag, S. 150.

45 https://www.instagram.com/p/CkJCiGqMu1x/?hl=de

46 https://www.zeit.de/arbeit/2020-02/gabriele-winker-care-arbeit-gender-pay-gap

47 Scott, Linda (2020): Das weibliche Kapital. – 2. Aufl. München: Carl Hanser Verlag, S. 15.

48 Ebd., S. 251.

49 Mehr zu den Grundlagen der Care-Ökonomie in Susann Worschech (2011): Care Arbeit und Care Ökonomie. Konzepte zu besserem Arbeiten und Leben? https://www.gwi-boell.de/de/navigation/europe-transatlantic-3178.html

50 https://www.myfairtrade.com/tee/frauen-balance-teemischung.html

51 Das Ausbildungsangebot «Einfach Eltern» wirbt beispielsweise für die fünftägige Ausbildung mit der Aussage: «Vielleicht spielst du schon länger mit dem Gedanken, dich beruflich zu verändern? Möchtest du gern mit Kindern arbeiten und Eltern helfen, ihren eigenen Weg zu finden? In unserer Einfach Eltern® Akademie kannst du bindungsorientierte Kursleiter:in werden – GANZ OHNE PÄDAGOGISCHE VORQUALIFIKATION!»

52 https://www.bertelsmann-stiftung.de/de/themen/aktuelle-meldungen/2020/maerz/die-grosse-kluft-frauen-verdienen-im-leben-nurhalb-so-viel-wie-maenner

53 https://www.wsi.de/de/einkommen-14619-durchschnittlicher-rentenzahlbetrag-von-frauen-und-maennern-14916.htm

54 Laut Statistischem Bundesamt wurden 2021 in Deutschland durch richterlichen Beschluss rund 142 800 Ehen geschieden, die Scheidungsrate liegt damit bei etwa 39,9 Prozent.

55 Bröckel, Miriam (2018): Die finanziellen Folgen einer Scheidung für Personen mit Kindern. In: Geisler, Esther u. a. (Hrsg.) (2018): Familien nach Trennung und Scheidung in Deutschland. – Universität Rostock/ Universität Magdeburg: Hertie School of Governance, S. 37. https:// www.soz.ovgu.de/isoz_media/Methoden/Familien_Trennung_ Scheidung-p-1282.pdf

56 Scott, Linda (2020): Das weibliche Kapital. – 2. Aufl. München: Carl Hanser Verlag, S. 266 f.

57 Ebd., S. 25.

58 Bundesministerium für Familie, Senioren, Frauen und Jugend (Hrsg.) (2022): Freiwilliges Engagement von Frauen und Männern. Genderspezifische Befunde zur Vereinbarkeit von freiwilligem Engagement, Elternschaft und Erwerbstätigkeit, S. 44. https://www.bmfsfj.de/ resource/blob/118460/1a128b69e46adb3fa370afc4334 f08aa/freiwilliges-engagement-von-frauen-und-maennern-data.pdf

Anmerkungen

59 https://www.kkh.de/presse/pressemeldungen/vaeter

60 https://www.bib.bund.de/Publikation/2022/pdf/Zusammenfassung-Oma-und-Opa-gefragt-Veraenderungen-in-der-Enkelbetreuung-Wohl-befinden-von-Eltern-Wohlergehen-von-Kindern.pdf?__blob=publicati-onFile&v=3

61 Barschkett, M./Gambaro, L./Schäper, C./Spiess, C. K./Ziege, E. (2022): Oma und Opa gefragt? Veränderungen in der Enkelbetreuung – Wohl-befinden von Eltern – Wohlergehen von Kindern. – Wiesbaden: Bundes-institut für Bevölkerungsforschung, S. 20. https://www.bib.bund.de/Publikation/2022/pdf/Oma-und-Opa-gefragt-Veraenderungen-in-der-Enkelbetreuung-Wohlbefinden-von-Eltern-Wohlergehen-von-Kindern.pdf;jsessionid=4B235C36A2ECEF12D2E64F82824272BE.intra-net661?__blob=publicationFile&v=6

62 Kinder in Deutschland und Ghana 2022. 5. World Vision-Kinderstudie (2022). – Friedrichsdorf: World Vision Deutschland e. V., S. 29. https://www.worldvision.de/sites/worldvision.de/files/pdf/World_Vision_in-formieren_institut_5.Kinderstudie.pdf

63 Ebd., S. 38.

64 https://www.aerzteblatt.de/archiv/55105/Anschlussheilbehandlung-Blutige-Entlassung-verlagert-Kosten-in-die-Reha

65 https://www.nd-aktuell.de/artikel/1161873.hebammen-in-der-berliner-krankenhausbewegung-wenn-nicht-genug-zeit-ist-uebernimmt-die-maschine.html

66 Gesetzlich Krankenversicherte, gesetzlich Krankenversicherte mit Zu-satzversicherung und Privatversicherte.

67 Ein Beispiel hierfür: https://www.deinwochenbett.com/_files/ugd/37c8c9_7e5df8e916ec44b1b4e632788c1965a7.pdf

68 Ein Beispiel hierfür: https://www.tabealaue.de/beratung-basis-paket/

69 Gaskin, Ina May (2013): Birth Matters. Die Kraft der Geburt. Ein Heb-ammenmanifest. – Halle: fidibus Verlag, S. 17 f.

70 Zu der körperlichen Belastung von Care-Arbeit zählt einerseits die kör-perliche Belastung durch das Heben/Bewegen/Tragen in der Pflege von Kindern und anderen, aber beispielsweise auch die körperliche Belas-tung durch Lautstärke in Kindertageseinrichtungen: Laut Untersuchung wird es in einer Kita bis zu 117 Dezibel laut (ein in 100 m Entfernung startender Düsenjet hat eine Lautstärke von 100 Dezibel). https://

www.pro-kita.com/kitaleitung/organisation/4-massnahmen-um-die-lautstaerke-in-der-kita-zu-reduzieren/#:~:text=L%C3%A4rm%20 ist%20der%20st%C3%A4rkste%20Belastungsfaktor,%E2%80%9- Enur%E2%80%9C%20100%20dB%20laut. Wie auch in der unbezahlten Care-Arbeit sind hierin tätige Personen großen körperlichen Belastungen ausgesetzt. Ebenso die oft stattfindende Arbeit im Schichtdienst ist als körperliche Belastung anzuführen oder das Einnehmen problematischer Körperhaltungen (beispielsweise im Bereich Kindertagespflege, wenn Personal auf Kinderstühlen an Kindertischen sitzt).

71 Auch im Bereich der psychischen Belastung von Care-Arbeit lohnt es sich, noch einmal intensiver hinzublicken: Psychische Belastungen finden sich allgemein durch die soziale Arbeit und ihre Themen, dazu kommt beispielsweise bei der Begleitung von Kindern eine Auseinandersetzung mit eigenen Kindheitsthemen/Traumata, die durch die Arbeit aufbrechen können, sowie gerade im Pflegebereich von Erwachsenen und älteren Menschen der Umgang mit dem Thema Tod/Sterben.

72 Hipp, Lena/Kelle, Nadiya (2015): Nur Luft und Liebe? Die Entlohnung sozialer Dienstleistungsarbeit im Länder- und Berufsvergleich. – Friedrich-Ebert-Stiftung, S. 10.

73 Berechnet auf Basis des Medians des Bruttoeinkommens 2022. https:// www.oeffentlichen-dienst.de/entgeltzahlung/3617-erzieher.html

74 https://de.statista.com/statistik/daten/studie/1308090/umfrage/ gefluechtete-kinder-und-jugendliche-aus-der-ukraine-an-deutschen-schulen/#:~:text=20.200.,und%20lag%20bei%20rund%20205.000

75 https://deutsches-schulportal.de/bildungswesen/lehrermangel-bleibt-bundesweit-ein-problem/

76 https://www.spielundzukunft.de/de-de/de_DE/content/blog-5014504/ sichere-bindung---warum-sie-fuer-die-entwicklung-so-wichtig-ist-8395

77 https://www.bpb.de/themen/migration-integration/kurzdos-siers/211011/auslaendische-pflegekraefte-in-deutschen-privathaushal-ten/

78 Ebd.

79 https://www.boell.de/de/2014/03/03/das-care-chain-konzept-auf-dem-pruefstand

80 https://www.haufe.de/personal/hr-management/arbeitszeit-ueber-stunden-in-deutschland_80_412324.html

Anmerkungen

81 https://www.focus.de/finanzen/news/arbeitnehmer-machen-im-schnitt-3 – 5-jahre-ueberstunden-in-den-meisten-faellen-unbezahlt_id_22659348.html

82 Tod durch Überarbeitung wird in Japan als «Karoshi» bezeichnet, in Korea als «Kwarosa» und in China als «Guolaosi», während «Inemuri» in Japan für das leichte Nickerchen benutzt wird, das die arbeitsbedingte Erschöpfung in der Bahn oder am Arbeitsplatz ausgleichen soll.

83 https://www.ilo.org/berlin/presseinformationen/WCMS_792098/lang--en/index.htm#:~:text=Lange%20Arbeitszeiten%20f%C3%BChrten%20im%20Jahr,in%20der%20Zeitschrift%20Environment%20International

84 https://www.spiegel.de/familie/kind-krank-in-die-kita-manche-eltern-fuerchten-um-ihren-job-a-a531b655 – 2eea-4a55-b0dd-fab9b1d2d208

85 Roskam, I./Aguiar, J./Akgun, E. et al. (2021): Parental Burnout Around the Globe. A 42-Country Study. Affec Sci 2, 58 – 79. https://doi.org/10.1007/s42761 – 020 – 00028 – 4

TEIL 2: Die Entfremdung des Umsorgens

1 Blaffer Hrdy, Sarah (2010): Mütter und andere. Wie die Evolution uns zu sozialen Wesen gemacht hat. – Berlin: Berlin Verlag, S. 405.

2 Federici, Silvia (2022): Hexenjagd. Die Angst vor der Macht der Frauen. – 3. Aufl. Münster: Unrast Verlag, S. 56.

3 Ebd., S. 51.

4 Marbacher, Lena (2022): Unlearn Arbeit. In: Jaspers, Lisa/Ryland, Naomi/Horch, Silvie (2022): Unlearn Patriarchy. – Berlin: Ullstein Verlag, S. 83.

5 De Waal, Frans (2008): Primaten und Philosophen. Wie die Evolution die Moral hervorbrachte. – München: Carl Hanser Verlag.

6 https://literaturzeitschrift.de/book-review/herr-der-fliegen/

7 Bregman, Rutger (2021): Im Grunde gut. Eine neue Geschichte der Menschheit. – 2. Aufl. München: Rowohlt, S. 42 f.

8 Bauer, Joachim (2008): Prinzip Menschlichkeit. Warum wir von Natur aus kooperieren. – 8. Aufl. Hamburg: Hoffmann und Campe, S. 100 f.

9 Graeber, David/Wengrow, David (2022): Anfänge. Eine neue Geschichte der Menschheit. – Stuttgart: Klett-Cotta, S. 17 f.

10 Oyěwùmí, Oyèrónkẹ́ (1997): The Inventions of Women. Making an African Sense of Western Gender Discourses. Minneapolis: University of Minnesota Press. Zit. nach Apraku, Josephine (2022): Kluft und Liebe. Warum soziale Ungleichheit uns in Beziehungen trennt und wie wir zueinanderfinden. – Hamburg: Eden Books, S. 80 f.

11 Graeber, David/Wengrow, David (2022): Anfänge. Eine neue Geschichte der Menschheit. – Stuttgart: Klett-Cotta, S. 542 f.

12 Ebd., S. 547.

13 hooks, bell (2021): Alles über Liebe. Neue Sichtweisen. – 2. Aufl. Hamburg: Harper Collins, S. 43.

14 Federici, Silvia (2022): Hexenjagd. Die Angst vor der Macht der Frauen. – 3. Aufl. Münster: Unrast Verlag, S. 35.

15 https://www.ndr.de/geschichte/Der-Hexen-Prozess,walpurgisnacht44.html

16 Chollet, Mona (2020): Hexen. Die unbesiegte Macht der Frauen. – Hamburg: Edition Nautilus, S. 19 f.

17 Lexikon der Psychologie: https://dorsch.hogrefe.com/stichwort/ambiguitaetstoleranz

18 Roth, Gerhard (2021): Über den Menschen. – 2. Aufl. Berlin: Suhrkamp, S. 236.

19 Strüber, Nicole (2016): Die erste Bindung. Wie Eltern die Entwicklung des kindlichen Gehirns prägen. – 6. Aufl. Stuttgart: Klett-Cotta, S. 64.

20 Bregman, Rutger (2021): Im Grunde gut. Eine neue Geschichte der Menschheit. – 2. Aufl. Hamburg: Rowohlt, S. 228 f.

21 Graeber, David/Wengrow, David (2022): Anfänge. Eine neue Geschichte der Menschheit. – Stuttgart: Klett-Cotta, S. 539.

22 In eigener Übersetzung nach Doucleff, Michaeleen (2022): Hunt, Gather, Parent. What ancient cultures can teach us about the lost art of raising happy, helpful little humans. – New York: Avid Reader Press, S. 7.

23 Hartmut von Hentig war Lebenspartner des Internatsleiters der Odenwaldschule, Gerold Becker, der einer der Hauptbeschuldigten der Missbrauchsfälle an der Schule war. Er hat bestritten, um die Missbrauchsfälle gewusst zu haben, ist aber dennoch wegen seines Umgangs damit in der Fachwelt kritisiert worden, und es wurden ihm Titel und Auszeich-

nungen aberkannt. Als Autor des Vorwortes der deutschen Ausgabe von Philippe Ariès' Buch über Kindheit wird er hier aufgeführt.

24 Hentig, Hartmut von (1975): Vorwort in: Ariès, Philippe (2007): Geschichte der Kindheit. – 16. Aufl. München: dtv, S. 38.

25 Franklin, Benjamin (1961), S. 481 ff. Zit. nach: Graeber, David/Wengrow, David (2022): Anfänge. Eine neue Geschichte der Menschheit. – Stuttgart: Klett-Cotta, S. 33.

26 Graeber, David/Wengrow, David (2022): Anfänge. Eine neue Geschichte der Menschheit. – Stuttgart: Klett-Cotta, S. 34.

27 Seichter, Sabine (2020): Das «normale» Kind. Einblicke in die Geschichte der schwarzen Pädagogik. – Weinheim: Beltz, S. 102.

28 https://www.bundestag.de/resource/blob/436874/562f377b30a97efb9d 18ad95112eedb3/WD-7-092-16-pdf-data.pdf

29 https://www.ndr.de/nachrichten/niedersachsen/oldenburg_ostfriesland/ Cafe-ohne-Kinder-Gute-Idee-oder-unfaire-Behandlung,esens152.html

30 https://www.destatis.de/DE/Presse/Pressemitteilungen/2022/10/ PD22_451_225.html

31 https://www.bertelsmann-stiftung.de/de/themen/aktuelle-meldungen/2022/oktober/2023-fehlen-in-deutschland-rund-384000-kita-plaetze

32 https://www.kindergartenpaedagogik.de/fachartikel/kita-politik/ bildungspolitik/1650/

33 Schieler, Andy (2022): DKLK-Studie 2022, S. 6. Verband Bildung und Erziehung, https://www.vbe.de/fileadmin/user_upload/VBE/Veranstaltungen/Deutscher_Kitaleitungskongress/2022/DKLK_Studie_2022_210x297_A4_V09_220331_1_.pdf

34 https://www.zeit.de/2014/04/kinderbetreuung-krippen-qualitaet-karl-heinz-brisch?utm_referrer=https%3A%2F%2Fwww.google.com%2F

35 https://www.unicef.de/informieren/aktuelles/presse/-/-schule-ist-voll-zeitjob-fuer-kinder/276448

36 Kayed,Theresia/Anton, Jeffrey/Kuger, Susanne (2022): Der Betreuungsbedarf bei U3- und U6-Kindern. DJI-Kinderbetreuungsreport 2021, München: DJI, S. 18. /Kinderbetreuungsreport_2021_Studie1_Bedarfe_U3U6.pdf

37 Anton, Jeffrey/Hubert,Sandra/Kuger, Susanne (2021): Der Betreuungsbedarf bei U3- und U6-Kindern. DJI-Kinderbetreuungsreport 2020,

München: DKI, S. 20. https://www.dji.de/fileadmin/user_upload/KiBS/
DJI-Kinderbetreuungsreport_2020_Studie1.pdf

38 https://www.spiegel.de/wirtschaft/olaf-scholz-will-zahl-der-fruehrent-
ner-verringern-a-d72b37e9-e848–4028-abb2–4e11ae7ea2ae

39 Seichter, Sabine (2020): Das «normale» Kind. Einblicke in die Geschichte der schwarzen Pädagogik. – Weinheim: Beltz, S. 71.

40 https://jugendhilfeportal.de/artikel/kein-training-fuer-73-millionen-
kinder-und-jugendliche-in-deutschland#:~:text=2020%20waren%20rund
%207%2C3,waren%20in%20einem%20Sportverein%20angemeldet

41 Keller, Heidi (2019): Mythos Bindungstheorie. Konzept. Methode.
Bilanz. – Weimar: Verlag das Netz, S. 71 f.

42 https://www.nabu.de/presse/pressemitteilungen/%E2%80%9Dhttp:/
index.php?popup=true&show=32482&db=presseservice

43 https://liga-kind.de/fk-104-peschel-gutzeit/

44 Wygotski, Lew (1987): Ausgewählte Schriften. Band 2: Arbeiten zur psychischen Entwicklung der Persönlichkeit. – Köln: Pahl-Rugenstein.

45 Roth, Gerhard (2021): Über den Menschen. – 2. Aufl. Berlin: Suhrkamp,
S. 59.

46 Carsten K. W./De Dreu, L. L./ Greer, G. A./Van Kleef, S. S./ Handgraaf,
M. (2011): Oxytocin promotes human ethnocentrism. https://www.pnas.
org/doi/full/10.1073/pnas.1015316108#sec-5

47 Bauer, Joachim (2008): Prinzip Menschlichkeit. Warum wir von Natur
aus kooperieren. – 8. Aufl. Hamburg: Hoffmann und Campe, S. 192.

48 https://www.zeit.de/zeit-wissen/2016/01/empathie-fluechtlinge-
mensch-evolution/komplettansicht

49 vgl. hierzu Roth, Gerhard (2021): Über den Menschen. – 2. Aufl. Berlin:
Suhrkamp, S. 57.

50 Kitze, K./Hinz, A./Brähler, E. (2007): Das elterliche Erziehungsverhalten in der Erinnerung erwachsener Geschwister. Psychologie in Erziehung und Unterricht (S. 59–70). https://www.stangl.eu/psychologie/
artikel/erziehungsverhalten-erinnerung.shtml

51 Blaffer Hrdy, Sarah (2010): Mütter und andere. Wie die Evolution uns zu
sozialen Wesen gemacht hat. – Berlin: Berlin Verlag, S. 400.

52 Mehr zur Geschichte der Erziehung in: Mierau, Susanne (2021): Frei und
unverbogen. Kinder ohne Druck begleiten und bedingungslos annehm-
men. – Weinheim: Beltz.

Anmerkungen

53 https://www.stern.de/gesellschaft/kur--grosse-not-bei-eltern-fuehrt-zu-ansturm-und-langen-wartezeiten--31837364.html

54 Klenner, Christina/Phal, Svenja (2008): Jenseits von Zeitnot und Karriereverzicht. Wege aus dem Arbeitszeitdilemma. Arbeitszeiten von Müttern, Vätern und Pflegenden. – WSI-Diskussionspapier, 158, S. 30. https://www.ssoar.info/ssoar/bitstream/handle/document/21922/ssoar-2008-klenner_et_al-jenseits_von_zeitnot_und_karriereverzicht.pdf?sequence=1&isAllowed=y&lnkname=ssoar-2008-klenner_et_al-jenseits_von_zeitnot_und_karriereverzicht.pdf

55 https://health.usnews.com/health-news/family-health/brain-and-behavior/articles/2010/05/28/todays-college-students-more-likely-to-lack-empathy

56 Blaffer Hrdy, Sarah (2010): Mütter und andere. Wie die Evolution uns zu sozialen Wesen gemacht hat. – Berlin: Berlin Verlag, S. 404 f.

57 Federici, Silvia (2022): Hexenjagd. Die Angst vor der Macht der Frauen. – 3. Aufl. Münster: Unrast Verlag, S. 11 f.

58 Chollet, Mona (2020): Hexen. Die unbesiegte Macht der Frauen. – Hamburg: Edition Nautilus, S. 16.

59 Federici, Silvia (2022): Hexenjagd. Die Angst vor der Macht der Frauen. – 3. Auf. Münster: Unrast Verlag, S. 23.

60 Niebergall, Doris/Mierau, Susanne (2016): Pädagogische Beratung in der Geburtsvorbereitung. In: Gieseke, Wiltrud/Nittel, Dieter (Hrsg.) (2016): Handbuch pädagogische Beratung über die Lebensspanne. – Weinheim: Beltz, S. 160 f.

61 https://www.quag.de/quag/geburtenzahlen.htm

62 https://www.destatis.de/DE/Presse/Pressemitteilungen/Zahl-der-Woche/2019/PD19_36_p002.html#:~:text=Wie%20das%20Statistische%20Bundesamt%20(Destatis,Regel%20allein%20durch%20Angeh%C3%B6rige%20gepflegt

63 Klie, Thomas (2019): Wen kümmern die Alten? Auf dem Weg in eine sorgende Gemeinschaft. – München: Droemer, S. 110.

64 Ebd., S. 112.

65 Vgl. Focks, Petra (2021): Starke Mädchen, starke Jungen. Genderbewusste Pädagogik in der Kita. – Freiburg im Breisgau: Herder, S. 137.

66 https://www.lbs.de/media/unternehmen/west_6/kibaro/2020_Kinderbarometer.pdf

67 https://www.scinexx.de/news/medizin/empathie-liegt-auch-in-den-genen/

68 Ebd., S. 211.

69 Ebd., S. 215.

70 Viele Beispiele hierzu gibt es unter https://goldener-zaunpfahl.de/gruselkabinett/equalcare/

71 https://www.deutschlandfunk.de/gender-studies-getrennte-spielwelten-100.html

72 Ebd.

73 https://www.ndr.de/fernsehen/sendungen/panorama3/Geschlechterrollen-bei-Kinderspielzeug,geschlechterrollen100.html

74 Schnerring, Almut/Verlan, Sascha (2020): Equal Care. Über Fürsorge und Gesellschaft. – Berlin: Verbrecher Verlag, S. 87.

75 https://www.rki.de/DE/Content/Gesundheitsmonitoring/Gesundheitsberichterstattung/GBEDownloadsB/maennergesundheit.pdf?__blob=publicationFile

76 Fthenakis, Wassilios E. (1999): Engagierte Vaterschaft. – Opladen: Leske und Budrich, S. 109

77 Welding, Carlotta (2021): Fühlen lernen. Warum wir so oft unsere Emotionen nicht verstehen und wie wir das ändern können. – Stuttgart: Klett-Cotta, S. 138 f.

78 Emotionale Abwesenheit kann durchaus auch bei Müttern vorkommen. In Zusammenhang mit toxischer Maskulinität und Rollenzuschreibungen wird sie an dieser Stelle in Zusammenhang mit Vätern aufgeführt. Auch in der Fachliteratur wird insbesondere mit Blick auf den Zweiten Weltkrieg und die Nachkriegszeit über das Thema der (emotional) abwesenden Väter geschrieben (beispielsweise Fthenakis 1999, Petri 1999). In meinem Buch «New Moms for Rebel Girls» (2022) ist mehr über die Gefühlsblindheit von Müttern und Auswirkungen von Traumata nachzulesen.

79 Gibson, Lindsey C. (2018): Kalte Kindheit. Wie wir trotz unemotionaler Eltern Wärme im Leben finden. – München: Kailash, S. 20.

80 https://www.bertelsmann-stiftung.de/fileadmin/files/Projekte/Familie_und_Bildung/Factsheet_WB_Alleinerziehende_in_Deutschland_2021.pdf

81 https://www.bertelsmann-stiftung.de/de/themen/aktuelle-mel-

dungen/2021/juli/armutsrisiko-von-alleinerziehenden-verharrt-auf-hohem-niveau

82 Doucleff, Michaeleen (2021): Hunt, Gather, Parent. What ancient cultures can teach us about the lost art of raising happy, helpful little humans. – New York: Avid Reader Press.

83 Mehr zum Mutterideal in: Mierau, Susanne (2019): Mutter. Sein. Von der Last eines Ideals und dem Glück des eigenen Wegs. – Weinheim: Beltz.

84 Bücker, Teresa (2022): Alle_Zeit. Eine Frage von Macht und Freiheit. – Berlin: Ullstein, S. 138.

85 hooks, bell (2022): Männer, Männlichkeit und Liebe. Der Wille zur Veränderung. – München: Elisabeth Sandmann, S. 41

86 https://www.swr3.de/podcasts/eltern-sind-fuer-immer-muede-100.html

87 https://www.diw.de/de/diw_01.c.596711.de/mutterschaft_geht_haeufig_mit_verringertem_wohlbefinden_einher.html

88 https://www.mdr.de/nachrichten/thueringen/ost-thueringen/gera/gewollt-kinderlos-kinderfrei-frauen-studie-100.html

89 Bregman, Rutger (2021): Im Grunde gut. Eine neue Geschichte der Menschheit. – 2. Aufl. Hamburg: Rowohlt, S. 255.

TEIL 3: Auf dem Weg in ein neues Miteinander

1 In eigener Übersetzung nach Garbes, Angela (2022): Essential Labor. Mothering as social change. – New York: Harper Collins, S. 61.

2 New Girl, Staffel 3, Folge 3.

3 https://unric.org/de/who17062022/

4 https://www.aerzteblatt.de/nachrichten/124350/Mehr-psychische-Er-krankungen-bei-Kindern-und-Jugendlichen

5 https://www.psyga.info/psychische-gesundheit/daten-fakten#:~:text=Psychische%20Erkrankungen%20nehmen%20in%20ihrer%20Bedeutung%20zu&text=Er%20kletterte%20in%20den%20vergangenen,sich%20in%20diesem%20Zeitraum%20verf%C3%BCnffacht

6 Hecht, Martin (2021): Die Einsamkeit des modernen Menschen. Wie das radikale Ich unsere Demokratie bedroht. – Bonn: Bundeszentrale für politische Bildung, Band 10794, S. 25.

7 https://www.derstandard.de/story/2000138914863/un-bericht-wo-moeglich-noch-300-bis-zur-gleichberechtigung

8 Graeber, David/Wengrow, David (2022): Anfänge. Eine neue Geschichte der Menschheit. – Stuttgart: Klett-Cotta, S. 535.

9 Peschel-Gutzeit, Lore Maria (2013): Wer wählen kann, entscheidet mit. Das Wahlrecht als politisches Grundrecht. In: Frühe Kindheit 06/13, S. 9–15, S. 14.

10 https://journals.sagepub.com/doi/full/10.1177/0146167217746340

11 Heinonen, K./Räikkönen, K./Matthews, K. A./Scheier, M. F./Raitakari, O. T./Pulkki, L./Keltikangas-Järvinen, L. (2006): Socioeconomic status in childhood and adulthood. Associations with dispositional optimism and pessimism over a 21-year follow-up. Journal of Personality, 74(4), S. 1111–1126.

12 Wurmb-Seibel, Ronja von (2022): Wie wir die Welt sehen. Was negative Nachrichten mit unserem Denken machen und wie wir uns davon befreien. – München: Kösel, S. 171.

13 https://www.self.com/story/jane-fonda-adult-friendship-tip

14 Manchmal schaffen wir es nicht, in uns selbst zu vertrauen. Das Gefühl, nichts bewirken zu können, kann durch verschiedene Ursachen sehr tief in uns eingebettet sein. Hier kann dann eine therapeutische Begleitung hilfreich sein.

15 Ein schönes Beispiel hierfür ist das Buch «Frauen, die die Welt verändern», herausgegeben von Pauline Tillmann.

16 Gräfen, Svenja (2021): Radikale Selbstfürsorge. Jetzt! Eine feministische Perspektive. – Berlin: Eden Books, S. 19.

17 https://de.statista.com/statistik/daten/studie/208576/umfrage/umsatz-entwicklung-im-bereich-gesundheit-und-wellness/

18 Lorde, Audre (1988): A Burst of Light. Zit. nach: https://www.woz.ch/2208/kunst/auf-leisen-sohlen-zum-widerstand

19 Riescher, Gisela (2003): «Das Private ist politisch». Die politische Theorie und das Öffentliche und das Private. In: Dimensionen von Gender Studies, Band II, Heft 13, S. 59–78, S. 59.

20 https://www.bmfsfj.de/resource/blob/93222/2652d49a743e5a7e286c160c0c356852/aktionsleitfaden-gewaltfreie-erziehung-data.pdf

21 Schutzbach, Franziska (2021): Die Erschöpfung der Frauen. Wider die weibliche Verfügbarkeit. – München: Droemer Knaur, S. 269.

22 https://www.boell.de/de/navigation/feminismus-geschlechterdemokra-
tie-lepa-mladenovic-politik-der-frauensolidaritaet-16738.html

23 https://de.statista.com/statistik/daten/studie/170820/umfrage/als-be-
sonders-wichtig-erachtete-aspekte-im-leben/

24 Brendgen, M./Vitaro, F./Bukowski, W. M./Dionne, G./Tremblay, R./Boi-
vin, M. (2013): Can friends protect genetically vulnerable children from
depression? Development and Psychopathology 25 (2013), 277 – 289.
Cambridge University Press 2013. doi:10.1017/S0954579412001058.
http://www.gripinfo.ca/grip/public/www/doc/Articles/Brendgen_2013_
id_4663.pdf

25 Hall, Jeffrey A. (2019): How many hours does it take to make a
friend? In: Journal of Social and Personal Relationships 2019,
Band 36(4), S. 1278 – 1296, S. 1292. https://journals.sagepub.com/doi/
pdf/10.1177/0265407518761225

26 https://de.statista.com/statistik/daten/studie/1035669/umfrage/
umfrage-zu-woechentlich-verbrachten-stunden-mit-freunden-nach-
beziehungsstatus/#:~:text=Umfrage%20zu%20w%C3%B6chentlich%20
verbrachten%20Stunden%20mit%20Freunden%20nach%20Bezie-
hungsstatus%202019&text=Singles%20haben%20am%20meisten%20
Zeit,f%C3%BCr%20ihre%20Freunde%20zu%20haben

27 https://www.playboy.de/lifestyle/haben-maenner-mehr-freunde-als-
frauen

28 Apraku, Josephine (2022): Kluft und Liebe. Warum soziale Ungleichheit
uns in Beziehungen trennt und wie wir zueinander finden. – Hamburg:
Edel, S. 97.

29 hooks, bell (2022): Lieben lernen. Alles über Verbundenheit. – Hamburg:
Harper Collins, S. 119.

30 Pickert, Nils (2022): Lebenskompliz♡innen. Liebe auf Augenhöhe. –
Weinheim: Beltz, S. 87.

31 In eigener Übersetzung nach Garbes, Angela (2022): Essential Labor.
Mothering as social change. – New York: Harper Collins, S. 65.

32 Schutzbach, Franziska (2021): Die Erschöpfung der Frauen. Wider die
weibliche Verfügbarkeit. – München: Droemer, S. 130.

33 Böhme, Rebecca (2019): Human Touch. Warum körperliche Nähe so
wichtig ist. – München: C. H. Beck, S. 63.

34 https://taz.de/Naehe-Millionen-Menschen-verweigern-sich-Berueh-

rungen-Bei-vielen-ist-die-Produktion-des-Hormons-Oxytocin-ge-stoert-Befoerdern-Fernbeziehungen-Wunschkaiserschnitte-und-70-Stunden-Wochen-diesen-Mangel/!5296607/

35 Thadden, Elisabeth von (2018): Die berührungslose Gesellschaft. – München: C. H. Beck, S. 27 f.

36 Das Thema «Babyschlaf im Familienbett» ist ein wichtiges Thema, das gerade in Bezug auf den Plötzlichen Kindstod oft diskutiert wird. Eine umfassende Betrachtung zu Studienergebnissen gibt es bei dem Kinderarzt Dr. Herbert Renz-Polster https://www.kinder-verstehen. de/mein-werk/blog/neues-zum-plotzlichen-kindstod-sids/#:~:text=-Von%20Herbert%20Renz%2DPolster&text=Wird%20ihr%20Baby%20m%C3%BCde%2C%20so,wie%20die%20Entwicklungspsychologie%20sich%20ausdr%C3%BCckt

37 In eigener Übersetzung nach Satir, Virginia (1976): Making contact. – Millbrae, California: Publisher Celestial Arts.

38 Uhlendorf, Harald (2007): Alt und Jung. Intergenerative Kooperation außerhalb der Familie. In: Frühe Kindheit 05/07, S. 14 – 17, S. 16.

39 http://wgotto.de/mythen/maerchen/alte-im-maerchen/

40 https://www.bpb.de/shop/zeitschriften/apuz/31448/sterben-in-unse-rer-gesellschaft-ideale-und-wirklichkeiten/

41 Roth, Gerhard (2021): Über den Menschen. – 2. Aufl. Berlin: Suhrkamp.

42 Winker, Gabriele (2021): Solidarische Care-Ökonomie. Revolutionäre Realpolitik für Care und Klima. – Bielefeld: transkript Verlag, S. 173.

43 In eigener Übersetzung nach Tronto, Joan C. (1993): Moral boundaries. A political argument for an ethic of care. – New York, London: Routledge, S. 103.

44 Winker, Gabriele (2021): Solidarische Care-Ökonomie. Revolutionäre Realpolitik für Care und Klima. – Bielefeld: transkript Verlag, S. 159.

45 Wurmb-Seibel, Ronja von (2022): Wie wir die Welt sehen. Was negative Nachrichten mit unserem Denken machen und wie wir uns davon befreien. – München: Kösel, S. 209; mehr dazu in: https://sz-magazin. sueddeutsche.de/die-loesung-fuer-alles/gene-sharp-protest-ziviler-un-gehorsam-88891

46 http://www.dasrotewien.at/seite/streik-der-700

47 https://www.nytimes.com/2020/08/26/us/womens-strike-for-equality. html

Anmerkungen

48 https://www.spiegel.de/geschichte/frauenstreik-in-island-die-revolution-der-roten-struempfe-a-1255589.html

49 Décieux, Fabienne/Deindl, Raphael (2021): Sorgekämpfe im sorglosen Kapitalismus. Eine Frage der Perspektive? – Marburg: Metropolis Verlag.

50 Winker, Gabriele (2021): Solidarische Care-Ökonomie. Revolutionäre Realpolitik für Care und Klima. – Bielefeld: transkript Verlag, S. 163.

51 https://www.gesetze-im-internet.de/gg/art_20.html

52 https://www.gesetze-im-internet.de/gg/art_38.html

53 https://www.deutschlandatlas.bund.de/DE/Karten/Wer-wir-sind/030-Altersgruppen-der-Bevoelkerung.html

54 Maywald, Jörg (2021): Wahlrecht für Kinder. Konsequenzen der Demokratie. In: Frühe Kindheit 03/21, S. 20 – 27, S. 22.

55 https://www.gov.uk/how-to-vote/voting-by-proxy

56 https://liga-kind.de/wp-content/uploads/2021/03/3_Wahlrecht_fuer_Kinder_Grusswort_Broschuere_200415.pdf

57 https://wahlen.u18.org/wahlergebnisse/bundestagswahl-2021

58 Bastin, Sonja/Unziker, Kai (2022): Verlieren die Eltern ihr Vertrauen? Belastungen und Politikvertrauen während der Corona-Pandemie nach Familienkontext. In: Bonora, C./Kruse, M./Meyerhuber, S./Quaas, A./Ritter, S./Tils, F. (Hrsg.) (2022): Sozialwissenschaftliche Perspektiven auf die Corona-Pandemie. – Bremen: Institut für Politikwissenschaft (IPW). https://www.uni-bremen.de/fileadmin/user_upload/fachbereiche/fb8/ipw/Working_Paper/IPW_Working_Paper_Vol.5_final.pdf

59 https://www.bib.bund.de/Publikation/2019/pdf/Kinderreiche-Familien-in-Deutschland.pdf?__blob=publicationFile&v=4

60 Eichholz, Reinald/Maywald, Jörg (2013): Mehr Rechte für Kinder! Aber die Erwachsenen dürfen nicht aus ihrer Verantwortung für die nachwachsende Generation entlassen werden. In: Frühe Kindheit 06/13, S. 57 – 59, S. 58 f.

61 Mierau, Susanne (2021): Frei und unverbogen. Kinder ohne Druck begleiten und bedingungslos annehmen. – Weinheim: Beltz, S. 54 f.

62 Peschel-Gutzeit, Lore Maria (2007): Kinderrechte in die Verfassung aufnehmen. In: Frühe Kindheit 04/07, S. 8 – 13, S. 11.

63 Bücker, Teresa (2022): Alle_Zeit. Eine Frage von Macht und Freiheit. – Berlin: Ullstein, S. 297.

Lass dich auf das Miteinander ein

1 Schutzbach, Franziska (2021): Die Erschöpfung der Frauen. Wider die weibliche Verfügbarkeit. – München: Droemer, S. 276.

2 Wurmb-Seibel, Ronja von (2022): Wie wir die Welt sehen. Was negative Nachrichten mit unserem Denken machen und wie wir uns davon befreien. – München: Kösel, S. 200.